U0580093

教 育 经 典 译 丛

释放想象：教育、艺术与社会变革

Releasing the Imagination : Essays on Education, The Arts, and Social Change

〔美〕玛克辛·格林／著　郭 芳／译

教育的视界

——在比较中西、会通古今中发展中国教育学

梁启超1901年指出：中国自19世纪开始即进入“世界之中国”阶段。这意味着中国与世界相互交织、化为一体。

王国维1923年进一步说道：“余谓中西二学，盛则俱盛，衰则俱衰。风气既开，互相推助。且居今日之世，讲今日之学，未有西学不兴而中学能兴者，亦未有中学不兴而西学能兴者。”这意味着中西二学相互交融，盛衰一体、兴废一体。

困扰中国社会发展的“古今”“中西”问题始终相互影响。倘不能处理好“中西”问题，忽视“西学”或“西体”，则必然走向“中国文化本位论”，进而不能处理好“古今”问题，中国实现现代化与民主化断无可能。倘不能处理好“古今”问题，忽视中国文化传统或“中学”“中体”，则必然走向“全盘西化论”，由此不能处理好“中西”问题，中国文化会深陷危机，中国现代化与民主化会成为无源之水、无本之木。

因此，中国教育理论或教育科学的繁荣必须坚持“比较中西、

会通古今”的方法论原则。这至少包括如下内涵。

第一，国际视野。我们要取兼容并包的态度，敞开心扉，迎接世界一切先进教育理论进入中国。我们要对这些教育理论进行翻译、研究、吸收并使之“中国化”，像当年吸收佛教文献那样。我们要形成教育研究的国际视野：这包括价值论上的“世界主义”胸怀和多元主义价值观；知识论上的多重视角观，学会以人观人、以人观我、以我观人、以我观我，在视角融合和复杂对话中发现教育真理；方法论上的深度比较法，防止简单翻译、机械比附或牵强附会，要上升到文化背景、历史发展和价值取向去理解教育问题。

第二，文化传统。我们要珍视已持续两千余年的、以儒释道为核心的中国智慧传统，它不仅构成了中国文化，而且是世界文明不可或缺的组成部分。我们要将中国智慧传统植根于中国社会和历史情境，真诚对待并深刻理解，防止“厚今薄古”或“以今非古”的肤浅之论。我们要基于中国与世界的现实需求和未来趋势，对中国智慧传统进行“转化性创造”，使之脱颖而出、焕发生机。我们要基于中国智慧传统理解教育实践、建构教育理论，须知，“中国教育学”唯有基于中国智慧传统方能建成。我们要充分继承“五四运动”以来中国教育启蒙和教育民主化的宝贵传统，须知，“中国教育学”以实现东方教育民主为根本使命。

第三，实践精神。我们要始终关切实践发展、参与实践变革、解决实践问题、承担实践责任，须知，教育实践是教育科学的源泉。我们要把发展实践智慧作为教师解放和教师专业发展的核心，让教师成为“反思性实践者”。我们要成为每一个学生的真诚倾听者，通过倾听学生而悦纳、理解和帮助学生，最终实现每一个学生的个性自由与解放。

国际视野、文化传统与实践精神的三位一体，即构成“中国教育学精神”。践履这种精神是中国教育学者的使命。

是为序。

张华

于沪上三乐楼

一个特别的广阔世界

——什么才是探索意义的课程?

威廉·派纳

William F. Pinar*

"什么才是探索意义的课程"①，玛克辛·格林正是围绕这个问题建构起她毕生的事业。格林无疑是我们这个时代具有最重要意义的美国教育哲学家，她一直坚持站在存在主义的立场，来面对社会上不断出现的紧迫问题，正是这些问题把我们生活的西方世界拖入漫长一天之后的黯淡薄暮之中。也正是在这样的时代，西方启蒙运动的社会理性改革梦想发展成为政治对抗的噩梦、社会的动荡不安与斗争，以及损害危及教育者思想独立与专业操守的教育论争。正如那本向格林致敬的《黑暗之光》②一样，格林无论在思想独立还是在专业操守方面都堪称典范，在暗夜里绽放着夺目的光芒。正是这智慧之光吸引了来自世界各地的学生云集于她在纽约市哥伦比亚大学教育学院的课堂。北京师范大学出版社即将翻译出版格林的系列著作，约我作序。在这篇简短的序言中，我要谈的是格林思想对美国，甚至对世界影响的深远意义，特别是在我们这个时代的紧迫问题，即关于教育技术化问题的讨论上。最后我将向这位伟大的、敢

---

* 加拿大温哥华英属哥伦比亚大学教授，加拿大首席专家。

于对当代问题表明自己立场的哲学家，表达我个人由衷的欣赏与敬意。

对于玛克辛·格林而言，构成教育课程核心的是艺术，而不是技术。这是为什么？格林在林肯中心——纽约市有名望的艺术中心，在这里她为教师们做了一系列讲座——对教师们这样说，“审美教育可以被称为在场的教育，个人面对艺术作品作为想象的、感受的、知觉的、思考的、存在的、在场的教育”[3]。在我看来，这样主观的在场恰是教育经验可能性的核心。就像格林指出的，课堂里共同彼此学习的社会经验并不足以支持对话式——由博学的、有吸引力的教师所引导的复杂对话[4]——相遇中的主观在场，而是将各种机会制度化，比如“第一人称的参与，包括反思、发现自我与惊喜一类的机会”[5]。在林肯中心关于审美教育的其他讲座中，格林提醒大家：“我们努力要让学生获得的，既不是可以测量的，也不是可以预见的。”[6]我们教学的内容也不能简化为只是为了某种特定工作做准备，正如格林40多年前就指出的那样：“教师们认识到他们并不是培养年轻人为满足某种特定工作的需要做准备。因为技术变迁如此迅速，没有人能够准确预言什么技能是将来需要的，这些技能又能获得怎样的回报，即使是近期内也很难准确预言。”[7]

那些支持者向教育者保证，技术一定可以改善学生的学习，这种承诺泛滥成灾，根本不必挂在心上。大学和中学却无力抵制这种承诺的诱惑，从教师与学生那里转移资金去购买技术公司的产品（这些产品永远都需要升级）。马特·里奇泰尔在报道中指出，层出不穷的新技术已经催生了一种“娴熟的、快速扩张的销售队伍”，他们被各种注定要从公共财政牟利的计算机与其他技术型公司所雇用。[8]这并不新鲜：40年前格林就注意到，教育者也"开始在各种教育技术(或各种学习平台)供应商与一些城市学校教育系统之间安排签署各种合约"[9]。里奇泰尔评论道，技术泡沫持续膨胀，正如"对于高科技产品在提高学生学业成就上到底有什么样的效果的质疑也从未间断。那些公司辩解他们的产品能够吸引学生，帮助学生为数字化的未来做准备，然而一些学者却认为技术并不能实现它的承诺"[10]。正如格林的认识，我们生活在"一个技术统治的时代"[11]。这种统治不仅表明技术具有潜在能力可以拯救教育，而且还可以消除具象性经验自身的痕迹。

在我们这个时代，真实似乎是虚拟的而不是实际存在的，是意象性的，而不是具体表现出来的，并且是通过私人公司设计用来追逐利润的软件与网络建构起来的。梅希亚斯警告我们："技术化现象代表了现代决定论最危险的形式。"[12]如上所述，玛克辛·格林40年前就已经很清楚这一点，她指出："无力感是对技术化的、高度集中化的社会的水土不服。"[13]我们生活时代的鲜明特征是"我们不断地用形象与言语在我们与现实之间竖立起一堵一堵难以逾越的高墙"[14]。我们紧盯着电视、电脑屏幕，不断转移注意力，不断浏览各种信息，不断投入各种娱乐，但是这并不能为我们提供与他者的主观在场的具象性相遇。他者的主观在场能够让我们从所发生的事情之中，从我们所思考的与所感受的东西之中得到教益，也就是能够使一个人的经验具有特定的教育性。格林强烈要求："每一个人都应该努力学习施展自己的全部才能，至少要能够理解是什么在影响他的个人生活。"[15]这需要我们从经验中学习，不仅是虚拟的经验而且还包括实际生活的经验。

要知道我并不是在把生活经验的原始性浪漫化——与屏幕上模拟的经验不同，现实世界的具象性经验可能是令人不愉快的，甚至是危险的——但是我要提醒大家正是这样来自实际生活的教育性经验能够使我们一直保持清醒的意识，即"全面觉醒"，格林[16][17](也可参见格林)明确指出我们对学生的伦理责任需要我们全面觉醒。如果我们的潜意识只是有时候受损，而没有受到持续性的伤害，那么我们就只会有模拟的经验，而不是格林提出的如此远见卓识的那种"震惊"，这种震惊"能够提醒个体作为知觉意识存在的在场"。[18]虚拟(或模拟)经验由于受到"云"的限制，只能在屏幕上才可以看到，那么它就会成为一种观赏运动，就会成为出于本能的窥阴癖的替代品。裸露癖取代了对话式相遇。虚拟经验保护我们免于意外的危险，但这样做也一定会使我们遭受本可以避免的命运的痛苦，我们将丧失经验中的精华与活力。正如格林所说，我们丧失了"透过现实的窗去看的能力，丧失了在经验中实现假想世界的能力"[19]。我们紧盯着屏幕，如行尸走肉。

当然在网络上，一个人可以知道这个、了解那个，但是"在那里"一个人并不能了解，不能获得来自实际生活经验重建的知识。而格林指出只有通过获得来自实际生活经验重建知识的学习，才"可以引发变革，可以打开新的前景，可以提供新的方式建构现实世界"[20]。这里格林所说的现实世界既是指物质世界，也包括历史性的、感受到的，以及我们所渴望努力争取达到的世界。格林提醒我们："论及自我就是对个体的讨论既要包括身体也要包括精神，既包括过去也包括现在，还有他生活于其中的世界，以及他不断与之相交流的他者。"[21]然而今天，我们的身体消失于各种数字技术编辑的"大数据"之中，"我们"也消失于各种形象化符号，以及我们生活经验与生命历史中其他的虚拟化表征之中，这样的我们便于接受大公司与政府的监视，以及他们打着为我们的"便利"而服务的幌子的控制与操纵。

当我们被这些设置装备以及控制手段团团包围，我们还能够转向哪里去呢？格林建议：要观看—要倾听—要体验艺术。格林强调，如果一个人"愿意向艺术作品作为一个主观上有意识的人那样敞开自己，教师就能够采取很多措施来帮助年轻人清晰表达艺术作品(一般情况是知识)使他们想到了什么，感受到了什么"[22]。她继续说道，实际上，"那些专心地阅读、观看与倾听"的学生与教师们，也就是研究者，"能够在他们自己的内心世界生成新的秩序"。当我们研究玛克辛·格林的著作时，情况就是如此。

我非常重视对玛克辛·格林的研究。我最初接触她的著作是在我读研究生期间：我被指定阅读 1971 年的《课程与意识》[23]一文。一开始我就被文章迷住了，如痴如醉地读下去。萨特就已经使我着迷了，但当我第一次遇到玛克辛·格林，我发现她简直就是美国版的女萨特，我深深地被她打动。她身穿黑色衣服，涂着鲜艳的口红，那些日子里她一直叼着一根香烟，讨论着与萨特相同的词汇，如陌生人、不真诚与自由。在 20 世纪 70 年代中期，有时我会与她，还有其他大概 5 个同事，在纽约北部森林中的小屋里讨论。讨论的主题几乎无所不包。是的，经常是格林发言，我们倾听。我始终对格林保持一种敬畏之心，即使是在我们最后的聚会，在她的公寓里，她行动迟缓地把饭烧煳了的时候。不管怎样，我们吃掉了那顿晚饭。

因为我们沿着相似的道路前行——不但是萨特，还包括她在1973年出版的书中所提到的其他思想者，同样也对我有过重要的影响——因此，我会不时地遇见她。记得我们有过一次意见冲突，那是1977年(我想是这个时间)，在美国教育研究协会(AERA)的大会上，我与约翰·麦克尼尔(John McNeil)在B组做最新进展的演讲时，格林参与讨论。她不喜欢我通过理查德·伯恩斯坦(Richard Bernstein)的立场来引用哈贝马斯，那时她一直让我注意学科的等级，那时的教育哲学领域是很有声望的学科，而我在课程研究中，做不了那么多。那次会议之后，我们一定还遇到过——我贪婪地阅读她写的所有东西——但是我能记住的应该是那次在我的新奥尔良公寓的见面，那是美国教育研究协会的年会期间，比尔·多尔(Bill Doll)与我举办的1994年聚会。

我居住在一个老旧的、可爱的(我必须得这么说)地方，就在法国人居住区的外面(在波旁街与多芬街之间的滨海广场)。举办聚会应该是比尔·多尔的主意。我们雇了一支乐队，请了酒席承办者[我的朋友苏(Sue)]，还有服务生(有一个是她上大学的儿子)，我们在院子里支起了一个帐篷以防下雨，还雇了一个警察来监控进来的人。几乎一整晚我们都在音乐的伴奏下吃吃喝喝——我记得金哲罗(Joe Kincheloe)、雪莉·斯坦伯格(Shirley Steinberg)，还有彼得·麦克拉伦(Peter McLaren)逗留到黎明时分才离开——但是到了聚会进程的一半(在新奥尔良，并不是深夜，还不算太晚)，玛克辛·格林出现了，旁边有一位我并不认识的人陪着。我亲吻了她的双颊，欢迎她来到我家，她也介绍了陪她来的人(似乎是纽约艺术界的人士)。这时我们才发现，蜂拥而入的人群把聚会一下子挤得满满的，我们几乎要被挤扁了。在我们缓过神来，组织发动类似的谈话之前，站在身边的人就开始要求介绍传奇的玛克辛·格林。我眉飞色舞地介绍，而且还补充说格林就住在曼哈顿区第六大道(还吹牛自己曾经去过那云云)。这时格林重重地拍了我一下，指着我的脸更正道："是第五大道!"

的确是第五大道，毗邻古根海姆博物馆，俯瞰中央公园。那是格林曾经居住过的特别宽敞的空间，充溢着对世界最深刻透彻的认识，但同时也具有宽广包容的视野。我了解这个空间，从我阅读她的第一篇文章我就了解了，而且从那时起，我从未停止过了解。在2011年我出版的书里，我用了第六章整整一章的篇幅来描述她在林肯中心的工作。[24]在我的课堂上我始终将她的研究作为参考。她的研究、她的智慧对我有着极为深刻的影响，我并不孤独。

珍妮特·米勒(Janet Miller)的研究也受到格林的深远影响。[25]当米勒在罗彻斯特大学攻读文学硕士学位时，我把格林的研究推荐给她。米勒通过完成以格林思想为研究主题的博士论文，获得了哲学博士学位。许多年来，米勒做了多次访谈——她告诉我玛克辛坚持把这些访谈描述为"交谈"，把传记看作"合作"——格林授权写传记的人正是珍妮特·米勒。[26]正是米勒拥有格林数箱信件与文稿(当然是在录入计算机之前)的所有权，这些资料将由教育学院归档收藏。在格林生命的最后日子里，也正是米勒始终在莱诺克斯山医院陪在她的身边，偶尔会有其他人加入。正是米勒在葬礼上发表致辞，指出格林思想的声音是“奇异的、确定无疑的、非凡卓越的”。

这种非凡卓越、确定无疑的奇异声音——它的直接，它的生动，不仅在教育学院报告厅中引起回响，而且通过那些倾听者，还有正在阅读的你引起回响——就像格林总是会补充道的，依旧“未完成”[27]。“这是她的遗产”，米勒在葬礼致辞中总结道，这是“未完成的交谈——与那些数不清的学生、教师、同事、朋友以及家庭的交谈——作为一种日常提问、选择与生成形式的交谈”[28]。玛克辛·格林，我现在能听到你在讲话，我依然在倾听。

参考文献

①Greene，Maxine. 1995. *Releasing the Imagination*. San Francisco：Jossey-Bass.

② Ayers，William C. and Miller，Janet L. Eds. 1998. *A Light in Dark Times：Maxine Greene and the Unfinished Conversation*. New York：Teachers College Press.

③Greene，Maxine. 2001. *Variations on a Blue Guitar. The Lincoln Center Institute Lectures on Aesthetic Education*. New York：Teachers College Press.

④这种理想的实现并没有“实践”的标准模式，只有个性化的特定情境下的实现。

⑤Greene，Maxine. 2001. *Variations on a Blue Guitar. The Lincoln Center Institute Lectures on Aesthetic Education*. New York：Teachers College Press.

⑥Ibid.

⑦Greene，Maxine. 1973. *Teacher as Stranger*. Belmont，CA：Wadsworth.

⑧里奇泰尔在2011年的报道中指出仅仅在美国就有"数十亿"美元处于风险之中。2013年辛格(Singer，2014，B6)报道，"根据软件与信息产业协会的统计，从幼儿园到12年级购买的教育技术软件金额约高达79亿美元"。与美国一样，中国也在教育技术上面投入巨额资金。Qian，Xuyang. 2015. Technologizing Teachers Development?. In *Autobiography and Teacher Development in China：Subjective and Culture in Curriculum Reform*. edited by Zhang Hua and William F. Pinar (163-178). New York：Palgrave Macmillan.

Richtel，Matt. 2011. Silicon Valley Wows Education，and Woos Them. *The New York Times*，Vol. CLXI (55，580)，A1，B7.

⑨Greene，Maxine. 1973. *Teacher as Stranger*. Belmont，CA：Wadsworth.

⑩随着研究证明的用虚拟代替实际生活的具象性经验的危害性后果的出现，技术并不能实现诺言，这仅仅是对教育技术化质疑的开始。(参见Pinar，2012，pp. 140-161)

Pinar，William F. 2012. *What Is Curriculum Theory*? [Second edition]. New York：Routledge.

⑪Greene，Maxine. 1973. *Teacher as Stranger*. Belmont，CA：Wadsworth.

⑫ Mejias，Ulises Ali. 2013. *Off the Network. Disrupting the Digital World*. Minneapolis：University of Minnesota Press.

⑬Greene，Maxine. 1973. *Teacher as Stranger*. Belmont，CA：Wadsworth.

⑭Ibid.

⑮Ibid.

⑯Ibid.

⑰Greene，Maxine. 2001. *Variations on a Blue Guitar. The Lincoln Center Institute Lectures on Aesthetic Education*. New York：Teachers College Press.

⑱Greene，Maxine. 1973. *Teacher as Stranger*. Belmont，CA：Wadsworth.

⑲Greene，Maxine. 1995. *Releasing the Imagination*. San Francisco：Jossey-

Bass.

⑳Greene, Maxine. 2001. *Variations on a Blue Guitar. The Lincoln Center Institute Lectures on Aesthetic Education*. New York: Teachers College Press.

㉑Greene, Maxine. 1973. *Teacher as Stranger*. Belmont, CA: Wadsworth.

㉒Ibid.

㉓Greene, Maxine. 1971. Curriculum and Consciousness. *Teachers College Record*, 73 (2).

㉔Pinar, William F. 2011. *The Character of Curriculum Studies. Bildung, Currere, and the Recurring Question of the Subject*. New York: Palgrave Macmillan.

㉕Miller, Janet L. 2005. *Sounds of Silence Breaking: Women, Autobiography, Curriculum*. New York: Peter Lang.

㉖Miller, Janet L. 2014, June 5. Maxine's Voice and Unfinished Conversations…. New York: Unpublished.

㉗Pinar, William F. Ed. 1998. *The Passionate Mind of Maxine Greene: "I Am Not Yet"*. London: Falmer.

㉘Pinar, William F. 1998. Notes on the Intellectual: In Praise of Maxine Greene. In *A Light in Dark Times: Maxine Greene and the Unfinished Conversation*. edited by William Ayers and Janet L. Miller (109-121). New York: Teachers College Press.

目　录/

第三编　形成中的共同体

/引言：正在生成的叙述/

有一种观点认为我们作为个体若要追求善，就“不可避免地以叙述 1
的形式来理解探索我们的生活”(Taylor，1989，p. 52)。在我看来亦是如此，尽管这个时代流行碎片化与相对主义，我们也还是要努力追寻善的观念，因为正是善的观念指引我们生活的方向。因此，读者可以将《释放想象》一书中的文章看作正在生成的叙述。作为教师，我们只有在心中一直怀有对学生、对世界更美好的期待，我们才能与那些职员或公务员区别开来，因为我们的使命并不仅仅是复制再生产这个社会。现在的我已经人到中年，我把自己的写作看作探索生活过程中的驿站(stage)，“驿站”这个词的含义就是索伦·克尔凯郭尔的“在生活的路上”(1940)。在对生活的探索中，我既是女性，又是教师、母亲、公民、纽约人、艺术爱好者、行动者、哲学家、美国白人中产阶级。因此无论我的自我还是我的叙述都不是单一的线索，我处于太多社会与文化力量的交汇之中，不管怎样我永远都在路上。尽管我努力保持关于人性、尊严与公正等观念的一致性，但是我的认同的表现也还是多样化的。在这多样性之中，我的生命规划早已融入对教学、学习以及许多教育模式的理解，同时根据这样的生命规划，以及它适应社会的模式，我也一直在生成并不断持续生成自我。正是这样的生命规划所塑造的生命力量孕育了这本书——《释放想象》。

在教育领域中，我最关注的是教师教育。当然我的关注不能脱离教师教育发生的背景，这一背景既包含人文科学思想的浸润，也包含
2 社会实践行动的席卷。因此在我的探索之中依旧渗透着 20 世纪 60 年代的民权运动，以及那十年间和平运动的价值观念与愿景。身为第二次世界大战抵抗运动战士的法国诗人勒内·夏尔(Rene Char)指出，当像他这样的抵抗战士“回到除了自身之外什么都不关心的私人生活之中，就逐渐被这种私人生活‘悲哀的不透明性’所包裹起来”，由此慢慢“失落了他们公共幸福的珍宝”(Arendt，1961，p. 4)。这里我引用夏尔的观点，并不是要弘扬第二次世界大战抵抗者的英雄主义。夏尔的失落也并不是因为渴望战争或暴力而不能得，而是由于再也不能回到那精神振奋、热血沸腾的时代，再也不能成为一个开启新纪元的挑战者。与之相类似，我深信尽管这个世界由于时代变迁而发生无比复杂深刻的变化，但是对于许多人来说，我们国家在 20 世纪 60 年代与 70 年代早期所表现出来的，依旧是与夏尔的渴望相当的那种对公共幸福的追求。我也深信即使在今天的教育领域中，人们还是会选择去抵制那些正在到处蚕食公立教育的无形蛀虫，如无思想、陈词滥调、技术理性主义、疏忽草率，以及“野蛮的不平等”(Kozol，1991)。

在《释放想象》中，我希望能够将自己的追求与其他教师，以及教师教育者们的奋斗联系起来，他们早已厌倦了普通职员与技术人员的

角色，也厌倦了除了自身之外什么都不关心的、私人生活的那种悲哀的不透明性的重重包裹。我希望这本书能够促成一种无声的对话，推动读者去关注自身处境，关注现实生活，一旦如此，他们就会发现有话不得不说。为了达到这样的目的，我要去认识背景与视角的多样性，我既要关注并表达对差异的尊重，也要关注并表达对所谓共同的尊重，我得承认我们身处的世界就像是一个“杂乱的博物馆”(Smithson，1979，p. 67)。但即便如此，我还是对后现代思想者们把这种“杂乱”描绘成“拼装”或“拼贴”深感不满，虽然人们常常认为在一个古代神话，对立论以及等级制度论都被推翻的现代社会中，这种表达方式是比较适合的(Schrift，1990，p. 110)。我所追求的言说方式是要能够为教师以及其他人开启建构一个真正的共同世界。我的意思并不是要建构一个我指定的、我渴望的共同世界，然后也请读者建构一个自己指定的、渴望的共同世界。相反，我的任务是要激发读者的想象，这样我们所有人才能够超越“令人产生错觉的多种语言交流带来的混乱……意义交汇的歧义纷争，历史记录的大相径庭，无法预期的回应，无法理解的幽默”(Smithson，1979，p. 67)，从而获得某种命名、某种意义建构， 3
这种命名与意义建构以共同体的形式将我们聚集到一起。

如果我们不做出这样的努力，那么回答教育到底应该意味着什么这一问题就会变得十分困难。过去，我们认为教育就是简单的传递、交流与模仿，是为了让年轻人完成“更新延续一个共同世界的任务”所做的准备(Arendt，1961，p. 196)。今天当我们面临传统叙事的崩溃瓦解，新的充满争议的共同世界的愿景层出不穷，眼花缭乱，我们再也不能假定，关于什么是有价值的，什么是有用的，什么是应该教授的，这些重要问题一定能够达成共识，尽管这些问题都是官方界定的必然结果与预期目标。

我之所以把想象作为建构我们共同世界的工具，最首要的理由是想象可以使移情成为可能，正是移情使我们多年来都能够跨越自己与所谓“他者”之间的隔阂。如果那些他者愿意给我们提供线索，我们就能够以某种方式通过陌生人的眼睛来观察，通过陌生人的耳朵来倾听。这是由于在我们所有的认知能力中，唯有想象能够使我们相信还有其他不同于我们的真实存在，可以使我们打破想当然，搁置那些习以为常的特征与定义。

回顾历史，人们一直都不能相信儿童可以依靠自己的力量建构起意义世界，或者更确切地说，即便他们学会了说话，也根本不能生成意义。儿童最多也就是个小大人，在一个对于他们来讲“毫无意义”的世界里摸索。但是今天，当我们阅读孩子们的诗歌，阅读他们创办的杂志，倾听他们的故事时，我们发现若要真正切实地进入孩子们的世界之中，依靠的不仅仅是理性力量，还有我们的想象。同样令人羞愧的是，西方国家的白人并不认为他们所谓的“黑人”或“非洲人”能够具有一般智力或基本读写能力(Gates，1992，pp. 52-62)。女性也通常被男人认为是愚蠢的，并且比较天真幼稚，不能够做理论上的严谨思考。我们这个时代的进步之一(有时这个进步比较勉强)就是从我们的立场出发，承认那些在人类社会中共享的分类标准，我们以这些分类标准来区分不同的范畴(比如族群、性别、宗教、教育、文化、习俗、地理位置、身体状况）。生活在人类世界之中的我们每一个人都终有一死，并且都能够认识这种生命的有限性，都能够讲述自己所经历的一切。 4
因此，当人们注意到在某些人自身看来一定程度上完整一致的世界，在其他人看来却是完全不同的陌生的世界时，这些其他人就会运用想象来进入这个陌生世界，去探索这个世界的主人是如何看、如何感受的。这并不意味着我们必须赞成，甚至必须欣赏这个陌生世界，而是意味着我们要不断丰富自己的经验，一直到这种经验使我们能够把这个陌生世界作为另外一种人类的可能性来理解与把握。

理解他人世界的程度通常依赖于我们诗意地运用想象的能力，将作家、画家、雕塑家、电影工作者、编舞者以及作曲家所创造的“假想世界”（“as-if”worlds）变为现实的能力，以某种方式参与到艺术家的世界中去探寻历史、展望未来的能力。正是诗意的想象能够使我们进入乔治·艾略特（George Eliot）的小说《米德尔马契》（*Middlemarch*）所描述的英国中部地区社会组织结构和各种事件之中，才能够使我们跟随托妮·莫里森（Toni Morrison）的小说《爵士乐》（*Jazz*）从美国的南部农村旅行至纽约喧哗吵闹的哈莱姆区，才能够使我们去体验玛莎·格雷厄姆（Martha Graham）的舞蹈《阿巴拉契亚的春天》（*Appalachian Spring*），通过肢体语言所展示的边境婚礼中新郎、新娘喜忧参半的复杂心情，才能够使我们从热情奔放的弗里达·卡洛（Frida Kahlo）那被痛苦折磨得伤痕累累的自画像带来的震惊中，转向穆里洛（Murillo）笔下那正在冥想的年轻恬静的圣母玛利亚带来的圣洁与安详，才能够使我们在威尔第（Verdi）《安魂曲》（*Requiem*）持续飙升的旋律结构中感受到灵魂的飞升。我将着重讨论探索生活的不同阶段中的相遇，当我把艺术与发现文化多样性联系起来，把艺术与形成共同体联系起来，把艺术与对世界的全面觉醒联系起来，这些相遇就发生了。无论对我还是对众多他者来说，艺术都能够提供观察这个生活世界的新视角。当我观察艺术、感受艺术时，与艺术作品全方位的相遇常常给我带来日常熟悉事物令人震惊的陌生化。我的那些习惯性的想当然的看法——比如关于人类潜能、性别差异、生态学、族群认同、核心课程等观念，往往由于观看了一部戏剧，欣赏了一幅画，倾听了一曲木管五重奏，就出乎意料地发生了根本的改变。有时，面对一个新的艺术作品，感受到一种新的体验，从初步接触到深入欣赏的过程常常会令我重新审视一切，重新想象一切。我发现自己不断地从一个发现走向另一个发
5 现，同时不断地修正，并且时常更新生活中的术语表达。

即便如此也还不够。我们还应该具有社会想象的能力：我们居住地的社区生活、接受教育的学校生活，乃至我们的社会都是有缺陷的，因此我们应该具有开创理想生活应该是什么、可能是什么的能力。说到社会想象，我想起萨特的观点，“正是在我们开始思考事物的另一种可能状态的时候，我们才会重新审视我们的麻烦与痛苦，以及为什么我们认为这些是无法承受的”(1956，pp. 434-435)。也就是说，只有当我们意识到事物可能会有另外更好的一种情形时，才会发现当前身处境况的缺陷。同样，也只有在我们思考课堂人性解放问题的时候，我们才会察觉到学校教育中官僚主义、漠不关心的缺陷。只有在人性解放的课堂里每一个学习者才会获得尊重，才会获得支持去努力学习如

何学习。也只有在这个时候我们才有机会来弥补、完善我们的缺陷。

在这里我讨论的是一种乌托邦思维模式，这种思维模式拒绝一味地服从，蔑视眼前脚下的那些道路，因为它们到现在还未能引导我们去塑造更加令人满意的社会秩序，还未能让我们掌握在这个世界上生存得更加生机勃勃的方式。这种改造社会的想象需要我们通过多种类型的对话来释放：那些来自不同文化、拥有不同生活方式的年轻人之间的对话；那些团结起来解决对所有人来说都非常重要的问题的人们之间的对话；那些肩负共同使命，抗议所有的不公正，努力避免或克服各种形式的依附或社会顽疾的人们之间的对话。当我们在课堂中激活这样的对话，就会激起年轻人主动探索的热情。在想象尽情驰骋的地方，冷漠无情则黯然退去。

当正在生成的叙述逐步呈现多样化特征，今天学校教育改革中出现的主动学习引起了我的关注。我尝试努力改变传统的思维方式，就是要超越学校教育的局限而进入更广阔的教育领域之中，在那里我们看到的是也必须是对所有可能性的接纳与包容。为了倡导这种思维方式，我不止一次地反复考察人们的故事，特别是像弗吉尼亚·伍尔夫(Virginia Woolf)所讲的故事，她讨论的主题包括从“日常生活琐碎意义”的缠绕到“存在的瞬间”(1976, p. 72)，再到强烈意识发生的重要瞬
间。我还要为大家讲述童年的记忆与憧憬，比如我被恩托扎克·尚治 6
(Ntozake Shange)的配舞诗歌“穿棕色衣服的女士”唤醒的那一刻，我从儿童阅览室偷溜到成人阅览室(这是违反规定的)，在那里，我这个小姑娘读到了图桑·卢维杜尔(Toussaint L'Ouverture)的故事，并学着

“开始面对现实”(1977, p. 26)。我一直在反复强调从日常行为机械的惯性束缚转向重要的瞬间到底意味着什么，正如阿尔贝特·加缪(Albert Camus)所说，在这一时刻，“产生了‘为什么’的疑问，于是，在这种带有惊讶色彩的厌倦中一切就开始了。‘开始’，这是重要的。厌倦出现于一种机械的生活的各种行动的结尾，但它同时也开启了意识的运动”(1955, pp. 12-13)。所有这一切都依赖一种追求自由的勇气，一种打破常规的行动力，一种敢于质疑的理性思考能力。学习就是通过这样的方式发生的，因此教育的任务就是要生成这样的情境：促使年轻人开始提问，从各自不同的角度，通过各种语调的声音来发问“为什么?”

我的叙述从探讨学校结构调整转向提出塑造文化素养，在这样不断生成的过程中，审视、再审视人们质疑的过程，弥补我们经验中的空白，抵制人生的无意义。在讨论生成课程、道德生活，以及公共领域的正义时，我总是通过各种各样的方式将想象的释放置于所讨论的情境之中。我们对于彼此来说都是新来者、陌生人，因此我特别强调多样性与异质性，也就是现在大家常说的多元文化主义。这种多元文化主义的强调得益于与艺术的联系，与一直处于形成之中的共同体的联系——也许有一天我们会把这个共同体称为民主共同体。

第一编

创造可能性

Creating Possibilities

/1. 探索社会情境/

我们今天教育讨论的流行话题包括标准、评估、效果与成绩这些概念。16岁的青少年无论他们是谁，无论他们身在何处，他们都应该知道些什么？美国学生的学业成绩如何才能提高到国际一流水平？在这个后工业化的时代，国家最需要的是什么？我们怎样才能使那些形色各异的年轻人社会化，从而具有一种既反对相对主义又拒绝无知的“文化素养”(Hirsch，1987)？什么样的课程才能够阻止多元文化带来的所谓“美国正在丧失统一”(Schlesinger，1992)的脚步？ 9

一般来说，正是我们对于这些问题的理解形成了今天的所谓教育现状。有些话题也许我们谈得比较少，但还是会涉及，比如“野蛮的不平等”(Kozol，1991)、家庭的衰落、邻里关系的疏远，以及各种机会的减少。另外，我们还会提到种族主义、失业问题、各种成瘾现象，以及文化无根等话题。当我们讨论学校教育时，依旧是那些官方话语占据主导地位，他们认为某些知识是具有客观价值的，他们想当然地认为学校教育的主旨就是要满足国家经济与科技发展的需要。传统观念中提高效率的方式强调从外部控制学校教育来完成预设目标。这常常意味着无论教师还是学生都要为了他们自己的利益而服从外部要求，为达成预设目标而努力。既然如此，教师怎样才能够对外部要求提出质疑，同时表达自己的观点？他们怎样做才能够影响学校教育的重构？他们怎样做才能够改变课堂？

由于总是喜欢变换看问题的视角与模式，我注意到托马斯·曼(Thomas Mann)的小说《大骗子克鲁尔的自白》(*Confessions of Felix Krull*, *Confidence Man*, 1955)。在小说开头，年轻的菲利克斯(Felix)问自己把世界看得渺小还是伟大，怎样做才更有益处。一方面，他
10 说那些竭力凌驾于人们头上的大人物，如统帅、各类征服者必然是一些把世界看得像一个棋盘一样微不足道的人，否则他们不可能如此肆无忌惮、冷酷无情地按照自己的全面计划去大胆进行统治，而全然不顾人们的安危。另一方面，把世界看得伟大是“把这个世界和人类看成是某种伟大的、美好的和重要的东西，值得为它焕发激情和献身奋斗，从而在这个世界和人们中间得到一点威望和尊敬”(pp. 12-13)。一个人把世界看得渺小，就是选择从一个超然的角度来看待世界，从系统的视角来观察人们的行为，关注的是大趋势而不是纠缠日常生活的意图与琐碎。把世界看得伟大则一定不能仅仅将他人视为客体或棋子，相反要将他们看作特殊的完整个体。如果一个人要真正了解人们的意图，感受他们的主动性，体验他们面临的不确定，就必须作为一名参与者深入事件发生的过程之中。

我们可以把这一观点应用到学校教育问题的讨论上，把教育世界看得伟大会使我们密切关注事件的细节与特质，如此这种细节与特质

就不会被简化为数字，更不会被认为是通过测量就可以了解的。比如我们会看到破旧拥挤的城市课堂，也有相对清净的乡村教室。我们会看到充斥着通知与说明的布告牌，字里行间交织着儿童画作或直白的打油诗。我们会看到城市学校里的涂鸦、剪纸、穿着统一校服的身影，会听到校园内外到处都回荡着学校规范要求的声音，还有那些艺术家们光临学校时瞬间迸发的耀眼光芒，以及那些为杂志撰写稿件、关注故事的年轻人群体。我们还会看到家庭小组正在讨论前一天晚上各自家里发生的事情，描述他们的缺憾与失落，寻求彼此的帮助。充满嘈杂谈笑声的走廊就像是古老城市的后街小巷，到处都是说着各种语言的普通人，摇晃着独特的身形，小心地寻找着自己的朋友与伙伴。到处都是喊叫的声音、寒暄的声音、威胁恐吓的声音、饶舌音乐的鼓声、金项链的碰撞声，还有花里胡哨的紧身裤与五彩斑斓的头发。我们还会时不时地看到年轻人贪婪地盯着电脑屏幕的眼睛，或者着迷于学校实验室里玻璃杯和金属工具叮当操作的一双双充满好奇与疑惑的眼睛。还有那些可供学生选择的破旧的课本、一排排的书桌、临时拼凑的圆桌，以及廉价的笔记本。对于把教育世界看得伟大的人来说，偶尔可
以看到这样的教师，他们把每一次行动都看作是“一次新的开始，一次 11
用破敝的装备/向无法言述的事物发动的袭击，最后总是溃不成军/只留下不准确的感觉乱作一团，一群没有纪律的激情的乌合之众”[Eliot,(1943)1958，p. 128]。但是也会看到其他类型的教师：他们没有任何责任感，把那些貌似另类的学生、那些持有异见的学生硬说成语无伦次，是不善表达。然而，我们也可以不断地看到那些热切投入的教师，

他们鼓励学生提出自己的问题，鼓励他们自己去寻找答案，并根据自身的实际情况调节学习进程，来为自己的世界命名。也就是说，人们现在已经认识到青年学生必须受到关注，他们必须得到指导，同时也必须学会质疑为什么。

把教育世界看得渺小是借助系统的视角来看待学校教育，突出权力或既有意识形态的重要性，基本上采取技术的观点来讨论问题。近来这种系统视角的考察关注最多的是对制定合理政策的研究，这背后有一个基本信念的支持，就是学校教育的改变能够带来进步的社会变迁。正如我前面所说，人们这样做的目的要么是把学校教育与国民经济问题联系起来，要么是掩盖这些问题。无论目的如何，把学校教育看得渺小就会专注于考试分数、“学习时间”、管理程序、族群与种族的所占比例、问责措施等，而忽略掉的则是个体，是现实中活生生的人的面孔与姿态。确实，这种做法对于那些想要通过调查研究来获得概括性认识的人来说，似乎是比较合理的，他们的测量方式并不需要了解每个人的姓名与历史。他们承认既有的社会利益分配，并且认为这种分配体现了社会成员所做事情的价值。

教师该如何应对这样的情境？又该如何避免成为一个棋子或零件，甚或某种意义上的共谋？他们面临的挑战是要学会站在不同的立场来看待问题，既要理解诸多领域的政策，了解长期发展规划，同时还要关注那些特殊儿童，处理具体情境所需的特殊方法，还有那些无法计量的、与众不同的人和事。可以确定的是，这些挑战至少要抵制人为地将学校与所处社会情境剥离开来，要抵制各种去情境化的极端歪曲现实的做法。为了做到这种抵制，教师必须重视一直未能清晰界定的关联性与延续性问题。这意味着教师要关注多样性街头生活的方方面面，既包括它的潜在危险，也包括它的神秘诱惑所带来的影响。这意味着教师要在某种程度上关注学生或安逸或烦恼的家庭生活。这意味着教师要了解操场上、门前台阶上、医院急诊室和诊所里、福利机构 12
与收容所中，以及影响年轻人生活的社会机构里发生的戏剧性事件。就连警察局、教堂、毒贩出没的角落、附近公园里偏僻背阴的地方、图书馆，以及一直闪闪发光的电视屏幕，所有这些也都是被看得伟大的教育现实的组成部分。

只有那些想象力足够丰富的教师才能看到社会生活的异质性，才能听到日常生活中的所谓“众声喧哗”，那些丰富多彩的话语表达(1981)，因此只有这样的教师才会有如此强烈的冲动来努力追求更好的教学方式与更好的生活方式。他们像杜威那样努力确定指导他们活动的各种目的，并进一步了解这些目的本身意味着什么(Dewey，1916，p. 119)。我们今天正在尝试的具有重要意义的重建运动并不要求教师在把世界看得渺小还是伟大之间做出选择，也不要求教师成为只是一个受人摆布的木偶，或者只会鲁莽革新行动的人。一旦教师拥有了在复杂情境中反思自己实践的能力，我们就可以期待教师做出超越他们自身情境局限的选择，打开内心接纳整个世界。

这些不断涌现的重建运动为教师之间的合作、教师与家长的合作、教师与各种类型的教师学院的合作提供了更多的空间。我们可以不断地在网络上看到新式学校的出现：民主学校、复兴的进步学校、联盟学校，以及致力于改革的磁石学校(Darling-Hammord，1992；Elmore，1990；Sizer，1992；Wigginton，1972)。参与改革的教育者们一致认为应该开创某种与“关怀社区”一样重要，但内涵要远远丰富的教育共同体。参与哈佛大学零点项目(Harvard's Project Zero)的霍华德·加德纳(Howard Gardner)、西奥多·赛泽(Theodore Sizer)等人明确指出，“课程要以知识为基础，具有跨学科的综合性，同时也能够与学生的实际情况相联系”(Beyer and Liston，1992，p. 391)。随着讨论的逐步深入，关心、免于受到侵犯、关联性以及道德承诺等话题也开始进入研究者的视野之中(Noddings，1992；Martin，1992)。

这些教育改革的新尝试在把握整体社会情境方面相当敏感。我们
13 必须清醒地认识到在一个经济不景气的时代，年轻人若要找到合适的工作机会，他们需要具有灵活多样的思维模式，并掌握大量复杂的技能。我们必须培养年轻人应对各种灾难的能力，他们可能不得不面对生态灾难、洪水肆虐、环境污染，以及前所未有的暴风雨袭击，甚至有一天他们还可能不得不做出像化疗等维持生命的决定。人们还需要掌握多种媒介素养，才能够批判地、明智地应对那些别有用心的煽动者，名目繁多的热线节目，故作神秘的广告，以及掺杂着不同娱乐成分的各种新闻节目。人们还需要具有执行周密计划的能力，这种能力需要成熟的组织思维模式，以及一种如何将事物看得渺小的知识。

另一方面，整体的社会情境也在要求教师把学生作为潜在的主动学习者来看待，当他们面临真实的任务，当他们有了学习技能的需要和诚实工作的榜样，他们就会学得最好。只有当教师在与学生互动过

程中把学生看作是独特的、对这个世界充满疑问的人，看作是成长过程中的人，教师才能够形成所谓“真实性评价”指标(Darling-Hammond and Ancess，1993)，而这些指标则会引领新课程的建构。当教师面对学生时，能够拒绝标准化测试，愿意把事物看得伟大，教师才能够完善自己的教学模式，使之更适合学生，并以多种方式引导学生开始进行我们所理解的探究。正如唐纳德·舍恩(Donald Schon)所说，反思型教师会尝试倾听学生的心声。“比如，她会问自己，学生怎么会这么想？这些困惑的意义是什么？哪些是学生们已经知道要如何去做的？当教师真正倾听学生时，他们就会不断超越原有教学计划，产生新的行动观念”(1983，p. 332)。舍恩赋予责任归属、评价以及督导机制以新的意义，从中我们发现教师的评价应该是“独立且定性的判断，以及关于教与学的经验与实施的叙事性描述”(pp. 333-334)。这些都是今天教师对学生评价的基本要求，因为他们对学生的评价是借助于学生的作业档案与展示，通过让学生记录他们在追求与众不同、超越现状的过程中的所说所想来完成的。

与现实中希望学会学习的人的任何相遇，都既需要教师的想象， 14
也需要学生的想象。当我面对学校里的学生，陷入沉思，我能够想象各种各样探索的可能性。例如，这里会有沃克·珀西(Walker Percy)《看电影的人》(*The Moviegoer*)中关于“探索”(the search)[①]的追求，“只要没有淹没在自己平淡无奇的生活之中，人人都会进行探索。认识

① 竹苏敏将 the search 译为“自省”。参见：[美]沃克·珀西. 看电影的人[M]. 竹苏敏，译. 重庆：重庆出版社，2006：11. ——译者注

到探索的可能性就是要有所知，一无所知就会陷入绝望”(1979，p. 13)。需要再一次申明的是，正是由于想象，人们才能够认识到某种追求是可以实现的，这与我们所要培养提倡的那种学习相类似。正是由于想象，人们才能突破惯常的认识框架，才能在某种程度上理解生活在各种现实情境中的年轻人。年轻人也正是由于想象，才能认识走向世界的道路。

从各方面来看，教与学的本质都是破除障碍——破除刻板印象的障碍，克服倦怠的障碍，超越预定义的障碍。至少从某种意义上来说，教学就是要为每一个人提供他们自学所需要的技能诀窍与专门知识。例如，没有教师能够仅仅通过向年轻人讲授如何打篮球，如何创作诗歌，如何在化学实验室里做金属实验，就要求他们能够达到完成这些活动的某些规定与标准。教师必须与学生讨论如何完成这些活动，讨论如何遵守规则与标准，培养各种所谓“开放的能力”(open capacities，Passmore，1980，p. 42)，这样，学生才能够以自己的方式进行实践，或参加游戏，或创作十四行诗，或设计化学实验。帕斯莫尔写道，这需要学生创造性地形成自己进行活动的方式与步骤，而不是教师教的，“这种创造性在某种程度上会令教师感到惊喜，这种惊喜不是由于以前其他的学生做不到这个样子……而是指学生并没有完全依赖教师，拘泥于教师所教的原则，就完成了活动任务。换句话说，通过某种训练，学生逐渐成为具有创造性的人”(p. 42)。这令我想起了玛丽·沃诺克(Mary Warnock)关于想象的讨论，她讨论的焦点在于想象是以何种方式能够使我们认识到，在经验中总是有我们无法预知的存在(1978，

p. 202)。她还解释了儿童在感受到所认识事物的意义时，他们如何“通过自己的努力来阐释意义”，以及想象是如何赋予事物的无限性或无穷 15 尽的情感意义，这种情感意义强化的是儿童的经验层面，而不是他们从想象中抽离出来的原理体系，即便我们一直要求他们这样做(p. 206)。我也想起了华莱士 · 史蒂文斯(Wallace Stevens)的诗歌《弹蓝色吉他的人》，这里的吉他象征想象。吉他手说要抛开“各种灯和定义”，要倾听者“说说你在黑暗中的所见”[Stevens，(1937)1964, p. 183]。这些倾听者一直在要求他弹奏“事物如其所是的狂想曲”，因为按照非其所是的方式看待事物会让他们感到混乱。在抛开“各种灯和定义”，通过想象来看待事物的方式中有一种张力，暂时会遭遇茫然或抵制，但紧接着我们就会看到这种茫然与抵制、想象、开放的能力、创造力与意外的惊喜在某种意义上联结在了一起。

以这样的方式来理解教与学，我们关注的焦点是行动，而非行为。行动强调行动者的主动性，意味着我们站在行动者的立场上来理解他们所憧憬的未来。这与现在那些倡导学校重建的人们所讨论的主动学习含义并无二致。二者感兴趣的都是学习是如何开始的，而非学习的结果，产生分歧的地方是从外部强加在学习上的系统化问题、诊断与评估策略问题。这让我想起了杜威关于目的的讨论，杜威认为有目的的行动就是明智的行动，目的可以指导我们完成任务。但是他很清楚没有任何保证可以确保目的一定可以达成，因此就像我所努力的那样，他一直在讨论开放，讨论可能性，讨论追求探索中的前行。

我也像杜威那样一直都着迷于那需要探索的不完整，着迷于那追求过程中令人振奋的希望。在《白鲸记》(*Moby Dick*)中，以实玛利(Ishmael，怀疑一切的怀疑论者)说，“我一点也不敢说能做得完满，因为任何一个自以为会做得完满的人，一定会因此而招致错误”[Melville，(1851)1981，p. 135]。世事总是会有缺憾，总是会有不能克服的障碍，总是会有不能实现的梦想。我们永远都在追寻的路上，永远都不能到达终点。

下面各章要讨论的就是关于教与学的各种探索，以及教师在探索道路上那些出人意料的发现。忽视女性和弱势群体的声音一直是我们课堂上需要解决的问题，对于太多学生的漠视也是我们必须要突破的障碍。那么多自然地理与人文景观需要我们去探索，在探索的道路上，
16 我们一定不希望校园里的彼此都是陌生人，而是希望大家能够共同努力来阐释这个崭新的多元世界。赖纳·玛利亚·里尔克(Rainer Maria Rilke)的诗展现了我们认识他者的力量，而这种力量蕴含于我们所选择的看待事物的方式之中，也正是我要探讨的主题：

> 没有什么如此微小，但我爱它，决意
> 把它画上金色的背景，画得宏伟崇高
> 并视之为至上的珍宝，不知
> 它会让谁的灵魂飞升……

我这里的阐释并不是最终定论。后现代认为并不存在一种理性体系，可以解决一切问题，解决一切不确定性，在这一点上我表示认同。

我们所能做的就是在这个变动不居的世界上培养看待事物的多种方式，进行多方面的对话与交流。我所能做的就是设法激励读者，以及他们的学生共同奋斗，开辟出一条崭新的道路，在这个世界上留下自己独特的痕迹。正如一位学者所言(Schutz，1967，p. 247)，我们的“原始焦虑”(fundamental anxiety)就是担心在这个世界走过之后，我们没能留下任何痕迹。这种焦虑诱使我们不断修正自己的生命规划，督促我们去生活在同伴中间，并与之接触交往，引导我们从自身角度出发阐释生活，引导我们一次又一次地尝试新的开始。从某种意义上说，我写作《释放想象》就是要缓解这种焦虑。书中的观点表明把事物看得渺小所体现的那种客观公正是有益的，同时也接纳并认同充满情感地靠近事物、将之看得伟大的做法。这是由于努力将事物看得伟大的强烈情感正是想象的开端，唯有如此才有了非其所是看待事物的可能。对我而言，这种可能就是重建学校教育所追求的主旨。因此，将事物看得伟大是推动我们在教育改革道路上继续前行的力量。

/2. 想象、突破与出人意料/

当教师与教师教育者们在讨论《2000 年目标：美国教育法》(Goals 17
2000：The Educate America Act)，评估与之相关联的目标的实用性时，必须要一直思考三个问题：转变、开放、可能性。这个教育改革计划现在已经作为法案纳入联邦法律体系之中。它提出国家教育目标，并要求在五年之内完成。其中五项目标是普通要求，不容置疑的，即所有儿童在入学前都要做好入学准备，中学毕业率要达到 90%，所有美国人都要具备基本文化素养，要培养优秀师资，父母要参与到儿童的学习之中。相比较来说法案的最后两项目标困难重重：所有学生在学术科目中都要达到世界一流的标准，特别是“科学与数学的学业成就要排名第一”；要制定国家评价标准来确保学生能够展现他们“挑战课程材料”的能力。这是国家教育改革的新议案，其假设是尽管还有贫困与不平等的存在，这种教育改革也是可以实现的。然而有一个问题恐怕不可避免，就是我们必须要面对将标准与测试简单地强加于教育之上所带来的影响；另一个则是我们必须要面对今天美国年轻人中到目前为止还未得到充分重视的多样性问题——至今都未能清晰界定的多种天赋与能力问题，以及它们不同的表达模式。我们现在使用的思考模式并不能体现这种多样性，因此压制和忽略了经济发展与人口变迁所带来的对其他选择可能性的需要。

本章讨论的主题是我们与学生如何利用想象来寻求开放与包容，如果没有开放与包容，我们的生活就会变得狭隘，我们的前途就会黯淡无光。同时，我也开始探讨特别是艺术如何释放想象，如何开辟新
18 视角，以及如何辨识其他可能的选择。艺术通过想象带给我们的无论是新视野，还是建立起来的新联系，都是我们能够经验到的现象，都会让我们觉得仿佛是与这个世界初次相遇。当新的视野在我们面前铺陈开来，当新的联系发生作用时，我们可以借助这新的透镜来观察并解释那些使得人类及其文化保持生机的教育性行为。

从各方面来看，学校教育重建实际上就是要打破陈旧的量化模式，而反对者则是出于杜威所谓“确定性的寻求”(1929)的立场。今天经济发展的不确定性加剧了这种对确定性的渴望，正如现代对传统权威的挑战，传统由于受到威胁反而得到捍卫。家长对于学校教育变革的回应则是不但要求学校承诺，而且要求能够确保学生对基础知识的掌握。我们讨论利用那些迄今尚未开发的可能性，探索那些尚未尝试过的选择，反而强化了人们对于丧失确定性的不安，他们竭尽全力呼唤历史上曾经出现的较为简单世界的回归。同时，家长与教育者也越来越多地关注到技术与沟通方式的变革，这些变革提出了对于培养与教育的前所未有的要求。而官方发言人却宣称只能保证那些有能力掌握一系列完整的新技能的人来获得物质上的成功。是的，我们无法回到过去

的日子，那时候实际上只有一个基础目标就是拥有基本的语言素养，也更不可能回到“迪克和简”(Dick and Jane)这类基础读物的虚构世界之中。学校教育必须完成的使命与家长对于教育的理解之间的矛盾持续恶化，特别是对于那些在生活中试图摆脱贫困，追求改变，却感到无能为力的家庭而言。

这种情况导致的问题是，有一部分学生将由于这个国家的不公正而面对无法逾越的障碍。因此，我们在思考更广泛意义上社会与经济重建的必要性时，还要考虑不同种族、阶层与少数民族群体存在的事实。我们既要考虑客观现实，也要考虑主观实在，就是不能简单地幻想那些失业贫困、无家可归、漂泊流浪与疾病伤痛等都会一夜间销声匿迹。然而，更美好的社会秩序思考起来容易，实现却困难重重，面
对困难，人们往往会退缩，麻痹自己，甚至放弃行动，拒绝改变。伴 19
随而来的是个人与集体效能感的减退与丧失，由此人们安于现状，对于任何抗议与不满都无动于衷。我们提倡想象能力就是要培养人们非其所是看待事物的能力。我们要更深刻地认识事物就一定要有这样的理解：我们要将每个人的现实理解为被阐释过的经验——阐释的模式取决于他或她在社会中的位置与处境，同时也取决于一个人是否能够多视角看待问题——多视角看待问题能够揭示偶然世界的多重维度，而不仅仅局限于从自我存在出发的角度。我们发挥想象就能够打破所谓固定的、已完成的、独立客观的真实。我们发挥想象就可以超越想象者的那些所谓标准或“共识”，从而在经验中形成新的认知秩序。唯有如此，人们才可能从惯常的思维模式中解脱出来，才可能看到新的

东西，才有可能形成应该是什么，以及尚未成为什么的观念。唯有如此，同一个人在同一时间内，才能与他的未知可能性保持联系。

让我们再一次回到华莱士·史蒂文斯的诗歌《弹奏蓝色吉他的人》。

> 他们说："你有一把蓝色吉他，
> 却没弹奏如其所是的事物。"
> 那人答道："如其所是的事物
> 在这把蓝色吉他上被改变了。"
> 于是他们说："弹，就必须弹
> 一支超越我们又是我们自身的曲子，
> 一支在蓝色吉他上
> 完全如事物所是的曲子。"

弹奏吉他就是发挥想象，音乐激发听者复杂矛盾的情感。许多人需要(也许还没有意识到需要)一首歌来赞美那些寻常平凡的幸福。史蒂文斯经过长时间的诗歌对话，讨论吉他手是否应该弹奏"事物如其所是的狂想曲"，是要告诉听者：

> 20 抛开各种灯和定义，
> 说说你在黑暗中的所见。
> 说它是这个或者是那个，
> 但别用那些烂掉的名字。

他呼吁听者要通过自己的眼睛去观察，要形成自己的主张，要避免任何由权势者制定的程式。他接着提问听者，你看到

> 你如你所是？你是你自己。
>
> 蓝色吉他令你惊奇。(p. 183)

他者“确切地”判定“你是”什么，并且使用固定不变的名称。然而，成为你自己是一个自我生成的过程，一个身份认同形成的过程。如果这不是一个过程，就不会产生什么惊奇。惊奇的产生是由于过程发展所带来的持续不断的变化——当一个人找到具体行动的方式来实现他设想的可能性时，他所意识到的那些变化。还是这些变化使我们能够听到不一样的话语和音乐，使我们能够从异乎惯例的角度看待问题，认识到从某一个角度认知的世界并不是一个完整的世界。

此外，无论是在教还是学的过程中，人们在追求新东西的同时，都必须要有意识地放弃一些东西，而这种意识必然与想象有关。正如杜威所理解的那样，通过想象的“大门”，先前经验的意义进入当下“新与旧在意识中调适”(1934, p. 272)的相互作用之中。对于我们过去生活的经历，以及现在正在进行的探索的反思性理解，取决于我们记忆过去事情的能力。正是有了这样的反思性理解，我们才能超越既定现实。这种反思性理解发生在我们的那些记忆及其所产生的累积意义的具体社会背景之中，这样我们才能够把握和理解当下身边所发生的事情。例如，毫无疑问，女性与男性以完全不同的方式来理解职业或政

治情境，特别是当她们生活在这样一个时代，即认为参与公共事务管理不是女人的事情，甚至从性别角度而言是错误的。一个努力要成为一名芭蕾舞者的年轻人在舞蹈生活观念方面就会受到童年记忆的影响，在童年时期她/他周围的人总是直截了当地讨论这样的选择是值得还是不实际，是浪漫还是不可靠。然而，我们今天的生活与过去流传下来
21 的生活之间一直都存在着一条鸿沟，“由于这条鸿沟，所有有意识的知觉都会遇到风险；它是对未知的一个冒险，因为它将现在吸收到过去之中，并导致某种对过去的重构”(Dewey，1934，p. 272)。我们大多数人都能够回想起自己童年生活的精神乐园，及其不同寻常的地方特色。或许我们会认为正常的人、“善良的人”，都会像我们一样地生活，都会遵守相同的惯例与规则，都会以同样的方式对事件做出相同的反应。我们需要时间去了解与接受世界上人类生活的极其丰富的多样性，信仰以及信仰方式的多样性，风俗习惯的不可思议的多样性。接受这样的多重现实总是会遇到风险，许多成年人不但自己不愿意去承担这样的风险，也不愿意看到自己的孩子去承担。如果孩子们真的能够通过想象来调整自己适应他们逐渐发现的主体间性的世界，那么，原生家庭所赋予他的观念就越来越不能指导他们的生活，他们必然会重新阐释自己的童年经验，或许就能够理解他们生活的过程其实是一个可能性(无数可能性之一)逐步展开的过程，而不是必然性的结果。

杜威认为正是通过想象调适新与旧的实现使得经验成为有意识的，并且能够意识到它自身。如果没有这种调适的实现，如果“只存在重现，只存在完全一致，所导致的经验就是常规的与机械性的”。意识一

直都具有想象的特性，而且与其他任何能力相比，想象都更能够打破“习惯的惰性”(1934，p. 272)。

如果这种习惯的惰性没有被打破，就会出现不利于主动学习的重复性与统一性，也就不会有新的开端。然而，人们只有在新的开端的经验中，才能感受到自己作为发起人、创始者的身份。汉娜·阿伦特写道，“正是开端的本性决定了前所未有的新东西的产生，这种奇迹的品质是所有开端的内在本性”(1961，p. 169)。阿伦特的观点让我们想起史蒂文斯的惊奇与杜威对未知领域的探索。她继续谈道，“新事物的产生违背了占压倒性优势的统计规律与概率推断，也就是日常生活的确定性，因此新事物往往是以奇迹的面目出现的”，它是那样的出人意料。实际上，如果我们用旧的认知框架的立场来审视这新事物，它往 22
往是不可能出现的。这是由于从某种官僚的或是任何高高在上的立场出发，我们所能看到的都是所谓趋势、倾向以及理论上能够预言发生的事件。每当我们看到有人用一份报告或一份统计数据，来描述学校或作为整体的教育体系中所发生的事情的时候，这一点表现得就更加明显。这似乎是一个自然而然的过程，按照非其所是的方式来看待事物仿佛是不可能的事。

然而，若是一个人选择将她/他自己置身于事物发展变化的过程之中，将自己视为创始者、学习者或探索者，那么她/他就会拥有想象的能力，就能够看到新事物的出现，越来越多新开端的产生也就成为可能。正如艾米莉·狄金森(Emily Dickinson)所说，“无限可能慢慢融化在/想象的火焰里”[(1914)1960，pp. 688-689]。狄金森像杜威、史蒂文斯与阿伦特一样都明白，以非其所是的方式来想象事物是相信事物能被改变的第一步。这表明学习过程中实际发生的不断变化需要同样的想象力。当人们选择依据可能性去行动的时候，一个自由的世界就在他们面前铺陈开来，她/他就会感受到作为创始者，以及行动者到底意味着什么，也就是说，他们虽然生活在他者之中，但却拥有为她/他自己做出选择的力量。

我前面提到的玛丽·沃诺克也持同样的观点，她强调我们信念的重要性，也就是说我们要相信在经验世界中，“存在着比那些没有思想的眼睛所能看到的更多的东西，我们要相信经验具有如此重要的意义，值得付出努力去理解它”(1978，p. 202)。我把这种观点与女性联系起来，相当长时间以来人们忽视她们对世界的理解，而现在终于承认，她们的经验与男人的经验具有同等重要的意义。沃诺克一直都关注的问题是想象如何赋予经验以鲜活的生命力，她如此讨论想象的直觉，“总是有更多出乎预料的东西需要我们去经验，在我们所经验到的东西里面也总是有更多意料之外的惊喜。如果没有这种想象的直觉，即使某种事物在人性层面深深地吸引我们，人类生活即使变得那么并非真正徒劳而毫无意义，我们也只能说我们好像经验过这事物。也就是说，它会慢慢变得无聊乏味，令人生厌”。对于沃诺克来说，教育的基本目的是不要让人们感到无聊厌烦，“不要让人们屈服于无用感，不要让人
23 们相信他们已经拥有了值得拥有的东西，已经到达了终点”(pp. 202-203)。另外，沃诺克也认为，正是想象——凭借它既可以理清秩序，控制混乱，又可以敞开怀抱体验神秘与陌生的能力——推动我们去探

索，去踏上未知的旅程。

在我看来，课堂情境是最能够激发智慧与批判意识的地方，无论教师还是学生都会发现在课堂上他们进行的是一种基于各自生活情境的合作性探究。这种探究始于人们努力打破毫无吸引力的“日常生活琐碎意义”的企图，弗吉尼亚·伍尔夫认为这种日常生活琐碎意义的标志就是重复与乏味。日常生活对我们每一个人而言都有独特的意义，伍尔夫强调的则是那些“没有意识”的行为活动：“一个人散步，吃饭，看东西，处理常规琐事；使用破旧的吸尘器；点餐；给玛贝尔(Mabel)写订单；洗衣服；做饭；装订书籍。”(1976，p.70)她将所有这些行为活动称为“非存在”(non-being)。还有人将这些活动与习惯性、想当然、毋庸置疑联系起来。年轻人或许认为日常事务就是收拾令人窒息、拥挤不堪的卧室，忍受公共场所各种刺耳的嘈杂声，在各种公共机构或医院中排长队等候，在人山人海的游泳池里扑腾，天黑之前关闭图书馆等。或许我们也可以根据购物中心文化来感知这毋庸置疑的普通一日：快餐柜台、服装店、人工植物、滑冰场、电子游戏与音乐电视。这里关键的问题并不是要断定这种非存在是不道德的，也不是要声称这种无意识生活是错误的。我只想说明的是，把世界看作预设的、既定的，仅仅就在那里的观点，完全不同于把主动的、建构的心灵或意识应用于世界的观点。当习惯的绳索紧紧捆缚住一切，一个接着一个雷同的日子，以及可预见性吞噬掉所有可能性的迹象。只有当我们质疑既定的或想当然的观念的时候，只有当我们采取多样的，有时是陌生的视角来看待事物的时候，事物才会如其所是显示自身，即我们可以根据不同情况从多种角度对事物做出多种阐释，如果要把它统一起来(如果要这样做的话)，就需要利用某种一致性或未经检验的共识。一旦我们能够将既定的看作偶然的，那么我们就有可能设想出更多种其他的生活方式，更多种其他的价值取向，然后做出选择。

阿尔贝特·加缪也持有同样的观点，当他写道“布景倒塌了”的时
24 候意思是指我们关于惯例常规的、想当然的一切突然变成需要被质疑的，“仅仅有一天，产生了‘为什么’的疑问，于是，在这种带有惊讶色彩的厌倦中一切就开始了。‘开始’，这是重要的。厌倦出现于一种机械的生活的各种行动的结尾，但它也同时开始了意识的运动”(1955, p. 13)。一旦有了厌倦中的开始——那些选择学习的人就会发起主动学习——就一定会产生质疑。质疑中一定包括为什么的问题，为了探究这个为什么，我们还需要想象尚未成为什么的能力。

沃克·珀西的著作《看电影的人》(*The Moviegoer*)中也有类似的观点。小说的叙述者处于极度无聊、被日常生活所淹没的状态，直到有一天他的脑子里涌起自省的念头，“只要没有淹没在自己平淡无奇的生活之中，人人都会进行自省”。正如我上面所提到的，他这样描述，“我觉得自己好像在一座陌生的岛屿上苏醒过来。这样一个被抛弃的人会做些什么呢？没错，他会探查周围的一切，而且不会有一星半点的遗漏。认识到自省的可能性就是要有所知。一无所知就会陷入绝望”(1979, p. 13)。很明显，看见自己在一座陌生的岛屿上就是想象自己置身于另外的空间，看到一个陌生的世界。探查这个岛屿就是探究、关注、思考这个世界。

对于教师而言，困难在于要如何设计怎样的情境，使得年轻人能够脱离习惯性的、日常循规蹈矩的世界，有意识地去自省与探究。

近来，我们由于无知而不能真正深入了解每个人的故事，使得他们不能在世界上留下自己生活的足迹。从保罗·弗莱雷(Paulo Freire)意义上的“被压迫者”(1970)角度来看，生活的琐碎事务看起来是如此无形无状、苍白无力，由此他们产生了主动去探究真实是如何被建构的意识，他们不得不应对“命名”他们生活世界的挑战，并通过命名来改变他们的生活世界(p. 78)。弗莱雷也谈到个体的不完善，“人通过不断探索摆脱不完善——这种探索只有在与他人的沟通中才能实现”。他认为“绝望是沉默的一种形式，是一种否定世界、逃避世界的形式……不过，希望并不在于袖手等待。只要我战斗，希望就推动我，如果我充满希望地战斗，我就可以等待”(p. 80)。也就是说，对话是不可能在毫无希望的氛围中进行的。那些追求更完善的人不仅必须要具有批判性思维，而且必须要有能力来想象希望的来临，他们一定要用探索的 25
行动来战胜他们的沉默。

当然我们探索摆脱不完善还需要许多种文化素养。但是作为希望与要求的对象，任何文化素养都将与产生意义的渴望，以及舒茨所说的在世界上留下印记的渴望联系起来。当拥有这些文化素养意味着空间的开放与包容，意味着不再沉沦于日常琐碎，意味着形成有权力质疑为什么的意识，想象将始终都会发生作用。我想到艾丽斯·沃克(Alice Walker)的小说《紫色》(*The Color Purple*)中茜莉小姐(Miss Celie)给上帝写的那一封迟疑无助的信：“亲爱的上帝，我 14 岁了。我一直是个好姑娘。也许你能给我一点启示，让我知道自己出了什么事儿啦。”(1982，p. 11)在她祈求理解的哭诉之中饱含痛苦的折磨，在她欲说我是谁而不能的无奈之中充满悲剧的色彩。当茜莉历经生活磨难，遇到既是姐妹又是教师的、穿着蓝色衣服的歌者莎格·阿维里(Shug Avery)，她终于开始找到一种能够表达自己的语言(或许就是她自己的“签名”)。从此，她能够用她自己的语言解释她所看到的，她能够质疑，她能够想象。当莎格告诉她一切都需要被人家爱——包括树木、花朵、人们，茜莉说，“我们就这样谈论上帝，但我还是茫然失措，尽量想把这位老白人从脑海里抹去。我这么热衷于想念他，可我实际上并没有注意到，上帝所创造的一切东西，连一片玉米也没有(怎么搞的?)，紫色也没有(它是哪儿来的?)，一小束野花也没有，什么也没有。现在，我的眼睛睁开了，我觉得自己像个笨蛋”(p. 179)。当茜莉发现自己什么都不知道、怀疑一切的时候，莎格建议她去想象，用“魔法招来花、风、水和石头吧”。这魔法就是一种挣扎，这种挣扎并不是空穴来风，因为想象的东西在一定程度上是由于过去的压迫造成的，茜莉说，“每次，我用魔法招来一块石头，我就向他扔去”。通过想象，她找到了一条摆脱压迫的道路。她开始用自己的眼睛来观察、来命名(根据她自己的愿望)她生活的世界。

我们之所以接受教育，获取学习技能，掌握学术科目的基本原理，就是因为它们能够帮助我们看清楚这个世界，能够帮助我们命名这个世界。教师只有感受到人际的关联，才能够把握学生的思维、判断以及想象意识。一个人的意识是他/她闯入这个世界的路径，并不是某种

内在的东西，也不属于大脑内部的某种认知领域。相反，我们一定要 26
把它理解为对事物表象的一种探索、预期以及把握。意识活动包括多种类型：知觉的、认知的、直觉的、情感的与想象的。举例来说，一种知觉活动能够为人们提供一种视角来认识这个可以发出声音的、可以呈现形状的世界上的事物的不同方面。认知者通过注意、倾听、凝视来使认知对象结构化。正如梅洛－庞蒂所说，认知必须向抽象概念背后的“存在”回归，向“一般客体”(object-in-general)回归，或“向可感知的开放世界的具体情境回归，就像我们生活的现场，我们身体所处的地方”(1964, p. 160)。正是由于事物以满足我们的生活与身体需要的方式而存在，所以我们只能对事物形成部分的认识。然而我们只能作为有限的存在来认识世界。我们可以看到周围的事物与人们的不同方面，我们所有人都生活在一种弗莱雷所说的不完善之中，有更多的未知需要我们去探索。

在院子的尽头，道路越走越窄，直至逐渐消失，我们感受到超越边界去看的可能性，这时想象的重要作用再次体现出来。康斯特布尔(Constable)和夏尔丹(Chardin)的风景画用平行线来表达小巷与道路的方式激发观画者想象力的飞跃。这些画中的道路表明只要我们努力去尝试，只要我们努力去坚持，比如不断地运用画笔或敲击键盘，我们就能够到达任何想要达到的地方。我认为从某种意义上来说，意识往往是通过超越自身去追求一种从未实现过的完满与完整的方式而定义的。一旦我们实现了完满与完整，就会出现故步自封、僵化停滞，再也无须去追求。

如果教学可以被看作是对他者意识的呼唤，那么它是一个不完整的人呼唤另一个不完整的人共同去追求完整。提出问题、寻找答案、探明缘由。建构意义这些都是挑战。在课堂空间里发生的种种对话都将发人深省：我们怎样做才能弄清楚为什么极权主义能够控制海地这么长时间？我们怎样做才能定期记录月相？我们需要做什么样的研究才能理解今天可以与1900年危机相比的移民危机？我们怎样才能判定第一人称叙述的有效性？当我们阅读像《红字》(*The Scarlet Letter*)这样的小说时，我们怎样才能把握它对于个人的意义，又如何讨论它在当
27 代语境中的重要性？如果我们生活在崇尚传统形式的音乐与绘画的年代，我们如何才能学会欣赏序列音乐或抽象绘画？

弗吉尼亚·伍尔夫讨论无力感是由于她不能够解释生活中出现的那些恐惧的特别是震撼人心的现象。而当她能够解释某事发生的缘由，“我就能够掌控自己的感知，就是有力量的。我是有意识的，只要有一段距离跳出事外，我就能够及时地给出解释”(1976，p. 72)。伍尔夫还指出，“人随着年龄的增长，就会拥有更强大的理性能力来给出解释……并且这种解释能够缓解那些重大打击的猛烈程度，那些打击在我们的一生中是不可避免的”。但同时她也发现了这些“突如其来打击”的价值，这是因为“在我看来，遭遇打击，我们立刻就会产生解释的渴望。我感受到打击，但并不像我小时候所认为的那样，是简单地来自隐藏在日常琐碎背后的敌人的打击……它象征表面背后的某种真实，我用语言把它变成实在。正是通过语言我把它变得完整，这种完整意味着它丧失了伤害我的力量。它给予我……将分裂的碎片整合到一起

的巨大欢乐”。没有想象，伍尔夫就不能获得发现隐藏在打击背后的真实的欢乐，她很有可能会像许多人那样屈服于降临到她身上的重大打击的猛烈与残暴。

我们得承认激励年轻人努力生成自己的生命规划，发出自己的声音，是件困难的事情。虽然如此，就像后面我要更详细地讨论的那样，我们都要坚持必须把艺术置于学校课程的中心，这是因为与艺术相遇将会使我们拥有一种释放想象的独特力量。故事、诗歌、舞蹈表演、音乐会、绘画、电影、戏剧——所有这些艺术形式都拥有潜在的可能，将会给那些愿意追求、欣赏、从事艺术的人带来无与伦比的愉悦与享受。但这种愉悦并不是指我们简单地把艺术拿来作为对认知的严谨缜密、善于分析、合于理性、严肃认真特征的一种“平衡”、一种补充，同时艺术也不应该作为调动积极性的手段来利用。一方面在与特定艺术作品的相遇中，参与者既需要认知上的严谨与分析，也需要在情感上做出回应。另一方面，我们也不能指望欣赏了艺术作品，就能拥有仁慈之心，就会感受到安慰的温暖或得到任何明确的道路指引。我们 28
有很多令灵魂震颤的作品：《俄狄浦斯王》(*Oedipus Rex*)、日本电影《乱》(*Ran*)、托妮·莫里森的《宠儿》(*Beloved*)，以及戏剧《马拉/萨德》(*Marat/Sade*)；也有很多令人恐惧、扭曲的影像，比如苏巴朗(Zurbaran)、委拉斯凯兹(Velazquez)、戈雅(Goya)、席里科(Gericault)、毕加索(Picasso)等人的作品留给我们的记忆。从《伊利亚特》(*The Iliad*)的无情暴力到《理查三世》(*Richard Ⅲ*)中小王子的被谋杀，到布莱克挑战洛克与牛顿的违规与超越(实际上是挑战机械论视角下的任何可证实、可测量的观点)，再到现代小说家凯西·阿克(Kathy Acker)时尚淫秽创作的超限与颠覆，这些作品都说明艺术并不仅仅只表达什么是善，什么是恶。这些作品通过唤醒想象使我们的肢体活跃起来，使我们的情感兴奋起来，同时也打开了一扇扇知觉的大门。是的，我们经验过那么多愉快的时光，绽放的美丽水仙，孩童的纯真欢笑，波光粼粼的清澈水面。是的，当我们的作品完成，当我们的乐曲和弦画上休止符，那曾经有过，将来也一直都会有的奇迹与魔力的感觉油然而生。但是想象的作用并不是解决问题，不是指出道路，不是提高与完善。想象是要唤醒，要揭示那些通常未曾见过、未曾听过、出人意料的世界。正如丹尼斯·多诺霍(Denis Donoghue)所说，艺术处于边缘地带，“日常生活中所不能容留，备受压抑的那些情感与直觉都可以在边缘找到存身之处……人们可以用艺术开辟属于自己的世界，那里充满自由的暗喻与存在的现实感”(1983，p. 129)。

如果艺术占据的是与那些循规蹈矩的人，那些受人尊敬的人，那些道学家们，那些法律规范，有着千丝万缕联系的边缘地带，如果事实的确如此，如果这种边缘性得到确认，那么多元文化主义提出的问题就会是另一种形式。一旦我们不满足于流连主流艺术形式的表面，而深入其中，并根据我们发现的那些自由与存在的暗示为了自己而行动，那么即使是这些主流艺术形式也会有别于那些仅仅传递多数人的规范与有权势者意图的传声筒。当个体能够逐渐使南印度舞蹈、玛雅人的创世神话、齐佩瓦族的编织、巴厘岛的木偶等这些来自其他文化的艺术，在自己的日常经验中鲜活起来，当他们能够自由地展开想象的时候，这些艺术即使是在边缘地带也会获得受人尊敬的地位。如此日久天长，正如我们所了解的那样，这些艺术作品将会在我们丰富多彩的生活世界里流传，让我们看到了黑暗与光明、创伤与治愈、空虚无聊与完满充溢，还有那一张张通常会消失在人群中的面庞。 29

想象为我们提供事物具体的细节，无论是眼睛还是耳朵都能够感受到它们切切实实地存在。每个人都有自己的偏好。比如我就喜欢丹尼斯·莱维托芙(Denise Levertov)的诗歌“穿越新泽西荒原，致利奥尼·费宁格”(“The Gaze Salutes Lyonel Feininger While Crossing the New Jersey Wastelands”，1984，p. 8)。以画纽约城桥梁而闻名的画家费宁格(Feininger)既关注喧嚣繁华的都市，也关注广袤沉寂的新泽西荒原，在相当长的时期里那里到处都充斥着延绵的沼泽、庞大的垃圾堆，以及废弃的机器。在莱维托芙的诗歌中，现实中颓败的桥梁与荒原都被她用费宁格的画笔涂上了生动的颜色：

荒原上那一抹精致与娇羞：
被污染的杂草
铺陈开延绵无际的橄榄绿，
镶嵌着片片湖水与黑色泥沼就像
透过烟色玻璃看到的景致，
雾蒙蒙的灰色天空间或耸立着一处处
吊车或起重机铁锈红的脚手架；
在地平线上，

> 那些高架铁路与
> 拱形的桥梁织就无规则的
> 蛛网，
> 似用银尖笔画出无数灰白而又清晰的结点。

荒原依旧是荒原，只有通过语言，在偶尔的比喻中才能得到些许救赎。然而当我们阅读这首诗，无论我们身在何处，我们都会看到，更会感觉到那荒原上的一线生机，大自然的一点温暖，人类创造的一丝新意。莱维托芙的创作唤起我们对其他城市绘画的回忆——约瑟夫·斯特拉(Joseph Stella)、爱德华·霍珀(Edward Hopper)，甚至(按时间回溯)乔治·贝洛(George Bellow)、约翰·斯隆(John Sloan)，以及乔治亚·奥基夫(Georgia O'Keeffe)。现在我们自己就可以从不同的角度来观察地平线了，那些脚手架、高架铁路以及桥梁仿佛是从污染的延绵之中，从绿色与灰色的交叠之中慢慢浮现出来，这景象像是一支正在演奏的乐曲，又像是一出色彩与线条演出的戏剧。我们可以看
30 到，正是想象鼓励我们，使我们能够在经验的碎片之间建立新的联系，提醒我们身处现实的偶然性。是的，莱维托芙是一位现代西部女性诗人，但在这里她同时也是一位城市诗人，虽身在遥远的荒原，却凝望着城市，思考着城市。在阅读这首诗的人群中，有些读者始终生活在新泽西这一边，从未踏足过纽约城，正是这首诗燃起了他们心中对纽约城的向往。有些读者也许将成为荒原工地上的工人，拖着疲惫的身躯走入雾蒙蒙的荒野，诗中描绘的各种线条勾勒的形状正是他们回家

的路标。有些读者即将生活在其他的城市，或许那里既没有河流，也没有桥梁。有些读者也许怀着绝望与失意的心情，在荒原的意象中逡巡。

我们在教学过程中要做到有意识地把握发展学生的独特性，就只有不断地与生命中的麻木冷漠做斗争，鼓励学生追逐探索地平线。按照年轻人可以接受的方式来说，莱维托芙的诗歌充分发挥了赫尔伯特·马尔库塞所讨论的艺术的作用：这种诗歌的语言“创造激发了超越日常经验的维度，人类、自然以及事物不再受制于现实原则的维度。……艺术的真实通过诗意的语言与意象才能实现，这种诗意的语言与意象使得那些尚付阙如的东西成为可知、可见、可听的东西”(1977, p. 72)。当艺术与现存事物和既定现实之间发生矛盾时，艺术会超越现存事物，引领那些愿意冒变革风险的人们塑造一个新的社会愿景。

当然这种审美的知觉并不是自动地或自然地就可以发生。在《艺术即经验》(*Art as Experience*)中，杜威就探讨了人们要想使自己沉浸在一个题材之中，就必须首先投身进去的重要性，这或许就是艺术作品比其他材料形式的更真实之处。一旦我们知觉到艺术作品自身的存在，就一定要有回应的活动，我们必须要通过有意识的行动来把握面前所显现的，去探索显现的对象，或文本，或表演。在我们阅读历史文本、解决数学问题、进行科学探究，以及(并不是偶然地)与身边的人共同建构政治与社会现实的过程中，贴标签、范畴分类、识别某种现象或事件，从来都不是那么简单的。如果我们能够意识到艺术作品自身的呈现，在我们和作品之间就一定会有一个生动的、有意识的、反思性的相互作用发生。

31 杜威强调在欣赏艺术作品时不要“拘泥于旧惯例”，要尽力避免“情感刺激的混乱”(1934, p. 54)。无论是观看者、有鉴赏力的人，还是学习者都一定是从自己的生活情境出发来欣赏艺术作品，也就是说你的欣赏一定是与你自己独特的观点与兴趣相符合的。然而无论如何我都要再次强调，也正是想象的能力使我们能够体验不同观点之间的共情，包括那些表面看来与我们背道而驰的立场。想象是我们去除自我中心性的一种新方式，通过想象我们可以打破个人主义与利己主义的禁锢，从而进入一个新的世界，在那里我们可以与他人一起面对面地呼唤，“我们在这里”。

/3. 想象、共同体与学校教育/

今天当我们关注年轻人的教育，关注公立学校的发展，就会比以 32
往更清醒地认识到公立学校在满足社会经济发展的需要与满足儿童成长的需要之间存在着难以调和的困难，在当下这样一个并不总是善意的世界里儿童正谋求努力生存下来，并生成意义。每当谈到教育，我们都会不断地听到有人说我们还没有达到“世界一流标准”——这是一个我们常常习惯使用，但却往往不能清晰界定的模糊概念。人们警示我们如果要确保这个国家的科学技术与军事占据世界首要地位，那么我们就要改变现在的教学方式。这个观念固执地暗示，这世界上还有比成为世界“第一”更重要的东西吗(即便有，也一定不是儿童的幸福与健康，也一定不是帮助儿童发现作为儿童在这个世界上的存在方式)?又有谁敢否定那些号称能够保证我们所有人成功的评估改进模式、日益严格的标准，以及变异了的权威结构？有了这样先入为主的成见，儿童就会被看成是繁衍不息的人类资源而不是活生生的个体。大部分时间里，成人们提起儿童就像他们是那些经过加工就可以满足市场需要的原材料。甚至可以说他们属于既有的范畴分类体系：即一种为了满足某种他人需要的用途而被加工(仁慈地、高效地)的存在。不过也有其他的类型，比如那些被贴上标签的“穷”孩子，或“危险的”孩子，或缺乏主流社会所需要品质的孩子。如果他们对社会没有用处，他们就会被弃置一边，成为看不见的人。瓦莱丽·波拉考(Valerie Polakow)这样说，“贫穷的讨论一直都是关于‘他们’的一种话语……当我们转过身看到‘他们的孩子’，我们忧虑的是这个未来的公民，这个正
33 在成长的‘危险’的年轻人，之所以称为‘危险’更多的是由于他们的状况威胁到了我们的安全与舒适，威胁到了我们的孩子、学校、邻里以及我们的财产，而不是出于愤慨与同情”(1993，p. 43)。罗伯特·赖希(Robert Reich)所谓美国“慈善社区”的衰落就是最充分的佐证，他这样写道，“践行慈善的方式不外乎是筹集资金，制定实施项目，但这些项目与那些切实需要帮助的穷人并没有多少关系，而是在生活相对舒适的多数美国人之间社会资源的一种再分配”(1987，p. 55)。

面对这样的境况，那个富于想象的产物“美国梦”又该如何解释?在《了不起的盖茨比》(*The Great Gatsby*)中，盖茨比(Jay Gatsby)的“美国梦”版本既是个人具体的，又是宏大浮夸的：“他是上帝之子，这既意味着他可拥有一切，也意味着他的身份仅此而已，不过无论如何他都一定与上帝所做的事相关，既惠及众生，又华而不实。”[Fitzgerald,(1925)1991，p. 104]最重要的是，这位父亲认为任何值得尊敬的人都应该去证明这样的观点，即物质财富决定一个人的价值。这一观点使得老实可怜的盖茨比盲目轻信：“他相信金钱能够保证他成为上流社会的一分子，他也相信终究有一天会得到那码头尽头的‘那盏绿灯’”

(pp. 167-168)。我们还可以看到另一个截然相反的极端形象：《愤怒的葡萄》(*Grapes of Wrath*)里的汤姆·乔德(Tom Joad)，他对他的妈妈说他可以在暗中隐藏起来，“到处都有我——不管你往哪一边望，都能看见我。凡是有饥饿的人为了吃饭而斗争的地方，都有我在场。……人大嚷大叫是因为他生气，我也会陪着他们嚷；饥饿的孩子们知道晚饭做好的时候，就哈哈大笑，我也会陪着他们笑”(Steinbeck，1939，p. 572)。在盖茨比那里，追梦者是浪漫的、孤独的人，他没有任何道德感，除了为黛茜(Daisy)致命车祸承担罪责这一点是他生命中的唯一体面。而在乔德这里，追梦者“并没有他自己的灵魂，只是一个大灵魂的一部分”(p. 572)。

要想象年轻人可以理解并接受的民主共同体就要唤醒他们“共同经验”的愿景，也就是杜威所说的共同的意义、共同的利益以及共同的奋斗[(1927)1954，p. 153]。与盖茨比一味自给自足的自我形象相反，这个民主共同体的标志是彼此相互联系、彼此共享与共融。与汤姆·乔德隐没在大众之中的形象也完全不同，这个民主共同体不断追求的是
思想的自由，以及表达的自由，由此这个可能实现的共同体才会充满 34
活力、生机勃勃。面对这样的愿景，教育者所能够做到的只有努力培养未来参与民主共同体建设的年轻人，掌握某些重要技能，具备一系列基本素养。今天从事学校教育的人往往强调学生的绩效结果，而不注重处理问题的各种能力。在民主共同体中，人们期望所有年轻人有一天都会形成一种思维习惯，这种思维习惯能够帮助他们主动参与学习过程，使他们成为批判的、自我反思的学习者，最终成为实践者。

人们要求年轻人成为主动的学习者，而不是简单地成为未经思考就接受预先消化信息的被动接受者。人们期待年轻人越来越多地讲述他们的经历，提出他们自己的问题，带着各自的视角在这个共同世界之中共同在场。

那些从不同角度看世界的年轻人(他们在贫穷的家庭里长大，或是来自偏远的地区)对于事物其他可能的样子都有自己不同的看法，教师需要凭借丰富的想象力才能理解他们。今天我们再一次面对基因决定论的主张，它强调某些族群与生俱来的劣等特质。虽然查理斯·默里(Charles Murray)与理查德·赫恩斯坦(Richard J. Herrnstein)的《钟曲线》(*The Bell Curve*，1994)一书所引发争议的核心是，声讨其使用社会科学去为政治立场辩护的不正当，但是反思该书所鼓励的可怕的宿命论观点——那些穷人、受苦受难的人以及被排斥者注定的命运——它们同时也揭示了想象思维的重要性，揭示了想象社会秩序的其他选择，想象事物其他可能性的意义。

埃尔默·莱斯(Elmer Rice)的戏剧《加算器》(*The Adding Machine*)与查里·卓别林(Charlie Chaplin)的电影《摩登时代》(*Modern Times*)中把人比喻为机器的记忆，敦促我们去探索适合于这个特定时代，以及不久的将来的类似形象。《2001太空漫游》(2001：*A Space Odyssey*)中的计算机哈尔(Hal)呼唤信息高速公路的到来，同时我们也正面临着逐渐丧失对网络世界控制的危险。《机械战警》(*Robocop*)、《终结者》(*The Teminator*)甚至“恐龙战队”(the Power Rangers)都代表了人类新的自动化形象，身着武装到牙齿的铠甲，来保卫这个模棱两可、充满歧义的世界。这与以往我们所熟知的形象有着天壤之别，充满着可以称为无常的不确定性。这里强调的是过程，强调个体生活的变化与偏离。我们越来越不可能依赖稳定的规范与在场。然而荒谬的是，越来越多的人被分派到要求自动反应的工作岗位，那里并不需要有意识的主体。 35
那些期望进入不同行业工作的相对少数个体已经认识到这些前所未有的变化。我们唯一可以确定的结论是，在未来十年，我们的学校毕业生无论男女，都绝不会有一个人期望过那种纯粹无意识的、服从的、机器人似的生活。因此，如果他们要找到穿越这个时代的杂草丛林、沼泽湿地的道路，就一定不能成为无思想的、被动服从的或懒散倦怠的人。他们也不能陷入孤立、与他人隔绝的境地，因为一旦如此，共同体就很难得到建立，他们也会失去迫切需要的宝贵财富。

我再一次强调，正是想象的重新发现减缓了社会日渐麻木瘫痪的进程，让我们重拾信心，以尊严与人性的名义采取措施来为这个社会做点什么。我所追求的是这样一个想象的观念，就是要对人类社会当前的发展加以伦理关注，这种关注必然要涉及理应正在形成的共同体，以及赋予共同体色彩与意义的价值观念。因此我关注的焦点再一次回到全面觉醒的重要性，认识这个世界的未来会是什么样的重要性。这促使我想起那么多人共享过的生存体验，以及与之相联系的为了做出选择，为了实现超越，而努力战胜倦怠与冷漠的渴望。特别是玛丽·沃诺克从这一点出发讨论了想象的道德功能。谈到华兹华斯(Wordsworth)以及密尔(Mill)，沃诺克指出教会年轻人以“融入想象性情感的方式”(1978，p. 207)去看、去听的重要性。她提醒我们一旦觉醒，意义就会从四面八方喷涌而至。教师的职责就是通过督促学生阅读、观察，培养他们用自己的观点来阐释所看到的一切，来提高学生的意识水平。她还这样写道，我们必须通过想象将概念应用于事物，“这是我们使这个世界变得熟悉，变得易于管理的方式。然而有时在不同层面上，我们也要利用想象来使我们的经验陌生化与神秘化。如果想象在意识水平之下能够帮助我们理清感觉经验的混乱，那么在其他层面上，想象也可以再一次让它变得混乱。这意味着还有如此广袤的、我们未曾探索的领域，也许对那浩渺的空间我们只能偶尔匆匆一瞥发出一声惊叹，我们只能凭经验提出疑问，然后含糊迟疑地推测答案”(pp. 207-
36 208)。

稍后我会用更多的篇幅讨论艺术体验的意义，艺术可以为我们提供更多新的视角，推动年轻人去观察、去倾听，去克服想当然与常规惯例的局限。但在此之前我们要先简短思考一下诗歌与舞蹈的作用，以及绘画、诗歌创作所带来的神奇魅力。例如约翰·凯奇(John Cage)让我们听到了“空”，包括习惯认为的“无声”，让我们听到了传统音乐概念所排斥的声音，他通过强调声音自身(包括无声)的意义为我们打开一个新世界。进而我又想到那些贫穷儿童以及处境艰难的儿童很少有机会看到现场舞蹈演出或博物馆的那些展览。我还想到即使今天有了“整体语言教学法”，有了“跨学科写作课”，我们也还是能不断地听到这样的声讨，谴责我们只为孩子们提供基础读本与自然拼读方法的教学，而不提供真正文学作品的阅读与欣赏。

我们决不允许关于阅读教学方法变革的热情与宣传掩盖那些被排

斥与忽视的事实真相。当我们思考如何利用想象来丰富扩展经验时，很少会把贫穷的儿童考虑在内。在关注如何补救这些孩子的问题上，我们也忽略了想象的方式，想象能够在现实中打开一扇扇新的窗户，揭示新的看问题的不同视角，投射出一缕缕灿烂的阳光。弗吉尼亚·伍尔夫发现，“突如其来的打击”(sudden shock)将她从“非存在”中唤醒，那么同样也会唤醒那些问题儿童或不幸儿童，让他们看到一丝未来可能性的希望之光。我们知道，伍尔夫发现在每一次打击过后，她都会“渴望去解释它”。当她意识到她能够“及时地”“解释打击”的时候，她都会感到自己不再那样无能为力了，这种无力感的产生是由于她不能理解她弟弟为何无缘无故地打她，或不能理解亲朋好友为什么会自杀等诸如此类的事情(1976，pp. 70-72)。对于我们来说，还有什么比帮助那些处境困难的人去克服他们的无力感更重要的事情呢？

想象在教师的生活与学生的生活中一样重要，在某种程度上是因为教师如果不能擅长想象思维，或不能引导学生与文学著作或其他艺术形式相遇，那么他就不能与年轻人交流想象的作用到底意味着什么。想象可以提高一个人感受他人立场的能力，如果情况的确如此，那么这些不擅长想象的教师还缺乏同情。关于这一点，辛西娅·奥兹克 37
(Cynthia Ozick)借助隐喻进行讨论，她说，就像“那些没有伤痛的人(医生)却能够想象有伤痛的人所遭受的折磨。那些身处关注中心的人却能够想象被排斥在外的人所经验的绝望。那些身体强健的人却能够想象虚弱不堪的人所经受的无力感。光明的生活能够想象黑暗的日子。暮年的诗人能够想象永恒燃烧的火焰。我们这些陌生人当然也能够想象其他陌生人那并不陌生的心灵”(1989, p. 283)。因此，正是想象让我们与他者相遇，他者的显现则是通过对他者面孔的想象完成的。这张面孔不仅可以是飓风幸存者的脸，可以是索马里儿童的脸，可以是无家可归坐在角落里的妇女的脸，还可以是课堂上无论是男孩还是女孩的沉默的脸、不安烦躁的脸或失望的脸。

想象能够跨越很多界限，包括性别界限。为了庆贺安妮塔·希尔(Anita Hill)在参议院关于美国最高法院克劳伦斯·托马斯(Clarence Thomas)任命的听证会上的证词成功发挥作用，人们高喊“他们实在无法掌控”，标志着男性参议员们已经失去了控制事态发展的能力，这不单是因为他们可笑的冷漠，也是由于他们缺乏想象的能力，这种想象能力的缺乏对于教师来说是有警示意义的。参议员们没有能力想象这对于安妮塔·希尔而言意味着什么，对于那些把任何人都看作他者的人来说意味着什么，他们想象力如此缺乏的表现导致他们既没有能力生成所谓共同体，也没有能力参与共同体的建设。无论被压迫者还是压迫者都要面对缺乏想象力不能生成并建设共同体的问题，特别是当那些遭受剥夺之苦的人们将貌似大多数成员的所有人都归为同一范畴的时候。当然，最能说明问题的是处于某种不同文化范畴的人的困境，该文化范畴中的人被贴上“少数人”的标签而遭到忽视，这是由于长久以来我们都鼓励支持大多数人的文化范畴。因此，拉尔夫·艾里森(Ralph Ellison)《看不见的人》(*Invisible Man*)一书中叙述者的说法是完全正确的，他之所以成为看不见的人，“是因为我所接触到的人的眼睛古怪。问题出在他们内在眼睛的构造。所谓内在眼睛就是他们透过肉眼观察现实的心灵的眼睛”(1952, p. 7)。我们必须承认这些特殊的内在眼睛是经由多方面因素打造而成的，比如经济的因素、社会的因素，以及单纯的种族主义因素。但是从根本上来说，形成这种特殊的内在眼睛的原因是想象的缺乏，即缺乏一种将叙述者看作一个活生生的人、一个与所有他人一样的人，也就是哈姆雷特所说的“万物的灵长”“宇宙
的精华”(Ⅱ. ii. pp. 307-308)的能力。不仅仅是那些通过艾里森小说 38
中深受折磨的叙述者这样的个体角度来做出观察的人们，就是个体自身，也正如叙述者所经历的那样，开始怀疑他们是否真实地存在。

> 你会疑惑自己是不是别人脑子中的一个幻影，比方说，是睡梦中的人千方百计想毁掉的那种噩梦里的人物。当你有这种感觉的时候，为了发泄怨恨，你就会蓄意撞人。说句心里话，这种感觉是经常存在的。你急切地要使自己相信你确确实实存在于这个现实世界里，存在于这喧嚣和痛苦之中，你挥舞拳头，你诅咒发誓要使他们承认你。可是，唉，不见得会有什么结果。(pp. 7-8)

让我们来想一想，在我们多元文化程度日益加深的课堂里，如果所有的教师都能够通过艾里森的文学来想象看不见到底意味着什么，从而认识到这看不见的个体与他们其实都是一样的人，那么这将意味着什么。让我们来想一想，如果教师们记得托妮·莫里森《宠儿》中主人公努力描述的对于那个特殊女人的感受：“她是我心灵的朋友。她使

我打起精神，她把我散乱的心神收拢起来成为一体，让我精神焕发、神采飞扬。你知道当你拥有这样一个女人作为心灵的朋友，这感觉很好”(1987，pp. 272-273)，那么这将意味着什么。这是另一种追求想象的方式，即成为其他人心灵的朋友，这种神奇的力量使人重新实现自身的完整。想象常常把分离的部分聚拢到一起，整合形成和谐的新秩序，从而生成整体。

如果我们能够把想象与认识可能性，以及回应其他人的能力联系起来，那么我们是否也能够把想象与共同体的形成联系起来呢？我们能否培养年轻人阐释他们共同命名的世界中的经验的能力？麦迪逊(G. B. Madison)在讨论想象的中心地位时，这样说道，“正是通过想象，这个我们可以自由选择成为谁，成为什么样的社会角色的，纯粹可能性的王国，我们才可以创造性地凭借想象成为我们之所是，同时在这个过程中也一直保留着我们已经成为的身份之外的尚未可知的自由与可能性”(1988，p. 191)。我认为麦迪逊所描述的这种“成为”在很
39 大程度上依赖于共同体成员资格的认可。那些被贴了匮乏标签的人，深受阶层范畴的固化限制，没有力量挣脱它的束缚，就像飞虫无法挣脱琥珀松脂的包裹，因此也没有机会看到在他们已经成为的身份之外，还有什么其他尚未知晓的可能。他们更多体验到的是由于被边缘化而产生的无力感，除非他们有能力去解释并超越所受到的“打击”，当然这通常需要外力的支持，否则，他们无法战胜这种无力感。

我们应该怎样去理解那种能够给人们提供不同生活方式的共同体？我们认识到民主意味着一种始终处于生成之中的共同体。民主共同体

的标志是不断生成的凝聚力，包括某些共同的信仰，彼此之间的交流与对话，因此民主共同体必须保持开放与包容，不仅是对那些新来者，还有那些被弃置边缘太久的人。即使在课堂这样的局部空间中情况亦是如此，特别是当我们鼓励学生发表自己的看法、建构自己的形象时。汉娜·阿伦特曾经讨论过多样性个体相互应作为“谁”而不是作为“什么”进行交谈的重要性，因为唯有如此，才能在他们之中生成“之间”(1958，p. 182)。关于在不同的人之中生成“之间”的概念，我会在稍后有更详尽的讨论，不过其实很多人都已经看到，当儿童在周围的人能够读到的日志上书写自己的观点与感受，当儿童在纸上画画涂鸦来表达快乐或烦恼并把它们挂起来让别人来看时，“之间”就产生了。

在思考共同体时，我们需要强调表达过程的词语：形成、生成、构成、言说等。共同体不能仅仅凭借合理设计而形成，也不能通过颁布法令而强制产生。像自由一样，它的产生依靠众多被赋予了空间的个体。在空间中，人们能够发现他们共同认可、共同欣赏的东西，也就是说既然人们拥有了空间，那么就一定会去发现形成主体间认识的方式。我要再一次强调的是，这个空间应该充满一种想象意识，这种想象意识能够使得身处其中的人想象他们的自我生成，以及他们所属群体生成的其他可能性。共同体的问题不是个体是否接受了最合理的社会契约的问题。它的问题在于怎么样做才有助于追求共同利益：人们应以怎样的方式聚集在一起，又应以怎样的方式处理相互关系，以及应如何实现理想的共同世界。

正如我在第二章里所讨论的，人们若想避免陷入既有阶层划分之

40 中，落入特殊内在眼睛的视线之内，避免为趋势潮流所裹挟，避免表现得无所作为，而有为就意味着开创，就需要对新的开端一直保持清醒的意识。我想起尊敬的马丁·路德·金(Martin Luther King，Jr.)在教堂里发表演讲，敦促不同的人们去想象可能性——去发现他们作为个体，同时也作为拥有公民权利的群体成员的新的可能性。当人们意识到生活中不可预测无法掌控的一面时，就会感受到以某种特定方式聚集在一起所形成的那种超越性的意义。这种超越性的体验往往是极端个人化的，但正是通过对这种超越性的体验，人们聚集在一起才会形成焕发生机的共同体。从这个意义上说，他们是开创者的共同体，开创者一旦共同行动，就会去想象可能成为什么。开创者中有许多是儿童，是被周围的白人世界轻视的儿童。对于他们而言，尊敬、责任、想象，是的，还有爱都是宝贵的人类品质：正是这些品质促使他们超越自我，改变生活。

诸如民权运动，以及后来支持同性恋者的运动，为无家可归者而斗争的运动，都体现了在共同体产生之前，不同的人们之间建设一种积极的互惠关系的需要。我们可以看到很多实例，比如许多中学生决意为无家可归的同学改造旧房子，许多志愿者为艾滋病患者提供帮助，还有许多人积极推广园艺种植与指导：所有这些都是如阿伦特所说的“闯入”，都是年轻人表面上平淡无奇、寻求刺激的日常生活的“自动过程”(1961，p.169)。因政治观点而被判处监禁的瓦茨拉夫·哈维尔(Vaclav Havel)饱尝监狱生活绝望的烦恼与无助，却在给他妻子的信中表达了对人类团结的希望。在信中，他指出这种人类团结的美好前景并不一定存在于新的项目或规划之中，而是存在于“基本人际关系的复兴……爱、仁慈、同情、宽容、自制、团结、友谊、归属感，以及对身边人具体责任的担当，我认为这些都是新的‘存在间性’(interexistentiality)的表达，单单这种新的‘存在间性’的表达就足以在社会建构中融入新的意义……从而塑造世界的命运”(1983，p. 372)。哈维尔认识到如果要避免非本真状态或功利主义，如果要站在保护生命的立场上来做出选择，那么反思与对话就是非常必要的。他一直(也许未必真能如此)满怀希望，希望通过富于想象力地、创造性地参与各种活动 41
来保持活力与生机，他想象自己去参与“年轻人反抗的运动，参与真正的和平运动，参与保障人权的各种活动……总之，参与所有锲而不舍的努力来建设真实的、充满意义的共同体，来挽救危机中的世界。我们所要做的不是逃离这个充满危机的世界，而是要用智慧的深思、笃定的信仰以及雍容的谦卑，竭尽全力来承担建设这个世界的责任”(p. 372)。

我们还应该承担改善儿童现状的责任。在人类共同体存在基础上形成的儿童身份认同不是既定的，而是依情况的变化而变化的。个体的身份认同是在关系与对话的情境中形成的。因此，我们必须要关注的是如何才能生成多种情境，在这些情境中，所有儿童的价值感与主体意识都会得到良好的培养。“残疾人”“低智商”“低社会收入阶层”，这些标签往往迫使年轻人接受“治疗”或“训练”，有时这样的“治疗”或“训练”是出于那些有“帮助”意愿的人的慈善动机。人们并不认为这些年轻人拥有想象的能力、拥有选择的能力，以及在洞察到可能性之后，从自身立场出发采取行动的能力。相反，他们常常屈从于外部的压力、控制与预设。既有的各种社会支持体系并不是用来支撑他们所庇护的人们的主体意识的，相反，他们把对年轻人的治疗、矫正以及控制合法化——但包容差异与个性解放除外。

因此，包容差异与个性解放成为我们极力推动艺术进入课堂的原因之一。课堂上，我们可以看到讲故事的作用、绘画的作用，但同时我们还需要进一步生成多种情境，使得学习者生活的每一天都有新的意义产生。在后现代观点看来，人类主体既不是提前预设的，也不是决定论所能限定的。人类一直处于过程之中，追求自我不断生成的过程，希望不断实现自我的可能性的过程。有些人已经开始讨论要争取在局部空间内对权力运作进行有限的抵制，而不是在巨大的竞技场中奋力拼杀。因此，现在我们能够做到的是思考(前所未有过的)打破某些特定固有观念与既有分类范畴体系的限制到底意味着什么，思考(姑且这么说)让个体儿童顺其自然发展到底意味着什么。当教师仔细地关注儿童之间的差异与联系，当教师感受到真诚的呼唤去关注——去理
42 解儿童的话语，去欣赏儿童的涂鸦——教师就会发现他们自己在想象地，最终是伦理地回应这些儿童。我相信回应那些曾经被认为是处境困难的儿童，曾经被漫不经心地边缘化的儿童，将他们看作是有能力为自己做出选择的生命存在，是一种道义上的责任。唯有如此，我们才会真正走上开创规范共同体的道路，道义是指路的明灯，而责任与关心则是无处不在的风景。

年轻读者通过出借自己的生活，采取陌生的方式来组织经验，以

此来实现经验的拓展与深化。通过经验的拓展，读者通常会发现他们自身经验中从未曾看到过、从未曾了解过的维度。这不仅会带来一种全新的关系模式、全新的共同体观念，而且会促使读者形成新的自我定义的模式、新的开端，这种新的开端产生于他们对差异性与可能性日益清醒的认识。我们会发现，在熟悉的读者自我与佩科拉(Pecola)的自我，或铁路工人的自我，或曼波音乐演奏者的自我之间存在着千丝万缕的联系。当想象得以释放，就像在现实中打开了一扇扇明亮的窗，生活所有可能的新选择都变得清晰起来。

当然，在人们为建设共同体而奋斗的过程中，当每一个人都拥有主体意识，都时刻准备发表自己的看法的时候，我们很难确认多样性与差异性的价值所在。然而，一旦我们关注到课堂中许多不同声音的独特性，确定共同信仰的重要性就凸显了出来。需要再一次申明的是，这些信仰只能源于对话，且务必尊重他人的自由，以及他人的可能性。通过提供多种艺术形式与讲述故事的体验，教师才能不断地去探索他们个人的历史与学生的历史之间的联结点。教师要提供给学生越来越多的机会讲述他们的故事，或者舞出、唱出他们的心声。教师要激发学生通过想象把他们的故事变成可以让大家分享的媒介，通过这种分享的方式，大家能够以自己的小世界为原点进入一个永远不断拓展的空间，由此开始一起看世界，一起经历，共同成长。教师在帮助学生拓展多样性意识的时候，在他们所讲的故事中，在他们联合在一起的过程中，偶尔也会有问题让他们产生愤怒的意识——关于不公正、被物化，以及被侵害的愤怒的意识。教师与学生不但的确需要一起讲述、一起选择，他们还必须寄希望于那尚未开发的可能性——他们将点燃希望的火种，探索将这种可能性转化为现实的意义。

43 作为教师，我们并不能预言正在形成过程之中的共同世界到底是什么样子，也不能最终评判哪一种共同体更好。然而我们却能够给聚集在一起的年轻人带来温暖，带来对话与欢笑，用以取代独白与刻板。我们一定要确认再确认，我们所遵奉的是以公平、自由、尊重人权信仰为核心的原则，因为如果不是这样，无论我们冒如何的风险，也是连为每一个人争取起码的接纳与包容都是不可能的。只有越来越多的人在聚集到一起的过程中学会将这些原则具体化，并选择按照这些原则的要求去生活、去言说，我们的共同体才有可能形成。我们所能做的是尽我们所能充满激情，富于表现力地与他人交流。我们所能做的是看着彼此的眼睛，敦促彼此投入新的开端。我们的课堂应该是培养人的地方，需要思虑周全，同时照顾到所有方面。课堂的脉搏理应随着什么是人、什么是活着的多元化概念一起跳动。课堂里应当回响着参与对话的年轻人的明确有力表达的声音，他们的对话也许往往并不完整，那是由于还有更多未知需要我们去发现，更多观点需要我们去表达。我们一定要激发每一个学生全面觉醒，充满想象地去行动，不断更新其对可能性的认识，同时也务必让他们获得彼此之间温暖的友爱。

/4. 探索一种教育学/

汉娜·阿伦特[借用布莱希特(Brecht)的概念]一度讨论的“黑暗时 44
代”，是指在这样的时代，公共领域散发的光芒“由于不被人信任而熄灭，被‘看不见的政府’所遏制，被那些掩盖丑闻的虚伪演讲所遮蔽，同时还遭受那些所谓告诫劝勉、高高在上的道德规训等的压制，人们以维护传统真理观为借口粗暴地将所有的真理都贬为毫无意义的平凡琐事”(1968，p. 8)。在萨特的《恶心》(*Nausea*)中有同样情况的描述，“一切都是混沌的存在，一种无意义的在场”。在海德格尔的《存在与时间》中也包含类似的体验，特别是当讨论漫无边际的“清谈”(mere talk)的力量时，海德格尔指出清谈会遮蔽真实与实在(1962)。对于今天的教育学而言，关于黑暗时代这样的观点有何意义？我们怎样才能保护真实？我们怎样才能找回意义？我们又怎样才能再次点燃熄灭的火焰，在绚烂光芒的映照下，教师与学生能够彼此清晰呈现，用语言与行动来表达他们是谁，他们能够做什么？

在本章中，我将从意象的角度，带着可能是什么的观念，以及理智的警醒，开始追寻这些问题的答案。之所以借用想象性文学作品中的意象概念，很大程度上是由于文学与档案材料不同，它更能够引起读者的共鸣。言语表达的内涵远远比字面所指要丰富得多，当人们愿意去关注其他的形象与记忆，愿意去关注那些渴望得到的与那些已经丢失的，愿意去关注那些永远都不会完全被掌握与理解的，他们就更容易产生共鸣。通过这些意象，我力图唤起人们对主体间世界的关注与建设，这是一个危机重重、濒临消亡的世界，需要我们有所选择地去教学。如果我们想改变主体间世界濒危的现状，就一定要设法去理解它，同时也激励其他人去理解它。我提出的第一个意象是“毒雾团”。
45 唐·德里罗(Don DeLillo)在小说《白噪音》(*White Noise*，1985)中描述了一片特殊的看不见的雾团，它的形成是由于一辆出轨铁路罐车导致致命化学品的泄漏，打破了位于中西部的一个普通学院小镇居民们日常生活的宁静。提到“雾团”，半大不小的海因利希(Heinrich)说道，“真正的问题是每天笼罩在我们四周的那种辐射。收音机、电视机、微波炉、门外的电缆、高速公路上的雷达车速监视器。多年来他们一直对我们说，这样小剂量的辐射并无危害”(p. 174)。在这无法形容，没有气味，又无处不在的危险氛围中，人们会怎么做？处于这种既不能解释又不能理解的重压之下，人们会怎么做？德里罗这样描绘：他们在超市里购物，寻找缓解死亡恐惧的药品，或者躲藏在对希特勒的研究之中，全神贯注于技术化、计算机化、非人性化之中以寻求安慰。在小说的末尾，我们可以看到，“这就是我们，不管什么年龄，都在一起等待付款的地方，我们的购物车上装满了色彩鲜艳的货物。队伍缓慢地移动，使我们满足，让我们抽空瞧瞧架子上的小报。超自然和外星球的故事。神奇的维生素，治癌的特效药，减肥疗法。对于名人和死者的迷信和崇拜”(p. 326)。

是的，人们千方百计从字面意义、从技术层面，甚至符号学视角——总之都是各种与流行文化相关的角度——来理解这团毒雾。但一个人到底如何才能掌控这团毒雾，这个被收音机描述为“羽状烟雾”的东西？一个人到底如何才能理解以下这种技术层面的解释？一个“庞大的数据库统计”的翔实记录就已经决定了一个人是否死亡(因此一个人就等于他所有数据的“总和”)，即便这种统计并不一定意味着“你马上要发生什么，至少今天或明天是不会的”。一个人又如何能够把不断出现的穿着米莱克斯服的人，与那些经过训练就能嗅出缝隙里的有毒物质的德国牧羊犬联系起来？那些人戴着有软管的面具，我们并不能看到他们的面部，也不能看到他们的表情，更不了解他们都知道些什么。

这种通过各种方式隐藏知识的想法令我们想起另一个意象，就是翁贝托·埃科(Umberto Eco)的小说《玫瑰之名》(*Name of the Rose*, 1983)中的迷宫图书馆。这座图书馆属于一个中世纪的修道院，在这个修道院里，修士们由于看到了不该看到的东西而接二连三地被谋杀，窗户、手稿、密码、雕塑、镜子以及普通的生活日用品都成为掩盖真相的符号与象征，只有那些自由不受束缚的头脑才能破解。图书馆里 46
的书以及书里的知识都是被占有、被控制，并且要保持神秘，并不是随便什么其他人都可以利用这“积存的学问”(p. 195)。一位英国的威廉修士起初只是被派去调查错综复杂的案件，最后却发现了以迷宫图书馆忠诚卫士为代表的那种“对知识的无理智狂热”(p. 395)，由于这种狂热具有为了知识而知识的特征，因此他将这种狂热比作自慰(p. 396)。然而，我们也可以把修士们对知识的这种自私监护看作对当前社会中人们故弄玄虚的隐喻。今天我们的官方机构很有可能并不像迷宫图书馆那样，拥有六边形的房间、石刻的门道，以及演绎封存书典与神话怪物的彩色玻璃。但是根据尤尔根·哈贝马斯关于脱离情境交往的“失真”观点的探讨(1971，p. 164)，通过得与失的权衡，以及运用工具理性概念对现象进行的“解释”，如果我们不仅仅满足于看到那些符号与象征背后被掩盖的真实，就会发现在众多信息提供渠道之中，还存在着一种欺骗。人们呈现知识并不是由于知识本身，而是由于知识是神秘的，甚至往往蕴含着十分危险的意义。人们以如此贪婪的方式保护、占有知识，因此，如果我们不知道如何带着强烈的觉知去阅读，我们就不能向他们发起挑战。

然而“他们”是谁？那些甘愿接受控制的人是谁？这个问题引出另一个我前面提到过的意象。在约瑟夫·康拉德(Joseph Conrad)的《黑暗之心》[*Heart of Darkness*，(1902)1967]中，马洛(Marlow)向公司主管、律师以及会计讲述这个世界上“黑暗地带”的故事，讲述荒野上的遭遇，讲述如何熬过那无法理解的生活，幸运的是，在无法理解的生活背后隐藏着真理。他尝试解释什么是征服者，直白地表达贪婪与暴力的魔力，“那无能为力的厌恶，那投降，那仇恨”。但他也意识到这三位听众未必能够真正理解他，因此他又说道(悻悻地、讥讽地)，“听我说，现在我们谁也不会有和这完全同样的感受了。是效率——是对

效率的热衷——救了我们”(p. 214)。三位听众受制于权力结构中各自
的社会角色，同时亦被已有的偏见所左右，并不能真正理解他所说的
话。实际上，在他讲述寻找那个征服了黑暗地带却舍不得离开的库尔
兹(Kurtz)的过程之中，他们总是找各种机会打断他。“你们不可能理
解”，马洛喊道，“你们怎么可能理解呢？你们脚下是坚实的人行道， 47
周围是一团和气的、随时准备为你欢呼或者向你进攻的邻居，你们小
心翼翼地往来于那个肉铺子和那位警察之间”。马洛说，人们如此之愚
蠢，甚至不知道正在遭受“种种黑暗势力”的攻击，要么你或许是一位
“高尚得异乎寻常”的人物，“除非是奇异胜景或天籁”，其他的一切你
都视而不见、充耳不闻吧。但对于我们大多数人来说，他断言，“大地
对于我们是一个可供居留之处，住在这里我们必须忍受种种的景象、
声音，还得忍受种种臭气。老天爷！比方说，就必须吸入一点死河马
气味而不感染疾病”(p. 261)。

马洛关注的是生活世界，在这样的世界里人们的心态(比如“愚蠢”，或是“高尚”)微妙、难以捉摸，而唯一可以确定的是我们不能根据因果关系原则来解释这样的世界，任何量化的方式都不能说明所发生的一切。在那些生活在这个世界中的人们看来，它起码充满了多姿多彩、变化莫测的意义。在马洛的生活世界中居住着攫取象牙的猎手、公司经理、船舶水手、黑人舵手、“天真的”女人们，以及那个永远相信库尔兹的有着“伟大—高贵心灵”的姑娘，还有临死前高声呼喊“吓人啊！吓人！”的库尔兹(p. 289)。无疑，“真相是隐秘的”，但依旧存在着意义的可能与希望——也就是说，当我们沿着生活世界的长河前行的

时候，并不是所有的选择都一定会受到污染。

下面我将要进一步把这些意象——云、秘密知识，以及并不想了解真实的心态——运用到我们当下的情境之中。当我们“做”人文科学——包括童年现象学、诠释学、符号学、文学批判，我们必须从某种意义上把自己与社会联系起来，这个社会也许被某些看不见的、没有气味的东西所污染，上方笼罩着一动不动死寂的云团。这是被外界强加的云团，却被那些受制于想当然、身陷日常琐碎之中的人称为“自然的”。我们还必须牢记现代世界是一个通过各种官方语言结构化，并实施管制的世界。通常这些语言本身就代表控制、权益与权力，在应该听得见普通人讲话的地方却只有可怕的沉默，而我们的教育学在某种意义上正是可以打破这种沉默。现代世界还是一个将我们所认为的传统束之高阁的世界，传统仅存于私人领地，遭到周围现实生活经验
48 的排斥，远离我们生活的景观。

没有多少个体能够破解社会规则密码，能够揭示他们自身所嵌入的社会结构，能够合法拥有他们自己的愿景与视角。我确信我们所有人都持有这样的信念，即我们理解年轻人的努力，我们揭示自身景观的努力，都必须与教育实践的观念结合起来，我们所设想的教育应该在年轻人身上激发一种升华的主体意识，赋予他们权力去追求自由，也许在某种程度上还能够改变他们的生活世界。然而，我们也必须要比以往更深刻地去反思，在我们有目的地教育儿童——或陪伴他们一起学习——去阐释、应对这个神秘莫测、危机重重的世界的过程中，我们如何才能珍视儿童生成意义的完整性以及他们共有的直觉。我们

也必须认真对待那些持有某种激进社会政治观念的人的批评，即使我们要努力打破那种歪曲儿童生活的理解模式。我们所有人都想要探索、找回那曾经所谓私密的领地，但同时我们也应该把私密领地与公共空间联系起来，也就是说，我们既要以保罗·弗莱雷所谓“人性化”的名义(1970，pp. 27ff)来行动，也要以汉娜·阿伦特所谓“共同世界”的名义来行动(1961，p. 196)。

我们的确能够像萨特所说的那样，自己来决定以某种方式去行动，为世界选择更好的秩序，由此来实现自己的价值吗？当我们设想可能性会是什么，“事件的不同状态”会是什么，我们就能够“从新的视角来审视我们的麻烦与痛苦”，这个新的视角有助于我们“判定这些麻烦与痛苦是如此无法承受”。那么，我们要开始想象什么样的教育学，才能充分利用“教育与反思，来敦促人们去追求那些尚未知晓的领域”(Sartre，1956，p. 435)。

我们并没有一个关于更美好的社会，甚至更美好的学校体制的具体规划蓝图。但是我们的确可以通过探索更多的文学意象，来开始塑造想象。我讨论下面这些意象的目的是要请读者们去寻找超越现实的自我，去考虑那些尚未开发的可能性。

第一个出现在脑海里的意象是艾丽斯·沃克在《紫色》(*The Color Purple*，1982)结尾所描述的：一个阳光明媚花园里的那些开心的男人、女人与儿童们。“我们干吗总是在七月四日举行家庭重逢会呢？亨丽·厄塔问……白人忙于庆祝七月四日他们从英国人手里获得了独立，哈泼说，所以，这一天大部分黑人不用干活啦，我们可以相互庆祝，欢

49 度这一天”(p. 250)。另一个意象是我之前提到过的，来自恩托扎克·尚治的《致有色女孩》(*For Colored Girls Who Have Considered Suicide, When the Rainbow Is Enuf*, 1977)，一个小姑娘脑袋里想着小说中那穿着棕色衣服的女士，闯入成人阅览室，她没料到自己会在那里读到杜桑·卢维杜尔(Toussaint L'Ouverture)的故事，并学着“开始面对现实”(p. 26)。第一个意象是一种关联性与家庭的爱的意象。第二个意象是一种超越的意象，一个孩子实现人生跨越的意象，这个孩子清楚地知道正是“先锋女孩，神奇的兔子，大城市里的白人男孩”吸引她留在这样一个难以忍受的地方(p. 26)。

第三个意象也与图书馆有关：弗吉尼亚·伍尔夫对于在不列颠博物馆(British Museum)的图书馆中寻找女性作者著作的描述，接着她阅读特里威廉(Trevelyan)的《英国史》(*History of England*)来了解他对女人的看法。在结尾处，她这样说道：“确实，倘若妇女只存在于由男人所写的虚构作品之中的话，那么人们就会想象妇女是最为重要的人，千姿百态，既崇高又卑贱，既光彩照人又令人沮丧，既美艳绝伦又极端丑陋，像男人一样伟大，有人认为甚至比男人还要伟大。但这是虚构中的妇女。诚如特里威廉教授所指出的，实际上妇女是被关起来，在屋里被打来打去。”[(1929)1957, p. 45]也许正是在这一刻，弗吉尼亚·伍尔夫感受到现实的无法忍受，由此而产生的一个人应该拥有“自己的房间”的需要也越来越强烈。她阅读，她反思，她拒绝。萨特也许会说这就是伍尔夫接受教育的过程。

第四个以及最后一个意象也与反思有关，也更加明显地关注伦理，拒绝自己一直真正生活于其中的世界受到污染。我脑海里出现的是阿尔贝特·加缪小说《鼠疫》(*The Plague*，1948)中的塔鲁(Tarrou)与里厄医生(Dr. Rieux)，那时的他们正在与流行病抗争的间隙中共叙友情，这流行病既折磨着人们的身体，也折磨着人们的心灵。在讨论人们应该“不断地留心自己”的原因时，塔鲁既有直白的说明，也有委婉的暗喻。他指出，每个人身上都有鼠疫，因为在世界上没有任何人是不受鼠疫侵袭的，一不小心，任何人都会把气呼到别人脸上，从而把细菌传染给他。正直的人，也就是“几乎不把疾病传染给任何人的人”，这种人总是小心翼翼，“尽可能不分心”。塔鲁把自己的故事讲给里厄听，他说，“你瞧，我曾经听到过许多大道理，这些大道理差点儿把我搞得晕头转向，同时也迷惑了不少其他人，使他们同意谋杀。这才使
我明白，人们的一切不幸都是由于他们讲着一种把人搞糊涂的话。于 50
是，为了走上正道，我决定讲话和行动毫不含糊。因此，我说，在这世界上存在着祸害和受害者，除此之外没有任何别的东西。……所以，我决定在任何情况下都站在受害者的一边，以便对损害加以限制”(p. 230)。也就是说有了“同情心”，他就可以成为“不信上帝的圣人”。虽然我们大部分问题的产生可能并不是由于那些让人晕头转向的大道理，但是在一个充满教条与否定的世界里，选择具有明确而坚定的同情心会为我们打开一个充满可能性的新视域。此外，当“鼠疫”指向冷漠无情、脱离实际、串通共谋(共同杀人、共同羞辱)，那么我们就一定要有与之斗争的警觉。而我们的教育学所应该培养释放的也正是这种警觉——也就是关心。

在讨论这些意象所提供给我们的教育学意义之前，我想先提醒读者几句。米歇尔·福柯指出，我们这些从事教学的人都拥有一种西方知识分子独特的普遍文化意识，因此我们会不自觉地以某种方式成为“这种权力体系的代言人”(1977，p. 207)。同时他还强调我们要为“意识”与话语承担责任的观念也正是这种体系的组成部分。权力恰是我们语言固有的本质，虽然看起来语言是自由的。比如我们可以看到，在我们对于学校教育中进行批判性思维的教学，进行富于创造力地想象未来的教学的希望与保持性的社会要求之间并不一致。福柯认为，任何形式的话语都会引起抵制(也许这些抵制的力量是微小的)，然而，当我想到这种对新教育学观念的抵制是来自原教旨主义者以及其他保守派(这种新教育观念的出现，或许让他们感到威胁与突兀，因而产生抵制)，我还是陷入了困顿与迷茫。显而易见，这种抵制是教师以及教师教育者必须面对、必须认真思考的问题。

另外需要提醒大家的是社会结构问题，社会结构阻碍能量的自由发挥，压制高度关注的意识状态，掩盖真实性，弱化道德敏感性，而所有这些恰是我认为至少应该在课堂中能够看到的。我们不能忽视或置之不理那些不公正的问题、世风低下的问题，以及意识形态压制的问题。我们也不能忽视知识的不平等传播，儿童成长的路径轨迹，对
51 于穷人以及移民经验的贬低，单向度改革计划的提出，所有这些都是现有社会结构与取向所发挥的作用。这并不是说我们的学校教育注定不可避免地要全盘反映外部文化。我的意思是指，在学校教育与现有社会经济秩序之间彼此互动所产生的诸多意义，更多倾向于沟通渠道

而不是提供机会，更多的是束缚而不是解放，更多的是预先给定而不是赋予个体自由。我对于教师是否能够抵制这些意义倾向并不乐观，因为教师职业本身就具有科层体制的特性，并接受上层行政部门的管理。我也并不会轻易相信，不久的将来就能实现职业晋升阶梯的设想，以及那种超越科层体制的"专家教师"(master teachers)的身份认同。我们关于英才教育、等级制度，以及晋升阶梯的那些新的想当然的观点，需要新的批判性阐释，也需要新的质疑生活世界的方式，因此即使人文科学的取向能够足以支持这种观点，未来也并不十分明朗。

最后提醒大家注意的是人类境况本身的问题，特别是当我们最深层次的存在问题与空洞的寂静(blank silences)遭遇时所经历的荒谬体验。人类自身的状况涉及死亡、偶然、不在场，以及无穷尽的空虚(the emptiness of the sky)。这时，我再次想起阿尔弗雷德·舒茨(Alfred Schutz)讨论的"原始焦虑"(fundamental anxiety)，他把原始焦虑与这样的感受联系起来，即我们的生活从本质上来说就是无意义，我们从世界上走过，从不会留下任何曾经生活过的痕迹(1967, p. 247)。然而这种焦虑还是会促使我们产生生命规划，以及行动方案的观念。通过制订、参与、有意识地实施这些计划，我们在生活情境中形成身份认同。正如萨特所指出，特定的人类行为在超越社会情境的同时，也会受到社会情境的制约，这些人类行为在某种程度上改变这个世界，但这种改变不是脱离现有社会情境，而是在现有社会情境基础之上。因此，我们追求变革的教育学必须既要关注现有条件，也要关注我们努力追求实现的目标，这个目标就是超越现状。就像萨特所说，这种超越是作为一个人的根本标志，唯有超越，个体才能真正理解他或她的过去(1963，pp. 92-93)。某种意义上说，这种超越的行动是对弗洛伊德(Freud)所谓“文明及其不满”(civilization and its discontents，1953)的一种回应，谁能够否认在某种程度上“文明化”就是“学校教育
52 化”？谁又能够否认在某种程度上文明化就意味着放弃单纯享乐的追求，抑制某些欲望的同时升华其他的欲望？教师们所追求的共同目标之一应该是努力去发现更多其他的选择，以取代那些摧毁人们原初景观的社会统一的理想范本。另一个目标则应该是开创一种文明，其厚重深邃足以满足所有人类欲望的要求，足以承受各种社会力量的角逐，足以提供各种人类活动的生命力源泉，足以包容所有社会变革的努力与尝试。

我们这些做教师的人必须反抗压制，而且是自觉地反抗。无论是重新确立极端自由的个人主体性，还是全盘接受社会决定论，都不能够为我们提供替代那些摧毁个体原初风景的社会统一的理想范本的其他选择。每一种人类境况的根本特征都是一种辩证的关系：无论个体与环境之间、自我与社会之间，还是主体意识与客体世界之间都是辩证的关系。这里的每一种关系都在生活情境的反思与反思对象之间预设了一种调节与紧张。这两个层面具有同等重要的意义，因此这种紧张并不能通过片面夸大主体性或客体性而得到克服，即使是辩证法也不能最终解决这种紧张。

然而，我们总是能够从历史的夹缝中生存下来。我们总是能感受到各种压迫，在生活情境中总是有来自某种重物的压力——来自环境的压力、历史创伤的压力，或者感受到被排斥的压力、贫穷的压力、

意识形态影响的压力。通过对抗以及在某种程度上超越这种压力或宿命，我们才能获得自由。然而，只有当我们认识到压迫物(或条件，或限制)是一种障碍的时候，我们才会去追求这种自由。如果我们认为这种压迫，或剥削，或污染，甚或瘟疫都是自然而然、命中注定的，那就没有追求自由可言。当我们不能发现其他更好的选择，不能想象事物更美好的状态时，我们就会画地为牢，故步自封，甚至随波逐流，日渐沉沦而不自知。

如果我们教师要发展一种人性化的解放的教育学，就必须时刻坚持一种辩证关系的原则。如果我们能够通过与儿童交流，通过心理疗法，或通过艺术作品的介入，不时地重新找回我们丧失的自发性，重新恢复对自己背景的认识，那么我们就会更容易去揭示，或更有能力来阐释我们当下的体验(我将在第六章进一步讨论这种重建)。艺术作品的介入会激发我们的回忆，因为理性自身植根于前理性、前反思——原初的知觉景观之中。当我阅读华兹华斯、梅尔维尔、伊丽莎白·毕晓普(Elizabeth Bishop)，以及托妮·莫里森的作品，欣赏塞尚 53
和凡·高的画作时，确信事实的确如此。梅洛-庞蒂写道："知觉是初始的逻各斯……它免除教条主义的干扰，向我们展现客观性自身的真实状况……它召唤我们去完成了解世界，以及行动起来改变世界的任务。"(1964, p.25)当然，客观性状况与具身意识的着眼点有关，我们可以在事物之中移动，观察，甚至触摸，倾听。梅洛-庞蒂并没有将知识简化为感觉，但他试图从情境意识的角度，在我思所涉及的生活经验中，通过发现理性是如何起作用的，来恢复"理性意识"。

梅洛—庞蒂认为，当年轻人进入语言生活的世界，当他们开始将自己的经验主题化、符号化，他们眼前的既有世界就会被打破，景观由此发生转换，经验从而得到澄清。因此我们可以说，前反思，也就是我们反思之前的知觉，是理性发动的基础。实际上，我们的自我呈现在很大程度上依赖于我们与知觉世界的完整性与开放性保持联系的能力，依赖于我们思考这个知觉世界的能力，在思考的过程中我们也要一直保持意识的开放性，来接纳不同观念所表达的共同文化。

例如，很明显，《黑暗之心》中的三位职员已经不再能以前反思的方式(如果他们曾经能够的话)呈现自我。当卑劣的库尔兹提到“我的未婚妻，我的贸易站，我的事业，我的想法”，以及他渴求过的“妄诞的声誉，拙劣的盛名，和一切虚有其表的成功和权势”[Conrad，(1902)1967，p. 282]，他也同样失去了呈现自我的前反思基础。那些深受流行瘟疫之苦的人，那些自以为可以占有所谓完整知识的人亦是如此。这就是为什么我提出的可能性意象都一定与颜色、形状与动作有很大关系。这也就是为什么这些可能性的意象能够推动我们去进一步建立关系，付出同情与关心。这也就是为什么不完整是如此重要，不完整意味着对虚假的最后定论的拒绝，对思想整体系统封闭性的拒绝，对所谓“公度性”的拒绝(Rorty，1979，pp. 315ff)。

要想了解前反思是如何丧失的，我们只有追溯到儿童期进行考察。儿童期的知觉是我们对外部事件经验的初始理解模式，也是使自我适应环境的初始调整模式。比如儿童的想象能够把虚构的东西系统化组织起来(包括从小精灵、独角兽到儿童尚未能理解的成人世界，尚未经历过的冒险等一切虚构在内），可以说，儿童期的知觉是凸显认知主体与被认知客体之间基本关系的原初操作模式。这种原初操作模式赋予 54
现实生活以秩序，同时还伴随着维系家庭以及其他关系的情感，并与儿童的语言学习，以及他们经验的智力加工密切相关。这种观点明确强调儿童必须要享有讲述自己故事的自由，唯有如此不但我们能够倾听他们的内心，而且他们也能够发现自己的理性诞生的意义。这种观点也提醒我们必须要承认多种经验类型的有效性，即便是那些与我们通常对世界的阐释相冲突的经验也是有效的。

激进的批评者经常会提到社会氛围使人失去尊严的负面作用，这种社会氛围或者排斥那些被视为陌生人的儿童的现实生活，或者利用对于歪曲这些儿童的生活与认知的信息的粉饰来进行欺骗。实际上，我们所教的许多学生都只是通过模仿我们的语言，死记硬背我们的术语，单纯来适应我们，这种感受所有的教师们都再熟悉不过了。儿童与自我的疏离通常并不是一种抗拒，虽然有时候看起来是这样。这常常是童年异化的一种表达或者是一种有意识的分离。当我们形成自己的生命规划，并努力奋斗去超越时，我们也需要比以往更加努力地去关注这些儿童，这样做的原因之一就是我们需要帮助儿童克服这种异化。我们可以从那些已经学会倾听儿童心声的人身上学到很多东西，他们更为关注儿童的语言与创作。因此，我们可以有意识地采取更多的措施促进儿童的言语表达，提供更多的情境让儿童自由地创作，这样儿童才能够发现自己真实的想法，为什么这样想，以及他们都看到了什么，应该怎样讨论，怎样记述他们所看到的，怎样赋予他们的世界以意义。

梅洛－庞蒂在生命秩序范围内讨论“在场的”去中心化，以及互惠性的逐步完成，无论是去中心化还是达成互惠性都是生命过程的一部分，通过这样的过程，儿童能够影响、重建，不断恢复他们彼此之间，以及与周围他者之间的关系。对于梅洛－庞蒂而言，这种生命秩序是一种保持平衡的能力，正是这种能力使我们有条件获得美德，也就是说美德并不是既有的。个体需要超越日常惯例的局限，来塑造一个适合他们自己的环境，才能使美德条件得以产生(Merleau-Ponty，1967，pp. 145-146)。谈到这，我们应该会回忆起当小姑娘偷偷溜进成人阅览室时，尚治所创作的穿棕色衣服的女士形象所起的作用。因此，梅洛－
55 庞蒂认为个体要超越生命秩序而进入一种“人类秩序”，这种人类秩序需要新条件与新结构的产生。他指出(我想大多数教师也会如此认为)用来界定人类具身意识的是“那种为了创造新结构而超越既有结构的能力”[(1962)1967，p. 175]。这种能力与选择的能力、与创造不同观点的能力密切相关——这些能力当然远非那些计算机程序操作、小报的八卦谣传，以及天外来客的臆测传说可以比拟。这种能力与知觉意识有关，与个体的所指与能指世界的形成有关。

认可所有人包括儿童在适应他们生活世界的不同方面时，建构起来的对事物的理解、真理观，以及价值观，就已经开始为我们在课堂中的学习打下了基础。使儿童能够获得一个所指与能指的世界是人性化的批判教育学所关注的至关重要的问题。我在梅洛－庞蒂一定要生成逻各斯的观点中受到启发，我们的学生(像年轻时候的我们一样)生活在一个不断变换景观与视野的世界之中，他们所知觉到的是周围世界不同的侧面以及它的不完整性。通过想象道路弯弯曲曲像什么，想象每一个早晨爸爸妈妈去了哪里，想象那些模糊的声音到底在说些什么，想象那黑暗中到底隐藏了什么，学生逐渐意识到在经验中建立联系意味着什么，逐渐认识到他们的发现以及这些发现累积的意义沉淀，继而他们会找到诠释理解这个忽隐忽现的多样世界的方式。是的，由于他们的经验也是辩证的，因此，他们会感受到自己既要与依赖性的限制，以及既定结构的限制做斗争，还要与真实性自身做斗争。

个体理解知觉景观的模式当然并不局限于记忆、想象的参与以及反思。因此我们在建构教育学时，不应该排斥结构化以及符号学的方法所带来的启示，也不应该忽视像伽达默尔那样，把“科学的匿名权威以及科学方法的偶像崇拜”看作“现代意识的独特谎言”时所表达的那类思想。伽达默尔呼吁对理解的关注而不是对方法的执迷，也不是强调“为公民所谓最高尚职责进行合理辩护，即基于公民的责任感做出决策——而不是将职责让渡给专家”(1975，p. 316)。 56

这种观点把我们带回到前面所讨论的问题上来，即教师必须尽最大努力去破除惯例的束缚，去影响学生的意识。这个论点源于我们对那些看不见的有毒云团、掩盖真相、虚假意识以及无能为力现象的思考。此外，我们还必须使年轻人能够应对浩劫的威胁与恐惧，使他们能够充分认识与理解所发生的一切，以便在成长过程中做出重要的抉择。确切地说，今天的教育一定是这样一种模式，将世界向年轻人开放，让他们进行批判性的判断，让他们把想象投射到这个世界，并及时付诸行动去改变这个世界。我们中有人反对在这种模式中看到的以成人为中心的方式，有人绝望地发现这种模式处处都渗透着福柯所讲的权力欲望。他们认为这种以成人为中心的方式具有压迫性，并且有时会丝毫不顾及儿童的存在。持有这种观点的人似乎相信年轻人仅仅凭借无知的天真和创造力，就能够建设更加美好、更加崭新的世界，就像那些迷信夸大不受任何限制的“自然”人能力的观点，认为这些“自然”人一旦免于霸权的压制，就会以理想的方式去行动。这样的观点忽视人类状况的现实，忽视这个时代的各种严峻挑战，比如核战争的威胁、偶然性的困扰、精神世界的空虚折磨以及各种不平等不公正问题。我们必须承认消费型与技术型文化的固着性与腐败性特征。我们必须审慎思考技术与暴力的语言，特别是当我们学校教育中正在使用这种语言来实施错误教育的时候。毕竟，我们的学校在很大程度上都是等级制官僚机构，机构自身内部需要自我延续与平衡。也正是由于这些机构自身内部的特性，使得开放世界让年轻人进行探索，形成批判性思维变得格外困难。

但是我们所有人都明白，我们能够发现现有结构体制的缺陷，能够开创新的共同体，能够实现我们的愿景。因此，我们必须学会如何使形形色色的年轻人都能够加入不断出现的新生文化的持续对话之中。我想在教育中我们应该肩负为对话带来新鲜血液的特殊责任，我们应该尽我们最大的努力把这个国家中长时间沉默的人，或长时间不被倾听的人的声音纳入到对话中来，比如妇女的声音，新移民的声音，西
57 班牙裔、东方人、非洲裔、阿拉伯人以及印第安人的声音。这是一个开放性的问题，即把科学与人文领域的研究作为诸多可能性提供给个

体儿童与年轻人，儿童自身也要对这些研究发现采取开放的态度，正是这些研究发现能够让儿童对他们与我们的共同世界形成新的认识视角。我们都很熟悉所谓“文化再生产”的问题，以及布迪厄所讨论的“经济交往转换为符号资本”问题(1977，p. 196)。我们知道在某种程度上利用文化传递的过程就能够筛除，甚至抹杀与经济相联系的各种矛盾与对立。但文化再生产问题也会激励我们为了班级中所有不同类型的学生重新占有这些文化形式而做出努力——我们的努力包括对解释性与批判性方式的强调，包括不断努力去突破障碍壁垒，并通过新的、出人意料的解读方式来把握所有类型的文化形式。当我们认识到意义不只是单纯给定的，或未被发现的，而是可以通过各种渠道获得的，我们应该就能够发现新的模式来启发年轻人进入“意义域”(Schutz，1967，p. 231)，这种意义域提供直接关注世界的多种路径。教师要理解儿童自身如何探索意义，如何超越传统的限制(在探索意义过程中一旦出现不协调)，如何寻求一致性与解释，是为了能够更好地激发与释放儿童的潜能，而不是强迫与控制。

一旦年轻人开始为他们的世界命名，就意味着他们有能力建构多样化的现实。这种命名是年轻人对于概念网络与符号体系越来越了解的结果，而这些概念网络与符号体系正是从文化角度建构意义的基本特征。如果我们能够认可年轻人的独到见解，如果我们鼓励彼此之间的解释性对话，如果我们能够时刻保持一种质疑的态度，那么年轻人就能够将自己看作是有清醒意识的、能够进行反思的命名者与言说者。一般而言，合乎语言习惯的理解是容易做到的，但是建构意义却只能使用年轻人归属或有意归属的那种文化术语才能完成。因此他们越来越需要了解人类智力的所有方面，同时我们要使他们能够掌握使用大量语言，而不仅仅是口头表达或数学语言，这一点作为我们教育学的组成部分也变得越来越重要。有的儿童通过形象来表达，有的通过肢体动作来表达，还有的儿童通过音乐来表达。如果我们想超越某种文化封闭的小范围进行交流，那么就有必要掌握各种各样的语言。如果没有多样化的语言，我们要想清晰描述生活的景观、清晰表达随时间流逝积累的主题化经验，是极端困难的。在年轻人与他人交谈、合作、
58 游戏，以及共同创造的过程中，他们逐步建立起各种关系网络，在这个关系网络中他们可以获得许多不同的、彼此互补互惠的视角。我并不是说要让年轻人进入那个曾被称为“知识分子之家”的团体中，也不是企图通过使年轻人脱离现实、脱离大众共享价值观的方式，来引导他们进入知识分子的社会阶层。即便是那些专家学者——物理学家、文学评论家、人类学家——也不必完全摆脱自己的主观见解，排斥自身的景观，以及他们的主体间的生活世界。

年轻人也不要忽略这样的事实：现实一定要作为被阐释过的经验来理解，同时在给定的情境之中，根据公认的标准，我们能够拥有多重视角的考察与多样化意义的阐释。我想唯有承认这一点，“白噪音”所带给年轻人的，也是常常带给我们的，那种令人震惊的控制感才会降低，使交流发生扭曲的屏障才会被弃置一边。要实现这一目标，教师自身必须坚持运用开放的、解释性的方式来处理教学内容，来看待儿童的创作文本与年轻人的生活，来理解年轻人在发现他人如何“透过

大海或通过回廊来组织其深富意蕴的世界”(Geertz, 1983, p. 154)时，所获得的诸多意义。正因如此，我们应该把儿童看作像他人一样能够组织整理意义，也能够积累意义。我们需要认真思考“意义是如何取舍的，如何合理地将一种语境中的原意移到另一种语境之中”，需要思考主体间性以及单独的个体是如何合理地把“相似的东西”归结为或不归结为相似的一类，需要思考“思想如何来构造其变革”“思想的基准是如何维持的，思想的模式是如何获取的”(p. 154)。有了主体，才会产生意义，也只有我们才能认识意义，我们也始终只有在意义域中才能识别意义。一种文化的“众声喧哗”(Bakhtin, 1981, p. 273)既蕴含丰富的认知与常识的意义，也包括市井街头、戏剧演出、关系密切的意义，还包括诸多民间俗语、奇闻逸事的意义等。在年轻人的帮助下，教师与探究者想办法努力进入这样的众声喧哗之中，就像他们努力通过意识的多样性，包括他们自己的意识与他们努力要了解的人们的意识，来理解世界。

解放个体，或使他们能够揭示生活世界而获得启蒙，这还不够。 59
生活世界本身具有开放性，有待我们去反思，去改变。文化及其传统构成社会情境——还包括当前使用的各种语言、有毒的雾团、囤积的书籍，以及世界的社会经济现象。我们需要考虑开拓越来越广阔的对话空间，在这个对话空间中，不同的学生与教师都有权力表达自己的观点，在努力形成“之间”的过程中共同反思。他们不仅要在自身之间编织汉娜·阿伦特所谓的“人际关系网”(web of relations, 1958, p. 184)作为具身意识，还要通过他们聚集在一起的方式来构建一个崭新的人类世界，无论这个世界是持续发展，还是不断更新，都真正值得他们充分地去回应。当然，这一定要从局部区域开始，从学校的课堂、校园以及居民区服务中心开始，从人们彼此相熟识的地方开始。但同时它也能够超越地方局限，进入不断扩大的公共空间，在那里越来越多的共同利益得以清晰表达。这个公共空间能够传播人们“交谈”的意愿，能够使个体敞开自己，去接纳他们正在共同建设的共同体。一旦个体敞开自己，一旦他们接受交谈的意愿，一旦他们开始从各自的立场出发表达观点，并付诸行动，他们就能够确认事物更美好的状态——继而努力去做出改变。有时候，我想这是我们唯一的希望。

> 所以每次冒险从事
> 都是一次新的开始，一次用破敝的装备
> ……
> 只有去找回那已经失去的东西，
> 但一旦找到又重新失去，又去寻找，
> 这样循环反复的斗争。而现在似乎处于
> 不利的条件之下。但也许既无所得也无所失。
> 对于我们，唯有尝试自己，此外则非我们所能为力。
> [Eliot，(1943)1958，p. 128]

是的，我们要不断地尝试，不断地追求自由与批判性的理解，不断地追求生活世界的改变(如果我们幸运的话)。

/5. 社会愿景与生命之舞/

随着对传统理性主义的怀疑，今天越来越多的人逐渐将哲学视为 60
一种社会批判的方式。也就是说，人们将哲学作为一种质疑的方式，向那些违背人类共同标准的各种不公正、各种野蛮残暴行径发问。哲学还可以揭示交流被扭曲的方式，一种是技术化造成的扭曲，另一种是在与自然科学相对的社会科学领域中探究方法使用混乱造成的扭曲。我们通过哲学批判往往考察的是意识形态，以及意识形态在思维方式上的强制影响。哲学也可以促使人们思考他们对于人工制造与“一般客体”的执迷是怎样使他们与现实生活及其相互关系相疏离，与事物的价值及其特殊性相疏离的。正如梅洛—庞蒂在《眼与心》(*Eye and Mind*)中所说，重要的是我们要坚持通过自身所处境况去认识，我们要回到构成科学的与控制论思维方式基础的那个“存在”，“回到比如我们的生活中，围绕着我们身体的，那个开放的感性世界的场景与环境之中——不是我们合理地认为像一台信息机器一样的可能之身体，而是那个我称之为我的，站在那安静地接受我言行命令的现实之身体。另外，我的身体一定与他人身体相关联”(1964，pp. 160-161)。

保罗·弗莱雷(1970)也强调我们能够在现实生活中发现我们思想观点的基础。考虑到人们会把某些情境看作令人绝望的枷锁与不可逾越的障碍，弗莱雷提出，我们有必要从抽象模式的思考转向对情境的具体描述，只有在对情境的具体描述中个体才能真正发现自己。当个
61 体能够在具体情境中真正发现自己，他写道，“个体对客观实在的认识不同，他的行为表现就会有所不同。一旦这种实在看起来不再是死胡同，而是呈现出其客观未决的一面，那么个体就会开始接受客观实在的挑战并对之做出行为反应”(p. 96)。杜威所谓“实在的实践品格”也与此相关。杜威呼吁哲学的改造，指出哲学应该关注时代最活跃的趋势，重新建构自己，同时要极为重视“实践与个体”，杜威还认为知识能够区别事物，并改变事物，也就是我们所了解的“改造实在”(1931, p. 54)。

从以上这些观点来看，社会批判需要持续不断的努力，通过拒绝绝对的、静态的实在观，避免这种实在观所导致的主客观分离，来克服虚假意识。同时，社会批判还包括，当人们聚集到一起，不但要“命名”，而且还要改变，甚至转化他们的主体间世界时，生成新的解释框架。为完成所有这些社会批判之使命，批判的行动需要真实的自我反思，需要在日常生活的众多情境中务必经过深思熟虑之后再形成认知。一旦突破限制，变换视角，允许出现新的可能性，这种思想方式就会竭力追求新的规范标准，追求可能是什么，以及应该是什么。就这一点而言，社会批判就是对更加人性化，更加完整的多元化，更加公正、更加幸福的共同体的社会愿景的一种探索。

对于我们这些从事教育的人来说，至关重要的问题是无论教育批判，还是教育愿景都要在我们所设想的学习共同体内部形成，而不是外部。我确信许多人都会同意这样的观点，当个体没有被想当然的日常惯例生活所淹没，才能把世界“看”得更清楚，才能看到世界更美好的愿景。实际上，当我们采取马克思主义、弗洛伊德学说、法兰克福学派或后现代的立场来考察，常常会发现这些理论能够帮助我们更有效地承认并抵制各种霸权，比如电视或流行文化的霸权、福音主义或消费主义霸权，以及今天美国社会的虚幻前景与舒适假象。我们得承认比如津津有味阅读小报八卦、痴迷于脱口秀、疯狂购买彩票的那些人所制造的文化已渗透进社会各个角落，虽然如此，也还是会有人来向我们学习提高技能，这也用不着大惊小怪，而是要像我们往常所想的那样，给予他们更多的关注。希望我们能够帮助他们开阔眼界，丰富他们关于生活的看法。

迈克尔·沃尔泽(Michael Walzer)认为那些局外人之所以能够获得
批判权威，正是由于他们的超然位置或边缘性特征(1987，p. 37)，但 62
他也明确指出那些不系统的批判会逼迫实践者走向操纵与强制。这些不系统的批判者从外部施加干预，力图使之符合比当下社会正在流行的标准更好的(或更高的)标准，干预的方式是强制，甚至贬抑。已故的迈尔斯·霍顿[Myles Horton，创建海兰德民众学校(the Highlander Folk School)]以及一些像他那样的人的经验告诉我们避免贸然草率的干预是多么有必要，同时又是多么困难。有人也还会记得在民权运动或福利权益运动，以及“向贫困宣战”(the War on Poverty)的日子里，在对激进主义分子唯意志论的攻击中，我们所获得的同样的经验教训。因此沃尔泽关注那些已经身处共同体内部的批判者，这些批判者并不认为激进的超脱是有益处的，他呼吁来自这样的批判者的“集体反思与内部批判”(p. 64)。

我更愿意看到这种“内部批判”能够发生在团结一致、齐心协力的情境中，能够发生在一个可以共享人类故事的不断变迁的人类共同体中。这让我想起亨利·马蒂斯(Henri Matisse)在他的绘画作品“舞蹈”中对人类的和谐与放纵的精彩描绘，因此我把一个共享情境中的内部批判行为称为“生命之舞”。马蒂斯的作品不但真实呈现了人们与他者之间、与自然界之间彼此缠绕、密不可分的关系，在某种意义上，他还将我们带入舞者手拉手循环舞蹈、无拘无束、尽情宣泄生命激情与活力的氛围之中，提醒我们生活的世界是一个有着生命活力的网络系统，同时我们也应该在这样的世界中生活。尼采写道，我们阅读的文本，我们听到的音乐的价值很大程度上依赖于作家能否让创作的人物变得鲜活起来，作曲家创作的旋律能否让人们舞蹈起来，因为如果他/她做不到如此的话，那么他/她多半是在封闭的、脱离实际生活的条件下进行创作的。即使我们的舞步如此笨拙，我们也应该跟随自己的节奏起舞。“失败又如何？还有那么美好的未来值得我们期待！因此学会用大笑战胜你自己的怯懦吧！鼓起勇气，你们这些优秀的舞者……也不要忘记时刻绽放你最灿烂的笑容。”[(1883—1892)1958, p. 407]这里的笑，或者关于笑的观念，指的是马尔库塞(Marcuse)所说的“个体对于满足与幸福的生物学意义上的表达”(1968, pp. 96-97)。我必须说我同意这样的观点，也就是，在我们所期待的社会愿景中，幸福与明晰和共识同等重要，爱(如他人曾经说过的)与逻辑同等重要。

当我们审视生活时，生命之舞所蕴含的观念又让我想起批评家巴赫金关于“狂欢化”的描述(1981, p. 273)，想起他关于狂欢化与狂欢中的捣蛋鬼与小丑，在我们的现实生活中，在我们的语言与文学中所起 *63*
作用的讨论。比如巴赫金关于中世纪人两种生活的描写：“一种是常规的、十分严肃而紧蹙眉头的生活，服从于严格的等级秩序的生活，充满了恐惧、教条、崇敬、虔诚的生活；另一种是狂欢广场式的自由自在的生活，充满了两重性的笑，充满了对一切神圣物的亵渎和歪曲，充满了不敬和猥亵，充满了同一切人一切事的随意不拘的交往。”(1984, pp. 129-130)狂欢并不仅仅是流行文化的表达，同样重要的是，狂欢挑战了傲慢浮夸与权威，令那些堂皇伟大变得卑下渺小，虚伪的虔诚露出本相。在一个摄影展上，杰西·赫尔姆斯(Jesse Helms)打着纯洁与正义的幌子被彻底撕开之后，其惊骇不已的表现就是一个鲜明的例证。

显然，我并不是说仅仅有质朴和谐的舞蹈或狂欢节上的笑就足够了。在我看来重要的是释放一种活力，这种活力可以使“任何人任何事之间都发生联系，并熟识起来”——包括各种监护人、看管者、官僚、管理人员等。至少这种活力可以为共同体的内部批判打下基础。在后面的章节中我会详细讨论，这种活力的价值很大程度上与我们将艺术与人文学科纳入教学计划的论证有关，无论我们的教育目标是什么。

相当长时间以来，我一直都着迷于哲学与释放的过程，以及解放的经验之间的关系。许多人投身于哲学研究的原因在于他们无法忍受思想被禁锢，活力被抑制，鲜活的生命被束缚于黑暗之中，日渐僵化消亡。因此毫不奇怪，自人类有史以来，压迫、限制或异化就成为作家或诗人持久强烈关注的主题。我们之中有谁不会想起柏拉图《理想国》中，从洞穴里走出的囚犯由于刺眼的阳光而驻足在斜坡之上的那一刻？有谁不会想起弗朗西斯·培根努力唤醒读者要提防那些模糊视线、扭曲理性能力的幻象？有谁不会想起大卫·休谟愤怒地声讨各种诡辩与假象？我相信卡尔·马克思正是由于不能忍受那些虚弱的儿童在黑暗的工厂车间里受尽奴役的场景，不能遏制自己对于工人沦为“最低廉
64 等价物”社会地位的愤怒，才奋起研究政治经济学，以至哲学。即便是在今天，我还是会激动于《共产党宣言》[(1848)1935, p. 26]里那首关于力量的赞歌，是的，在宣言里，马克思的确为使得“一切等级的和固定的东西都烟消云散”的资产阶级力量唱过赞歌，但他进一步指出当市场价值吸纳所有力量，当一切不能被市场化的东西都受到压制，也就产生了对人类可能性的束缚。我想到威廉·詹姆斯(William James)拒绝静止惰性的真理观与决定论，承认偶然性、变化性与他所谓的“无数多样的可能性”[(1897)1912, p. 150]；想到杜波依斯(W. E. B. Du Bois)倡导的一种自由与智慧的文明愿景[(1903)1982]；想到杜威为反对单纯的习惯、常规惯例，与日渐僵化消亡的静止真理观而发起的斗争；想到威廉·布莱克(William Blake)感悟到的“心灵铸就的镣铐”[mind-frog'd manacles, (1793)1958, p. 52]，正是这种知觉引导我们

去认识那些今天尚未被发现的无形强制，因为至少对于我们大多数人而言，这种强制应该是在作为野蛮时代明确标志的皮鞭，铁窗与囹圄之中才能够被发现。更确切地说，我们面对的是对意识的约束，是思维和感受的扭曲变形，是隔离，是利己主义，所有这些并不经常直接地被我们感受为强制。

人们出于多种动机提倡终身学习，其中就包括必须突破生活情境的局限，一般来说，就是要获得更大的成就。没有教师能够指责这种进一步取得成就的努力，变得与众不同、不断超越的努力。同时，我们也必须注意到今天公共空间的日渐压缩，交流变得越来越困难，需要对话的地方却出现沉默。作为标准来使用的效率、能力以及适销性似乎已经在侵蚀着公民的理想。实际上，正如我之前所讨论的，今天教育所提出的要求已经完全掉入追求“世界级”技术成就的陷阱，而不是开创公民共同体。

我们看到人们追求民主的强烈热情。他们付出如此巨大的牺牲，就是要告诉我们民主乌托邦值得付出生命去追求。然而另一方面，在我们这个富裕的国家，我们却因厌恶种种不公正与暴力，而变得越来越愤世嫉俗。我们对今天被轻蔑地称为自由主义的东西已经丧失了希望。我们几乎没有耐心去花时间严肃地、充满希望地去思考民主的传统，思考这些传统如何在两个多世纪之前就在美国人的经验中生根发 65
芽。现在，即便我们在思考批判、解放思维，反思性实践，以及重大社会变迁所需要的独具特色的教育学理论时，我们也很少会思考平等与自由的问题。实际上，当我们专注于，也必须专注于什么是学生所应具备的重要的基本文化素养时，我们基本上不会考虑一个民主共同体中的各种联系问题，比如自由与关系的联系、基本文化素养与公共对话的联系、幸福与社会关心之间的联系。

自托克维尔时代以来，我们就已经认识到在这个国家物质成就甚至平等都不能保证人类的幸福。托克维尔讨论生活在民主时代的人们的激情，以及这种激情如何汇聚在一起追求财富，正是这种对财富的追求使得人们彼此之间越来越相似，并给予他们一种单调乏味的生活基础[(1835)1945，pp. 48-56]。近一个世纪之后，杜威则讨论了“影响巨大的社会病理”，他指出“社会病理抑制了我们对社会制度与条件的积极探索。社会病理的表现多种多样，比如发牢骚，无力感的蔓延，心浮气躁，注意力分散，沉浸于长期不易实现的理想化目标，作为幌子的温和的乐观主义，对‘原本如此’的事物的狂欢式歌颂，对所有持异议者的恐吓与威胁——这些社会病理以微妙的、不易察觉的、无处不在的形式发生作用，压制并消解所有更为有效的思考”[(1927)1954，p. 170]。这个社会中的个体只是刚刚开始理解这些社会病理问题，并试图进行批判。这就是为什么教师必须特别强调个体要学会充分反思的重要性，人们可以通过充分反思去思考自己的思维方式，去认识自己的意识。人们必须去了解他们共同生活时建构现实的方式——比如他们如何把握事物的表象，他们如何，以及何时质疑生活世界，他们如何认可存在多重视角来理解常识世界。

面对一个冷漠社会的掠夺、破坏与侵害，作为教师的我们都知道仅仅实施治疗性教育是远远不够的。考虑到在这个国家毒瘾涉及范围如此之广(但是却没有专为穷人所设的戒毒治疗中心)，艾滋病如此可怕的蔓延，考虑到受虐儿童、弃婴以及无家可归者数据的攀升，还有 66
种族主义、辍学者，以及暴力——对暴力的认知是我们这个社会生活的一部分——我们必须寻找路径创造这样的情境，即在这种情境中人们可以选择合作或集体行动去纠正社会问题。或许我们可以根据一些规范和原则进行社会纠正，这些规范和原则或者来自当下存在的关系网络，或者来自用来建构传统意义上理性规范框架的那些标准，比如正义、尊重人权、自由、尊重他人。这些标准是共同体中每一个有智慧的个体都应该接受的，或是大多数人都相信的标准。

杜威发现从某种意义上说民主是一个一直追求但永远无法实现的完美理想。就像共同体自身，也是永远都处于形成之中。对于杜威而言，共同体包含合作活动，参与其中的个体都认可合作的结果是有益的。人们认识到并且分享这种益处，因此渴望继续合作。如此，共同体便产生了。对于这种共同生活的清晰认识就构成民主理想[(1927)1954，p. 148]。

与民主相联系，紧随其后的是平等、正义与自由等原则，这些原则若产生意义就不能脱离历史情境，就必须在共同体生活的事务处理与相互交流的过程中得到理解与实现。此外，还需要生命个体根据个体与他人共同生活的需要而选择遵循这些原则。因此，所有教育的一个重要维度就是要有目的地生成规范调控的各种情境，在这些情境之中，学生会发现并体验什么是义务与责任，这种义务与责任感或者来自他们自己关心他人，以及被他人关心的经验，或者来自他们关于正义与平等的直觉与概念。

那么缺乏关心与关系会造成什么样反复出现的状况？美国文学中创作的许多意象就体现了美国人生活中因缺失关心与关系而反复、持续再现的问题。例如，梅尔维尔作品中亚哈船长(Captain Ahab)的强悍形象，他孤独，意志极为坚定，迫使一船社会渣滓跟随自己不顾一切去疯狂地探险，最终杀死那个咬掉了他一条腿的白鲸。他故弄玄虚，
67 在船员面前摇摆着每个人都想拿到的奖励，低声咕哝着“金币！喂，金币！”以此来诱惑他们跟随他去寻鲸复仇[(1851)1981，p. 216]。还有亨利·詹姆斯(Henry James)《一位女士的画像》(*The Portrait of a Lady*)中的吉尔伯特·奥斯蒙德(Gilbert Osmond)，他对那些微不足道的人异常冷漠，唯一关心的是如何获取足够的财富，以便按照传统空洞的形式来生活，完全摆脱穷人为了生计的那种苦苦挣扎。他的妻子伊莎贝尔(Isabel)一旦了解他的真实面目，看到他发了霉的腐朽的灵魂，就发现她曾经拥有过的所有希望、强烈的好奇与解放的意识都化为泡影，从此她便在这四堵墙壁里消磨岁月，这是“一幢黑暗的房子，没有声音的房子，使人透不出气来的房子”[(1881)1984，p. 478]。还有在《了不起的盖茨比》(*The Great Gatsby*)中盖茨比被谋杀之后的令人恐惧的描述：“一切都是粗心大意、混乱不堪的。汤姆和黛西，他们是粗心大意的人——他们砸碎了东西，毁灭了人，然后就退缩到自己的金钱或者麻木不仁或者不管什么使他们留在一起的东西之中，让别人去收拾他们的烂摊子。”[Fitzgerald，(1925)1991，pp. 187-188]

我举出这些意象并不是要说明我们所有的学生都只关心自己，自

私冷漠，需要救赎。我是想说明在美国文化中一直都存在着阴暗的一
面——太过于强调自由而导致的漠不关心、我行我素的一面——我认
为当我们实施教育、思考改革时，必须考虑这个阴暗面。意大利小说
家伊尼亚齐奥·西洛内(Ignazio Silone)已经看到了这个阴暗面，同时
也指出内部批判的必要性。他发现激进批判主义往往出现在当人们对
教师所教授的那些原则信以为真的时候，“这些原则被说成是今天社会
的基础，然而一旦我们信以为真并以之为标准来衡量社会，很快就会
发现，社会的真实功能却与这些原则相反或与它们无关。但是对于我
们而言，这些原则是严肃的、神圣的，是我们内心生活的根基。因此
我们义愤填膺，无法忍受社会打着它们的幌子，以之为欺骗愚弄人们
的工具来阉割它们”(1937，pp. 157-158)。我们再一次面对愤怒，面对
禁锢与压制的愤怒，也正是这禁锢与压制催生如此丰富的哲学，但这 68
一次我们也看到教师所提供的知识，从某种意义上反而可以让个体看
清楚自己所受的禁锢。因此，我们应该思考如何把教育看作开放的公
共空间，在开放的公共空间里，学生能够通过表达自己的观点与主动
自发的行动来辨识自我，以及根据诸如自由、平等、正义与关心他者的
原则来辨识自我与选择自我。我们希望能够交流这种共识，即如果人们
能够意识到在他者面前所呈现的自我，同时，人们能够表达自己的观
点，并努力建设一个共同的世界，那么他们才能够成为更完整的自我，
并且向世界开放。这个共同世界使那些严肃神圣的规范成为现实，这些
规范的信息也已经传递到世界的另一端。在某种程度上，这个共同世界
的形成需要依赖故事的讲述，个体观点的表达，倾听他者经历，寻求达

成共识，不断丰富共识的内涵，并不断努力扩大共享对象的范围。

我关注的问题是我们要采取何种措施才能够开放这样的空间，在其中人们能够共同言说、共同存在，这样我们才会发现那些太过想当然的价值理念一旦具体化，落实到行动上到底意味着什么。我们很清楚，如果这个社会中的人们并没有感到有责任依照这些理想去行动，进而实现这些理想，那么根据生命、自由，以及追求幸福的术语来界定这个社会就毫无意义可言。因此，我们必须特别关注周围现实世界的所有不确定性，以及这种不确定性带来的困境与开放的可能性。正如杜威与弗莱雷已经表明的，关注不仅仅是思考，而是要逐步了解并捕捉可以带来改变的机遇。那么带来的应是何种改变？改变的愿景又是什么？我认为我们应该首先依据“地方性知识”进行思考，思考的基础就是克利福德·格尔茨(Clifford Geertz)的所谓“直接感知”(a feeling for immediacies，1983，p. 167)。这种直接感知包括对我们自身的制度与机构的直接感知，对邻居、周围的街道、门窗、行人的直接感知。以直接感知为起点，无论教师还是学生都会对这个世界有一个由近及远、由特殊到一般的理解与把握，在这种理解与把握世界的过程中，我们并不会冒着在庞大抽象概念体系中丧失自我的危险，这个抽象概念体系常常由于对确定性的追求而陷入混乱，也不会默许那种常常会导致全球性危机的全球概念的界定。在教育所关注的领域，宏观解决方案并不适用于具体情境中的问题。因此，地方性知识与地方性社区应该抵制抽象化
69 的倾向，同时要有意识地关注特殊性、日常性与具体性。(在教师教育中引入文学与艺术作品能够帮助教师形成这种有意识的关注。文学呈现

特殊性，引导人们去看、去感受、去想象、去体会他者的立场。)

于是从某种意义上说，人们从对诸多特殊性的理解走向越来越宏观的把握，就意味着要通过考察越来越多的特殊性，在他者的问题与视域之中，去发现能够超越单向度理解的多种路径。随着对话的展开，一方面一种之间的关系会得以逐步建立，另一方面，一个规范调控的共同世界也会逐步形成。如果在这个共同世界上生活的人们能够体验到彼此的友谊，友谊的模式是完全彻底公开的，并植根于双方相互尊重的基础之上，那么越来越多的人就会发现这样的一种快乐：虽然每一个人所看到的都不相同，但我们却共享一个世界，虽然每一个人的观念千差万别，但都可以丰富拓展我们自身对这个世界的终极理解。

当然，我们选择用来确认界定民主空间的那些原则或许会受到质疑。它们是客观的吗？它们是普遍适用的吗？让我们再次回到理查德·罗蒂(Richard Rorty)的观点，我们尽最大努力所能做到的只是描述在社会中为正当理由辩护的常见步骤，而不是找到一个绝对不变的真理。像罗蒂这样的实用主义者一样，我也认为我们不是要找到一个真理理论，而是要为人类合作探究价值的讨论确立一个伦理的基础。我们所能够做的只有尽可能明确有力地表达我们相信什么，我们共享什么(1991)。

在某国发生一系列可怕事件之后，我们许多人都在喋喋不休地谴责，在现代世界绝不允许出现这样的屠杀，我们相信在客观上这是绝对不正当的，云云。然而，即使我们有机会去遵照不正当的信仰行事，我们也只是在某种程度上了解这种不正当归根到底并不完全是由客观决定的。当然该国年迈的领导者并没有意识到他们的不正当，并不像他们的前辈那样已经认识到以前的屠杀是不义的。对于绝对不正当的感知就像萨尔曼·拉什迪(Salman Rushdie)被判处死刑时我们的感受，或追溯过往，大屠杀时代很多人(虽然一定不是所有人)的感受，或后
70 来阿道夫·艾希曼(Adolf Eichmann)接受审判时人们的感受。是的，我们并不能使自己完全拥有那超越我们之上的真理或善，这是令人痛苦的。但我们能够做到的是寻求对于我们所共享的东西的明确有力的表达，并通过确认我们的共享植根于现实生活来为之奠定基础。我们满怀希望地期待，这个社会愈加宽容，愈加多元化。

汉娜·阿伦特在关于编织“人际关系网”(1958，p. 183)的精彩描述中，讨论人们的言和行如何常常从根本上关涉他们的客观实际利益。这些利益——比如会议安排，艾滋病患者关怀组织的成立，基本读写教育项目的落实——存在于人们之间，从而把人们联系并约束在一起。许多言说和行动都关涉到这个“之间”，因此大部分言语与行为都与某种世俗现实相关(购物清单、车辆维修、商业利润与亏损、高校招生、剧场经验、共同的宗教信仰)，同时还有对言说者与行动者的彰显。阿伦特说道，虽然这种主体的彰显，这种源自人们彼此相互之间直接的言说与行动的主观的“之间”，都是客观交往不可缺少的部分，但这种主观之间还是遮蔽了客观利益。这种主观之间是无形的，因为没有能让它在其中得以凝固的客观对象，无论是在会议上的相聚，与长辈一起喝咖啡，还是在艾滋病咨询中心的工作。“但尽管它是无形的，却和我们共同拥有的可见事物世界一样真实，我们把这种实存称为‘人际关系网’，‘网’这个比喻暗示了它有点难以捉摸的性质。”(1958，p. 183)

阿伦特的这一观点彰显我们自身作为主体的存在，强调即便我们聚集到一起，也都是独一无二的个体。我认为这一观点极为重要，因此我们必须要找到恰当的方式将之融入我们共同体的观念，并贯彻到合作行动之中。当我们思考如何将原则、规范具体化时，当我们选择按照这些原则来生活，并努力劝导他人也来这样生活时，这一观点也是根本理念。毕竟一个人只有作为主体才能做出选择——才能决定挣脱惯例的束缚，将他/她自己投身到世界之中，在这个世界上，人们确
立独特的身份认同，承担独特的责任，对于身处的环境拥有独特的价 71
值判断模式，并通过独特的方式为实现应然理想而奋斗。这种奋斗与想象就是一种生命之舞，就是当我们加入舞蹈或是欣赏舞蹈时，当我们沉浸于马勒(Mahler)、莫扎特(Mozart)，或斯特拉温斯基(Stravinsky)的音乐之中时，当我们欣赏诗歌或阅读小说，或倾听一个传奇时，我们的内心喷薄而出的无限能量。艺术给予我如此丰富的想象体验，我相信这并不只是我一个人的感受。我们阅读托妮·莫里森的《宠儿》，在这部关于奴隶制度、奴隶逃亡、贩卖儿童的著名小说中，任何一个作为母亲的女性都会发现关于母亲、母爱的新体验。比如当她读到孩子们都被卖掉时，贝比·萨格(Baby Suggs)的感受：

> (那是)她最后一个孩子，生下时她几乎没瞟上一眼，因为犯不上费心思去认清他的模样，你反正永远也不可能看着他长大成人。她已经干了七回了：抓起一只小脚；用自己的指尖检查那些胖乎乎的指尖——那些手指，她从没见过它们

> 长成母亲在哪儿都能认出的男人或女人的手。她至今不知道他们换过的牙是什么样子；他们走路时头怎么放。帕蒂的大舌头好了吗？菲莫斯的皮肤最终是什么颜色的？约翰尼的下巴上到底是一个裂缝呢，还是仅仅一个酒窝而已，等下颚骨一长开就会消失？四个女孩，她最后看到她们的时候她们腋下都还没长毛。阿黛丽亚还爱吃糊面包底儿吗？整整七个，都走了，或是死了。(1989，p. 139)

托妮·莫里森虚构世界的所有细节，都牢牢地抓着我们的心，把我们从一个对孩子时刻萦绕心头，视若珍宝的世界带入一个不可想象、不可思议的世界。我们会发现那些我们一直认为是再自然不过的事情都被残酷地颠覆了。他们贩卖孩子，竟然从一个母亲的怀抱中连续夺走七个孩子，并且还以各种习俗规范、内化意象，以及人们不会质疑的一种想当然来为自己辩护，哪一个人如何能负担得起这样的罪责？那些爱抚孩子、养育孩子长大的记忆如波涛涌来，其中夹杂着深深被压抑的时刻害怕会失去孩子的恐惧。也许这是愤怒该爆发的时候了，当然这是对于真实世界的愤怒——追溯孩子被卖为奴隶的历史，是要
72 我们看到今天儿童所遭受的虐待与遗弃。在愤怒与激情过后，我们渴望寻找解决与补救的办法。

这是在公共空间中我们作为一个在场的主体要做出的努力——在这样的公共空间中人们应该努力形成共同的愿景，在这样的公共空间中人们偶尔会自然而然地感受到自己投入生命之舞中，尽情绽放。

/6. 童年回忆的塑造/

生命之初，我们作为具身存在被抛入这个世界，尝试理解世界。我们从身处的特定情境开启感知世界之旅。在感知世界的过程中，由于我们生活的起点多种多样，因此我们所感知到的多元宇宙总是不完整的，包括形式、轮廓、结构、颜色与阴影等都是不完整的。我们是作为有意识的在场，身处于这个世界之中，而不是外在于这个世界的旁观者，因此我们永远都只能看到世界不同的侧面轮廓而不是整体。我们打开所有的感官进入这个世界——触摸、倾听、观察呈现在我们前反思景观、原初景观之中的世界自身。我们之所以能够努力从原初景观进入这样的认识领域：既有未来可能的想象蓝图，也包括过去已发生的历史景观。原因在于我们有能力将周围的世界构型，即将原初景观中的存在纳入某些模式与结构之中。在我们开始语言生活之前，在我们主题化与理性认识之前，我们就已经开始通过感知与想象来组织生活经验了。我们通过活动的方式来对各种相遇做出反应，虽然后来这些活动被理性的沉渣蒙上真容，变得模糊不清。

可以确定的是，我们再也不可能回到那前反思时期的原初景观。

我们只能通过对前反思的原初景观进行反思才能呈现它们的存在。然而即便如此，当我们确实努力去反思前反思的原初景观，却又会更深地陷入无约束、无限制的自我之中。在这种情况下，梅洛－庞蒂提出“知觉的首要地位”，也就是说，在我们的生活中要赋予知觉以“首要性”，因为“知觉就是事物、真理，以及价值观建构起来那一刻我们的在场”。正如之前讨论过的，梅洛－庞蒂也将知觉看作一种“初始逻各斯(a nascent logos)：……它告诉我们所有教条主义之外的客观性自身的真实状况。……也正是它召唤我们去认识，去行动”(1964，p. 25)。换句话说，梅洛－庞蒂认为我们的知识与概念化都植根于威廉·詹姆
74 斯所说的“生动性或刺激性，即现实的关键要素”[(1890)1950，p. 301]。

此外，由于知觉通常是发生在生活世界的某一个特定位置上——由于我们把握现实的努力一定始终是不完整的规划——因此，我们要激发自身的主动性把不同角度的知觉联系起来以获得某种一致性，哪怕最后得到的仍然是未完成的整体。我想正是这种不完整——或许就是这种悬而未决的问题——召唤我们去承担追求知识、探索实践的任务。这让我想起弗吉尼亚·伍尔夫用语言来表达“打击”就是为了“获得完整”(1976，pp. 70-71)。至关重要的是关注，即一个人通过知觉主动积极地介入现实世界。只有在这种介入发挥实际效用之后，我们的规划才能够实现，我们才能够通过语言解释世界，抵抗瘟疫，为无家可归者寻找家园，改造那些不人道的学校。思考这个问题就是要说明我们今天的教育实际上很大程度上是一种遗忘的教育。教师坚持传授预

先确定的解释框架，而丝毫不顾及年轻人感知到的原初景观与状况。我们忽视了年轻人与感知对象、形象、语言表达，以及与他们发生各种关系的他者之间的联系，即“客观性自身的真实状况”。

在贝兰基(Belenky)、克林奇(Clinchy)、戈德伯格(Goldberger)，以及塔如尔(Tarule)这些女性作家的作品中我们看到，叙事探究实际上是在塑造我们的童年，让我们看到了之前从未认识到的童年经验的价值。本章中我要讨论的是与生命故事有关的塑造童年回忆的观念。事实上我并不能说这是真实的“‘我’的生命故事”。也就是说，在某种意义上我像蜘蛛一样独自吐丝织网，这是出于自我生存的需要，事实上这个时候我并不能将性别、兄弟姐妹与亲子关系、政治牵涉与职业要求，甚至老化与机能衰退这些情境性特征，都排除在“我自身”之外。我并不是能够免于情境塑造影响的“个体”。同样我也不能忘记，虽然我一直努力保持清醒的意识，虽然我一直努力通过抵制与批判来解放自己，我也还是始终生活在各种各样的意识形态，以及各种盲目、散乱无章的实践之中。当我返回到“原初的在场，(我的)充满感觉体验的开放的原初景观之中”，我发现始终伴随我自身存在的是具有联系性的肉体，以及“伴随我作为单一的、在场的、现实的存在出没的他者” 75
(Merleau-Ponty, 1964, p. 168)。个体以原初景观为基础，他/她的生命始于原初景观，因此每一个人始终都会有开放的意识感觉。当我们身处事物之中，我们在肉体上经验具体的不同客体，经验他者的具体行为。尽管随之而来会出现疏离与符号化，但如果我们想要真实地呈现自我，想要与年轻人建立真诚的关系，我们就必须在塑造现实生活叙事时设法考虑原初景观。因此我认为，正是在这种原初基础之上，我们才能承认彼此，也正是在这样的基础之上，我们才能建立起与事物的直接联系，这种联系才能不会由于概念与理论建构而被割裂。

行文至此，是需要进一步审视我之前提到的探索这个概念的时候了。正像查尔斯·泰勒(Charles Taylor)等人一样，我也认为这种把现实生活事件纳入叙事结构的努力恰是意义生成的源泉。正是由于我们讲述故事时的回顾与反省，我们才能再次体验初始逻各斯——就在初始逻各斯出现之前，我们的理智开始摆脱那些知觉的、生动的细枝末节的牵绊，开始了抽象思考。当我们开始叙事的时候，如果我们“必须调整我们自己趋向善”，“那么就要决定我们的生活境界与善的关系，也就决定我们生活的方向”，进而也必须将“不可逃避地通过叙事的形式来理解我们的生活，作为一种‘探索’”(Taylor，1989，pp. 51-52)。把我们的生活看作探索还意味着将生活理解为一种过程，蕴含诸多可能性，理解为“一条道路，一种经验，在我们的经验中，这条道路逐渐澄清自己的方向，不断纠正歧路，不断通过与自身、与他者的对话向前延伸”(Merleau-Ponty，1964，p. 21)。我想起弗罗斯特(Frost)的话：“我的脚下有两条路，可惜不能同时去涉足。”当你回顾叹息，它们已经消失在丛林深处。我们之所以选择其中一条只是基于对当时情境认知的偶然，以及道路在我们面前呈现方式的偶然。可以确定的是，我们选择一条道路就是开始一种探索——而选择这条“人迹罕至”的道路或许会(或许不会)使一切大为不同。无论选择哪一条道路我们都没有客观上的把握，我们所能够明确的只有从特定情境意识的角度出发，充分全面地认识，远处的景色会逐渐呈现，万物的形状——是的，还有遮蔽的阴影——都会自我显露。无论选择哪一条道路，在这样的时刻， 76
我们都要保持生命的活力，即使(就像弗罗斯特提醒的那样)我们“难以再回返”[(1916)1972，p. 51]。

反思能够使我们生成叙事，并开始理解我们生活中的想象。那么引发反思的路径之一就是重新获得在我们生活不同时期有着重大意义的文学体验。文学作品的阅读能够培养理解各种现实结构意义的能力，虽然这种理解并不一定基于时间顺序，也不一定遵循任何特定逻辑次序。但是通过阅读可以释放想象，当想象得以释放，源于先前经验的意义往往会通过想象的大门(正如杜威所看到的那样)与当下的经验发生相互作用。当把过去的经验注入当下，总是会引起对过去的重新审视，正在这时新经验(现在已经丰富起来)也已经进入意识之中。杜威一直都认为抵制习惯的惰性是非常必要的，因为习惯的惰性会阻止意识的产生，因此他转向艺术审美，转向他所谓的“艺术即经验”。杜威指出主动介入各种艺术作品，主动将各种艺术作品视为经验客体的积极意图，都能够抵制麻木不仁、无聊乏味、陈腐平庸以及惯例常规。杜威强调当过去的经验与当下的经验交汇，只有打开想象的大门，先前审美经验直接表达意义的方式才能同样发挥作用(1934，p. 272)。

当然，每个人都有自己独特的审美经验。比如对我而言，《白鲸记》(*Moby Dick*)中以实玛利(Ishmael)的忧郁症到了不可收拾的地步，绝望的悲伤迫使他决定去大海上航行一番，那时他的心情就像“潮湿、阴雨的十一月的天”[Melville，(1851)1981，p. 2]，这些描述使我回忆起我过去生活中的无数个十一月，无数个绝望惆怅的时刻，正是这些过去的经验孕育了我当下的情绪体验。重要的不仅仅在于梅尔维尔提出了一个大多数在北半球，以及西方传统里生活的人，都能够理解的强有力的隐喻，而且他还找到了一个个体释放自己独特回忆的方式。对我来说，例如通过修辞释放的意义，包括纽约港的海景欣赏，停泊
77 在那里的帆船的飘动，延伸至遥远地平线的海洋，无限的延伸、超越，努力朝向尚未知晓的远方。过去的悲伤以某种方式发生了改变，成为当下变形的放大的经验。阴雨的十一月是一个开端，锚地是一个停顿，之后是探索的选择，可能是什么的选择。回顾过往，我发现自己学会了用新的方式来看待过去的经验——这意味着我的生活其实是诸多可能生活的一种——即使今天也还有那么多尚未开发的可能性等待我去发掘。这使我想起萨特曾经提醒过读者，当面前是一本虚构小说时，在阅读过程中他们必须生成小说所揭示的东西——也就是说，他们必须赋予其生命(1949)。以实玛利的决定其实也就是我们的决定，我们阅读时就会出借给他我们的生命。《呼啸山庄》(*Wuthering Heights*)中凯瑟琳(Cathy)对希斯克里夫(Heathcliff)的强烈感情也就是我们的感情，托妮·莫里森的《爵士乐》中乔(Joe)对多卡丝(Dorcas)残忍的爱也是我们的情感显现——我们品味这爱，并感受到那炽热火焰的灼烧。

作者与读者都要为通过阅读行为所建构的世界负责。对于萨特而言，这意味着这个世界是由两种自由联合起来共同支撑的——包括读者的自由与作者的自由。这两种自由都要打破一切平凡单调与僵化教条，都要面向未来，探索各种可能的选择。书籍由此变成一种礼物，

很大程度上是因为它与人类自由密切相关——它要求读者具有超越现实去想象的能力，以及根据可能是什么创建身份认同的能力(1949, pp. 62-63)。正如罗兰·巴特(Ronald Barthes)所说，当读者以这样的方式理解书籍，他们就能够改写他/她在他/她生活中阅读到的文本。对巴特而言，我们也能够根据这样的文本来改写自己的生活(1975, p. 62)。

例如，我在这里要做的就是利用文本进行这种改写，我所利用的文本是在生成叙事的过程中，以及在对童年形成的探索中，都比较重要的那些文本。我要强调的是这并不是一个记忆游戏。这种探索的目的是要使我们能够重新看到原初知觉景观的样貌。我发现文学具有潜在的能力使我们看到那些已经被排斥在视线之外的东西，能够恢复那些已经失去的景观，以及已经丧失的自发性。尽管随时间流逝知觉世界已经被我们加诸其上多重理性意义所覆盖，但是一旦我能够呈现知觉世界的形状与结构，我还是相信我的过去可以通过不同的方式显现，
这样我当下的现实生活——比如教学——也会变得越来越基础坚实， 78
越来越深刻敏锐，不易受逻辑合理化的左右，更不会受制于工具理性。我认为文学体验的记忆一定会受到批评以及其他认知判断(我自己的和他人的)的影响。尽管如此，在我们通过艺术追寻前反思经验的过程中，我们还是可以暂时摆脱、搁置那些判断。可以确定的是，即便是记忆中的与文学相遇也能够打开我们的心灵、丰富我们的经验，这是其他的表达即使采取相同的方式也不能做到的。

伊丽莎白·毕晓普(Elizabeth Bishop)的诗歌《在候诊室》(In the

Waiting Room)就是这样的例子。诗里讲的是小伊丽莎白陪同姨妈康素爱萝(Aunt Consuelo)去看牙医，自己坐在候诊室里等候。她阅读着《国家地理》(*National Geographic*)杂志，翻看里面的照片，那些非洲人，那些“颈部被电线紧紧缠绕，如同燃亮的灯泡的颈部的女人”，她们赤裸的胸部都让她感到羞耻与窘迫。她听到姨妈痛苦的叫喊，同时惊讶地发现，她自己也发出了一声叫喊。她看着周围等待的人们那些灰影似的膝盖与靴子，她想起战争还在继续(这是 1918 年 2 月)，在马萨诸塞州的伍斯特，还有夜晚、融雪和寒冷。

> 我对自己说：三天后
> 你就七岁了，
> 我这么说是为了阻止
> 不断坠落的感觉，
> 从圆形的、旋转的世界
> 落入冰冷、黑蓝色的空间。
> 但我感觉到了：你是一个自我，
> 你是伊丽莎白……[(1975)1983，p. 159]

对我来说，与这首诗相遇的意义并不是要回忆在同样的融雪天气里候诊室的等待，也不是要追根溯源讨论我对牙医的恐惧，而是我对从这个旋转世界坠落或是身处坠落边缘的画面的这种意象产生了共鸣。一方面，它表达了一种坠落的恐惧，同时也表达了许多其他坠落带来的意识上的冲击——伊甸园(Eden)的坠落，五月柱舞(the Maypole dance)的坠落，无辜的坠落，或者落入烟囱，像布莱克扫烟囱的孩子， 79
或者落入陷阱，或者落入虚无。这个意象用出人意料的痛苦方式给本就日渐脆弱的心以致命的打击，就像只有七岁的伊丽莎白一直都在矛盾纠结，她恐惧成为候诊室里的成人，成为“他们中的一个”。当我阅读到此，想象的大门即被叩响，也许还有其他东西闯了进来，但我现在只能抓住这样的场景：闪电击中山间村舍房顶发出可怕的雷鸣声，本来和朋友一起抱着纸娃娃斜倚在墙边的我一下子跳起来去找妈妈，我的朋友也飞奔起来，和她的小弟弟一起躲在她妈妈的膝下。而我妈妈的怀里却已经被家里的双胞胎婴儿占据，我惶惶然无处躲藏，无处安身。我觉得是妈妈拒绝了我，我被丢弃在这个世界里，突然间长大了。现在每当阅读这首诗，都会回想从前，这种经验也随之放大强化。儿童坠落进黑蓝色的世界，这种童年记忆的塑造令我想起击中房顶的闪电，卧室墙边脆弱的纸娃娃，怀里抱着婴儿们的妈妈，我紧紧牵住她的裙边，既恐惧又轻蔑地看着他们，想着我要放手我要独立了。

后来我读到另一种坠落，这种坠落我也非常熟悉，由此我的回忆又有了其他内容。娜塔丽·萨洛特(Nathalie Sarraute)在《童年》(*Childhood*)里说到，她小时候被要求朗诵一首诗，“我任他们摆布，不敢违抗。有人抱着我胳肢窝将我举起来放在椅子上，好让大家看得见”。她写道，人们都看着她，等待着，然后她突然意识到自己的细嗓音，学着小姑娘的尖声尖气。“我被他们摆弄，跌进这一声音和声调里，后退无门，我只得继续假扮婴儿和傻瓜。”她一直坚持到结束，她感觉这是屈从，是对真正的自己的卑鄙背叛。她回忆当人们将她从椅子上抱下来，“我像一个规规矩矩的、颇有教养的小姑娘，主动行了个屈膝礼，然后跑开藏了起来……藏在谁的身边？……我这是干什么？是谁带我来的？赞赏的笑声，感动和开心的惊呼声，响亮的掌声……”(1984, p. 52)

我父亲也这么对待过我——他要我站立(我是站在暖气片上)在众人面前，朗诵点什么(让我惊恐的是，有时是我自己写的诗)。那个时
80 候我就知道父亲这样做，无论是炫耀带罩衫的新裙子还是炫耀我，一样都不过是要显摆这钱花得值。在现在的我看来，那时的我对父亲这样的行为既爱又恨。托马斯·曼(Thomas Mann)的小说《托尼欧·克洛格》(*Tonio Kröger*)总是在各种碰撞的形状与意象，各种不调和的颜色，以及各种不确定的意义之中，回到我的面前。我一点都不惊奇于小说中一辆绿色四轮马车的意象一次又一次地出现，因为记忆中我的父亲就是用一辆木制的四轮马车拉着我。在崎岖不平危险的山路上，我坐在车里，他高大的身躯挡住了我的视线，我强压着内心的愤怒与抗议，想着开心玩耍，想着回家。是的，这与曼的故事并不相同，但是记忆的确在那么小的我身上留下了如此深刻的影响，我现在认识到故事能唤起什么样的回忆依赖于我童年时建构的模式，以及当时的我能够理解的范围。

托尼欧将来是要当作家的，他有一个古板严肃、令人尊敬的父亲，母亲则长着一头黑发，弹起钢琴和曼陀林来真是妙不可言，并且对他的奇怪行为以及可怜巴巴的成绩单满不在乎。托尼欧想，“千真万确，

我可依然我行我素啊！我不会，也不可能改变：满不在乎，任意而为，思索一些别人从不考虑的问题。所以，这倒并不错——他们责备我、处罚我，不用亲吻和音乐来窒息一切。毕竟，我们不是那些住在绿马车里的吉卜赛人哪！我们是受人敬重的参议员克洛格家的成员”[Mann，(1903)1950，p. 9]。然而，托尼欧羡慕那些传统的人，羡慕大多数安分守己的人，即使他知道自己与众不同——知道自己在别的男同学中间简直像个陌路人。后来，托尼欧仰慕白肤、金发碧眼、气质优雅的英格褒格(Ingeborg)，他觉得自己是命中注定要和英格跳四组舞的，可是他却老是跳不好。当我现在看到那四轮马车的形状——我的四轮马车/吉卜赛的四轮马车——唤起对四组舞的回忆，当我意识到什么是边缘的，什么是局外人，什么是痛苦，什么又是渴望超脱，我就是在辩证地整理自己故事的素材。当我的故事发生的那个时候，我并没有意识到性别问题，但现在的我已经认识到性别因素产生了相当的影响。如果你听话，如果你紧紧抓住你的裙边，如果你按照父亲的要求去朗诵，如果你压抑你的渴望，如果你总是点头称是，你就是一个好姑娘。然而你也是个不快乐、不开心的姑娘，许多人还会说你是个丑陋的姑娘，因为你看起来并不像你的姐姐，只是穿得像罢了。你是一个固执的安提戈涅(Antigone)，而不是她温柔的、淑女一样优雅端庄的妹妹伊斯墨涅(Ismene)。你是小说《米德尔马契》中的多萝西娅·布鲁克(Dorothea Brooke)，而不是她甜美可人的妹妹西莉亚(Celia)。
现在回头看《安提戈涅》(*Antigone*)，我想我欣赏这部戏剧应该是出于两 81
个原因，一是让我看到了标志着僵化律法原则的那些刻板冷漠的形象，二是那些总是回应的、从善如流的其他灵活性形象。一心想成为圣德蕾莎(Saint Theresa)的多萝西娅受到时代的限制而一无所成，这使我回想起小说中关于门廊、曲折小径的感受，这些小径像迷宫一样，周围筑有高墙，不能通向广阔的世界，有人想突出重围，冲破樊篱[Eliot,(1871—1872)1964，p. 26]。在《米德尔马契》的结尾，乔治·艾略特这样写道，多萝西娅一生中这些决定性的行为，并不像理想中的那么美好，但是“这是年轻而正直的精神在不完美的社会条件下挣扎的结果，它们不是没有缺陷的，在这个社会中，崇高的感情往往会采取错误的外表，伟大的信念也往往带有幻想的面貌”(p. 896)。我的叙述似乎也是一种努力——可以这样说，是为了实现社会更美好未来的努力——当我在阅读这些他者时，我才慢慢看清了这一目标。我看见我自己走出人群，行屈膝礼，大胆地去写作，或许会在舞会上跌倒，但依旧梦想着、渴望着成为无论是小说里还是生活中的金发碧眼的英格褒格。

进而我又联想到蒂莉·奥尔森(Tillie Olsen)的《我站在这儿熨烫》(“I Stand Here Ironing”)，故事讲述一位母亲接到学校老师的电话，要求她抽时间去学校谈谈她大女儿的事情——“她是这个时代的孩子，是萧条、战争和恐惧的产儿”。她“长得又黑又瘦，一点也不符合时下的审美标准，这是一个大家都觉得小女孩应该长得像胖乎乎，一头金黄头发的秀兰·邓波儿(Shirley Temple)一样才可爱的时代”(1961, p. 15)。在故事的末尾，母亲说道，“就让她这样吧。也许她的天分和才华难以完全施展——但又有多少人能做到人尽其才呢？生活中还有许多值得我们为之生活的东西。我只想让她明白——我有理由让她明白——她不该像摆在熨板上的这条裙子一样，无助地等待被熨烫的命运”(p. 21)。我想在这里熨斗成为决定论的象征——是一种无形的暴力，异常沉重，冷酷无情，强制压迫，不露声色地摧毁一切。

曾经有一段时间，我把类似这样的感受和事件与管理者、代理人、监视者以及官僚体制，或汉娜·阿伦特所谓的“无人统治”联系起来，这恐怕是我们所知道的最可怕的统治形式了(1972, p. 137)。后来在我的生活中，无论是第二次世界大战期间还是第二次世界大战结束之后，来自欧洲的消息总是能看到令人恐怖的法西斯主义幽灵的影子。其中包括埃利·维瑟尔(Elie Wiesel)的电影《夜与雾》(*Night and Fog*)，还有许多反复出现的意象，比如铁丝网、靴子、皮带、枪支，还有鞭子。在很多人看来，包括我在内，这些意象是与我们景观中的其他意象纠 82
缠在一起的——比如权威的脸、空洞的眼睛，以及压倒一切的强势氛围。作家詹姆斯·鲍德温(James Baldwin)与拉尔夫·艾里森创作出像“没有人”“看不见的人”的这些隐喻是为了描述他们的生存状况——那种身处熨斗之下任人宰割的无助与无视，他们常常接受那些所谓正义男女用熨斗来回反复的熨烫。我在这里用熨斗的比喻，不仅仅是说我曾经经历过类似的痛苦，而且也意在说明正是由于《看不见的人》(*Invisible Man*)、《土生子》(*Native Son*)、《最蓝的眼睛》(*The Bluest Eye*)、《紫色》(*The Color Purple*)、《布鲁斯特街的女人们》(*The Women of Brewster Place*)、《我的眼睛在注视着上帝》(*My Eyes Are Watching God*)，还有《宠儿》(*BeLoved*)这些文学作品，为我过去的颤抖与恐惧平添了新的意义，也使得我在某种意义上对于今天与权力、暴力、非理性的虔诚，以及熨斗的相遇认识得更清楚，他们植根于我的现实生活，我的原始景观，我的“记忆重现”。回顾过往，我关注的并不仅仅是，也不首先是原则。我关注的是形成自我的根源，以及与我有着千丝万缕联系的其他人。这时我的脑海里总是浮现出拉尔夫·艾里森小说中叙述者关于可见性的形成，以及自我回应的讨论：“我到地下居住后，把什么都丢了，唯独心灵没有丢。而心灵，在设计出了一种生活方案的同时，绝不能忘了这个方案产生时的一片混乱的背景。”(1952，p. 502)正是这种关于生活方案的观念触动了我，一种生活方案虽然具有暂时性，但绝不是空穴来风，也不会因其情境性而与其他人毫无关系。“谁会知道?”叙述者最后问道。“我是在为你说话。”我们没有人能够看到全貌，也没有人能够说出所有的意义。那时我只是个小孩子，但我已经了解所有的视角都是偶然的、依情况而变化的，没有人能够看到完整的世界。

我看到各式各样不同的早餐，甚至坐在餐桌旁不同的位置上，人们能够看到的都不一样，我还看到留着荷兰式刘海的姐姐喜欢的音乐与我不同——并且坚持认为她喜欢的音乐绝对是“最棒的”——这些都让我认识到有多种不同的“看”的方式。这种“看”的表达与我小时候词汇量大小有关，与我特别渴望去绞尽脑汁地运用这些词汇讲故事、创作诗歌有关，那样的话我就可以去炫耀，能够让自己成为被别人可以看见的，能够捕捉到周围人从未发现的那些事物的外部特征。当我回忆的时候，我发现那个时候的我渴望最后的确定性结论，渴望与那些非常理解我的人在一起(我也能非常理解他们)，那样的话我们就能够

用相同的语言彼此交流。起初，我想像《婚礼的成员》(*The Member of
the Wedding*)里的小姑娘那样去寻找归属、寻找联系。后来，随着时
间的推移，我听到越来越多关于战争、关于痛苦与分离的消息，我又 83
想成为救治这个世界的力量。在相当长的时间里，我着迷于安德烈·
马尔罗(André Malraux)的小说《人类的命运》(*Man's Fate*)，这部小说
以 1927 年上海工人起义为背景。在我看来，这本书中所有的一切——
包括从读者通过移动的镜头来理解特定人物形象，到河边的大雾、赌
场里刺眼的灯光，再到唱片行里各种音乐的声音——都更多的是从视
觉上而不是概念上融合在一起。我深深地被吸引，投身到故事之中，
退回到前反思的世界。当我阅读马尔罗的小说时，总是按奈不住那种
种渴望，那些积聚起来的渴望可以抵制熨斗的熨烫，可以解放人们去
追求自由，可以把我在阅读加缪《鼠疫》时头脑中的所想变为实际行动，
像小说中的人物一样努力成为一名医治者，站在瘟疫受害者的一边。
在故事中，起义失败后，成百上千受伤的起义者被捕，等待处以极
刑——他们将被投入火车头的炉膛活活烧死。其中，基奥(Kyo)是一
个持不同政见的学者，他这样想着：他已经为"这个时代最深刻的意义
与最伟大的希望战斗过了。他就快要死了，与这些他原本渴望与之一
起生活的人们一起去死。他就快要死了，像这里的每一个人一样，因
为他赋予了生命以意义。他并不愿意去死，但假如他不选择战斗，不
选择赋予生命这样的意义，生命原本又意味着什么？也许当众人一起
赴死，死亡似乎就没那么可怕了。这时的死亡浸透了兄弟般的亲情，
发出诱惑的颤音，对于失败的人来说，成为烈士虽死犹荣"(1936，

p. 323)。基奥陷入沉思不久，卡托(Katov)，一位布尔什维克主义者，为了减轻同志们的痛苦，毅然把自己备用的含氰化物的毒药转让给难友。他昂首阔步，从容就义，当他穿过黑暗的大厅，同志们屏住呼吸，默默为他送行。我终于明白小说中的描述与一名生活舒适的布鲁克林少年叙事之间的关系——他们都憎恨平庸，抵制无聊，相信没有什么价值是内在固有的，他们都相信只要她学习得够多，懂得的够多，她就能够鼓动大多数人，就能够领导革命。这是一种妄想浮夸还是浪漫主义？当然，即便是在今天，当我在一个单调乏味、遭受种种污染的
84 社会中思考教学，思考解放，思考可能性的时候，基奥的独白也还是会丰富我的经验，为我提供启示。

当然对于我来说首先要认识到的是如此吸引我的是一个男人的，抑或也许是一个男孩的英雄梦想，我们并不会期待女性像基奥与卡托那样成为尊严的使徒。我也是过了一段时间才发现虽然马尔罗原来的题目是《人类的状况》(*La Condition Humaine*，英文为“the human condition”)，而不是《人类的命运》，但小说实际上展现的就是人类的命运。这正好是一个例子，来说明文学作品的介入如何能够唤起以前从未注意过的经验与感知的可见性——这种经验与感知的可见性的意义在于，它们一定曾经出现在最初的前反思世界之中。但是我们可以肯定的是，以往关于低劣下等的，关于性别归类的经验，一旦通过想象的大门获得新的认识，就会丰富我们当下的经验，那么新的诸多可能性就会变得越来越丰富、越来越复杂。

随着年龄的增长，我需要努力把作为美国女性生活方式的认知，

与我致力于社会改革，并努力实践改革承诺的渴望进行新的整合。是的，在我们的世界以及文学作品中，我们会看到许多可能性。弗吉尼亚·伍尔夫通过反对签署保护无私文化与学术自由的男性宣言，表达她拒绝融入男性社会的观念，并提出“局外人协会”。她质疑在一个军事化的、男性主导的文化中如何才能无私？她向那些有足够的钱来生活的受过教育的人的女儿们请求，“不要没有爱就出卖自己的头脑”“不要为了金钱就让人支配，写自己不愿写的东西”。这些女性也不应该“幻想星星后面的美妙世界”，要考虑现实世界中的真实情况[(1938)1966，p. 93]。每当我读到此处，总是要反复琢磨，反复思考局内人与局外人的关系是什么。我想起那些游行——民权游行，和平游行，诺曼·梅勒(Norman Mailer)《夜幕下的大军》(*Armies of the Night*)中的游行，艾丽斯·沃克《梅丽迪安》(*Meridian*)中的游行，我也想起我要成为我自己，成为独立的人的渴望与需要。接着伍尔夫写道，只要给了女性打字机以及其他的工具，她们最终都能够自由地以自己独特的方式来表达思想。有些女性认为与民众、公众的交流会降低她们的身份。面对这样的观点，伍尔夫说，民众“和我们一样；她住在房子里；她走在街上，而且据说还厌倦了香肠。把传单撒在墙角，撒在小摊上，或者用小推车沿街叫卖，卖一便士一份或者干脆免费送掉。找出接近 85
‘民众’的新方法，‘民众’应该是个体的人而不是身体庞大、头脑简单的怪物”。伍尔夫指出，女性应该反思自己是否承担了这样的责任：向那些扭曲真相的艺术家与作家们讲真话的责任，把自己的意见付诸现实的责任，不做鼓励战争的捧场者，也不做观众的责任。这样她们就可以打破这个恶性循环，“即因不断地围着桑树——出卖学术自由的毒树——转而形成的循环”[(1938)1966，p. 98]。

通过阅读，通过对局内人与局外人两方面关系的思考，我发现对于作为女性我所能做什么的观念不断得到丰富与拓展，但同时我也发现，在某种意义上自己已经被排斥在所谓“受过教育的人的女儿们”的精英姐妹行列之外。此外，这种思考也并没有把儿童考虑在内——除了伍尔夫提议要使用死亡儿童以及房屋废墟的照片，而不是用文字分析论证反战的时候。我惊讶地发现自己又回到了蒂莉·奥尔森有关童年的矛盾观点，又想起了格蕾斯·佩蕾(Grace Paley)，又回到了最初的原点：关于坠落的观念。佩蕾关于露丝(Ruth)与艾迪(Edie)童年时期友谊的故事引起我多方面的共鸣。后来，当他们长大了，讨论小孩的问题，他们想知道一旦自己做了那么幼小孩子的妈妈，那得忍受多少折磨与痛苦。当露丝的孙女莱迪(Letty)回忆起在奶奶的怀里喊阿姨，阿姨没有听到，她就开始扭动着要离开露丝的怀抱。但是露丝却一直把她抱得紧紧的，莱迪就喊，“妈妈……奶奶抱得我喘不过气来。但是在露丝看来她最好是抱得更紧些，因为虽然没有别人注意到——面颊和平常一样粉嫩的莱迪正在坠落，已经开始坠落了，从人类发明的温柔辞藻的吊床里坠落到现实世界坚硬的地板上”(1986，p. 126)。

坠落的感受，童年的触摸探索与听到的各种声音，以及渴望摆脱这些记忆，追求成为公众世界中的一个独立存在的渴望，都以某种方式呈现在我的经验中，这种呈现方式与我生活的诸文本之间的相互联系没有多大关系，甚至与这些文本在生活中所处的情境也没有多少关

系。当我努力赋予自己的各种奇遇冒险以意义时，我就是已经在以某
种陌生的方式，通过捕捉这些冒险，使它们成为我经验的对象，来建
构自身的秩序，制造自身所处的情境了。通过人生旅程遭遇的各种叙
事，我发现我生命存在的规划能够在他者之中得到不断地丰富与拓展： *86*
通过他者的眼睛看到的比我自己看到的更多，通过想象成为什么比我
已经成为的也要丰富得多。

第二编

启示与顿悟

Illuminations and Epiphanies

/7. 对课程的持续探索/

自公立学校创建以来，课程讨论的焦点就一直集中在知识(或者那 89
些所谓认知技能)与知识在“真实生活”情境中的使用两者上面。课程概念自身也不可避免地随着文化与经济的变迁而发生改变。成功地向社会上层流动所需要的技能变得越来越复杂。由于蓝领的工作或无需技术的工作机会越来越少，贫穷儿童、移民儿童或是问题儿童的困境也就变得越来越艰难。如果我们要平等地对待如此众多的年轻人，那么就必须做出艰难的抉择。课程的内容就不能再保持一成不变，课程结构也是如此。我们必须要做出一些调整，必须去质疑“自上而下”的教学与监督，必须去探索课程的跨学科整合。此外，由于社会技术化程度越来越高，经济也开始从商品的生产转向服务的供给，在这种社会转型的过程中与课程问题同等重要的知识、信仰与价值哪一个更重要的问题也尚未有定论。我们如何才能做到，既要为了满足日益扩张的技术化的需要而教育，同时也要为杜威所说的“能够明确有力表达的公众”的出现[(1927)1954, p. 184]而教育？我们如何才能做到，通过使年轻人能够发现工作世界之外的自我满足，来抵制许多服务性工作的沉闷与平庸？什么样的课程本身就是对意义的一种探索？

多年来对于大多数教育者而言，课程已经与文化再生产、知识传递，以及至少在某种程度上，与精神生活密不可分。正因如此，课程
90 才总是要包含这样的过程：使年轻人能够理解他们的现实生活，从而建立联系，建构意义。课程不可避免地要面对各种歧义问题、各种关系问题，因此课程也常常会打开通向改革的道路，带来出人意料的变化。在本章中我所要特别指出的就是，艺术能够为课程探究所带来的不同视角的愿景与尚未开发的可能性。在讨论中，我将描述在自己的成长过程中，我个人创建的艺术课程，以及借助艺术创建的课程，我选择这样的方式来使讨论更加具体生动，并把它与今天课程的迫切需要联系起来。

我上文就已经提到华莱士·史蒂文斯的诗歌中，弹奏蓝色吉他的歌手拒绝弹奏如其所是的事物，呼唤我们去打破那些“形状的外壳”，打破一成不变，丢弃那些“烂掉的名字”，通过想象重新看世界[(1937) 1964, p. 183]。当我们重新看世界时，我们分享的是知识与理解提供的视角。伊丽莎白·毕晓普在诗歌《渔房》(“At the Fish-houses”)中，把知识比喻成冰冷的海水，“冰冷冷自由地在那石头之上”。

如果你把手浸入水中，
你的手腕立即就会发痛，
你的骨头也会开始发痛，
你的手会感到灼伤，

仿佛水是火的化身，
消耗石头，燃起灰色火焰。
如果你尝那水，它开始是苦的，
然后是咸的，之后便要灼痛你的舌头。
这就是我想象中“知识”的样子：
神秘、刺激、清晰、流动，完全自由自在，
从世界的
坚冷的口中汲出，源自那永恒的石化乳房
汲汲流淌，
我们的知识是历史的、流动的，
转瞬便无迹可寻。[(1955)1983，pp. 65-66]

早年这首诗之所以能够打动我，是由于这种想象类文学的语言揭示了，在这个世界上人类存在与思考的方式不止一种。我不但阅读神话故事，而且还阅读查尔斯·金斯利(Charles Kingsley)的《水孩子》(*Water Babies*，最初我并没有认识到这本书是由于作者愤怒于虐待童工而创作的)，肯尼斯·格雷厄姆(Kenneth Grahame)的《柳林风声》(*Wind in the Willows*)。在我开始阅读路易斯·卡罗尔(Lewis Carroll)的《爱丽丝漫游奇遇记》(*Alice in Wonderland*)与《爱丽丝镜中世界奇遇 91
记》(*Through the Looking Glass*)之前，詹姆斯·巴里(James Barrie)高潮迭起的《彼得·潘》(*Peter Pan*)就已经让我痴迷，让我兴奋不已了。虽然我以前学过想象这个词，但却是穿过打开的窗子飞向虚无岛(Nev-

er-Never Land)的比喻告诉了我想象能够做到什么。那些日子我也阅读了威廉·布莱克(William Blake)的《纯真之歌》(*Songs of Innocence*),并且开始质疑那些有组织的权威与权力强制关上开着的窗子的方式,他们的强制在《荡着回声的草地》["Ecchoing Green",(1789)1958]上投下浓重的阴影。

在小说塑造的如此众多的女性人物中,我发现路易莎·梅·奥尔科特(Louisa May Alcott)的《小妇人》(*Little Women*)中的乔·马奇(Jo March)就是重新看世界的一个典型代表。美国内战期间,为了调剂圣诞节惨淡凄凉的家庭气氛,乔·马奇筹划了一个哥特式情景剧。她打破维克多利亚时代关于哥特式情景剧的传统程式,为自己打造一个空间,甚至发明一种虚张声势的语言。她竭尽全力做好一切,她自己既是观众又是编剧,既要对周围的人负责,保持忠诚与热爱,还要成为追求自由的人。当然,与乔·马奇相比,纳撒尼尔·霍桑(Nathaniel Hawthorne)《红字》(*The Scarlet Letter*)中的海斯特·白兰(Hester Prynne)的生活更具挑战性,也更为复杂。在我稍年长一点开始阅读这本书后,就一直反复阅读,因为总是会有新的感触与发现。吸引我的并不是海斯特的通奸罪名,甚至不是那过分的字母A,而是在她被排斥,不得已生活在城镇的郊外之后,她的那种解放思想。她一直以一个"离群索居者的眼光来看待人类的习俗,以及教士和立法者所建立的一切。她批评牧师的绶带、法官的黑袍、颈手枷、绞刑架、家庭以及教会等。她对于这些东西几乎没有什么敬畏之情,就跟印第安人对它们的感情差不多"[(1850)1969, p. 217]。她也开始质疑那个时代女性的生活状况。“女人甚至包括她们中最幸福的人，其生存果真有价值吗?”至于她个人的生存，她早已断然否定，已经把它作为定论而置于一边(p. 184)。当然霍桑强调的是在可怕的孤独中，她的生活在很大程度上已经从情和欲转向了思想，似乎她并不能同时兼具女性的与思考的两种品质。我也是过了一段时间才认识到当她最后回到新英格兰，尽其所能用余生的时间来安慰那些“受伤害、被滥用、受委屈、遭遗弃，或为邪恶的情欲所驱使而误入歧途”(p. 275)，对未来忧心忡忡，无所寄托的女性，为她们指点迷津，直到这个时候海斯特才真正与这个世界达成和解。慢慢地，我也逐渐认识到(通过品尝知识“痛苦”的味道)小说呈现给读者的其实是一个无法解决的问题，作者并没有选择任 92
何的“立场”。一方面，有必要站在一位追求自由、有思想的、充满性活力的女性的立场，去打破神权统治的僵化形式，向年长一代想当然的一切发起挑战。另一方面，即便是在不人道的社会中，也要强调作为一名社会成员的重要性。我们得承认，小说呈现的问题并没有确切答案，问题中所涉及的冲突紧张也并不能得到最后的解决，这使我开始明白对于文学的介入其实是以这种方式，促使我们对这些问题进行进一步深入的质询。通过阅读，我努力在我的经验范围之内赋予小说以意义，我发现对于这些问题的质询与探索是没有尽头的，而且我确定这些问题也是永远都没有最终答案的。

然而，还是文学作品中建构的那个“假想世界”，却为我提供了想象的愿景，正是这一想象的愿景敦促我——并且不断地敦促我——永不停止地探索。前面我提到过的两部作品就一直在不断地提醒我：沃克·珀西《看电影的人》中的叙述者发现，如果认识不到“探索的可能性”，就会“陷入绝望”(1979，p. 13)；玛丽·沃诺克在讨论教育目的时则说，“教育的主要目的是为人们提供机会可以生活得不那么……无聊厌倦”，也就是说“不要屈从于……他们并不信奉的价值观念”(1978，p. 203)。毫无疑问，沃克·珀西的叙述者所讨论的绝望与这种无聊厌倦、无意义有着密切的关联，而探索则是通过逐渐灌输一种意识去追求那些尚未可知的，那些不可预测的经验，并以此来驱赶无聊厌倦。

珀西的叙述者还把自己看作一个刚刚“被抛弃的人”，在“陌生的岛屿”上闲逛。陌生人的形象也说明了想象是如何被激发的。当我意识到特定文学作品如何使我的经验陌生化，我就理解了采取奇怪的或者异乎寻常的视角来看待世界，实际上就是让一个人站在陌生人的立场，这样他才能“看到”之前从未看到过的东西。我想起梅尔维尔《白鲸记》中的以实玛利，约瑟夫·康拉德《黑暗之心》中的马洛，想起他们的惊险之旅，想起他们是如何使我发现自己存在的某些方面，这些方面是我能感受到但却不能命名的。勇敢直面《白鲸记》[Melville，(1851) 1981]中“鲸的白”，就是能够在我的现实生活基础上确立许多新的形象。我究竟与那“心情”像“潮湿，阴雨的十一月天”(p. 2)，决定去大海上航行的人有什么共同之处？我究竟与那把白色说成“一片意味深长
93 的，没有光彩的空白——一种我们所害怕的毫无色彩的，而又非常具有色彩的无神论”(p. 198)的人有什么共同之处？我究竟与那曾经生活在“不可思议的”原始荒凉地带的人有什么共同之处？这原始荒凉的世界具有一种能对他发挥作用的蛊惑力，他嘲讽地对听故事的人说，他

们现在之所以能够免于这种由心中的憎恨所引起的蛊惑力，是由于他们“对效率的热衷”[Conrad，(1902)1967，p. 214]。我究竟与那喋喋不休的人有什么共同之处？啰里啰唆地解释他如何成天到晚去猜摸河道，密切注意水面以下该死的老树桩本来是会把他的汽船底划破的，“当你不得不对诸如此类的事情，对这些表面上纯属枝节的东西全神贯注时，现实——现实啊，我告诉你们——也就不觉而销声匿迹了。内在的真实用意是隐而不露的——谢天谢地，谢天谢地。然而我那时还照样感觉到它的存在；我老是感觉到它那种神秘的宁静正在注视着我，看我怎样耍我的猴把戏，恰像它在注视着你们这些家伙们，看你们各自怎样在自己的钢丝绳上表演一个样，为了——那叫什么节目来着？半个克朗翻一个筋斗”(pp. 244-245)。不管这些看法是不是男性的观点，它们体现了康拉德所说的写作的意义，他在那个著名的序言里写道，作者致力于完成的任务应是“借助于文字的力量，使你听见，使你触摸到，而且最要紧的，是使你看见！仅此而已！如果我成功了，你将依自己的能力得到你应得的那一份：鼓舞、慰藉、恐惧、妩媚，也许还有你忘记要的对真理的一瞥”。此外，作者还给了我们这样的愿景，“也许会在读者心中唤醒那不可避免的团结意愿，这种团结意愿有着神秘的滥觞，需要辛苦努力，带来欢乐与希望，同时也处于无法把握的命运之中”。正是这种团结意愿把人们彼此之间联结起来，才能“构成这个有形世界”[(1898)1967，pp. ix-x]。

诸如此类的小说向我展示了人类境况中所遇到的各种风险，帮助我形成存在的基础，同时也是学习的基础，超越当前现状的基础。作为女性的我被排斥在汽船与航海帆船之外，我只能在某种程度上凭想象出海航行，这一点到底意味着什么需要我花些时间去面对。正是从夏洛特·帕金斯·吉尔曼(Charlotte Perkins Gilman)的《黄色墙纸》(*The Yellow Wallpaper*)、凯特·肖邦(Kate Chopin)的《觉醒》(*The Awakening*),以及弗吉尼亚·伍尔夫的《三个旧金币》(*Three Guineas*)和《一个自己的房间》(*A Room of One's Own*)这些小说中获得的观点，
94 带领我进入现实具体情境的排斥、冷漠与蔑视之中。我需要面对吉尔曼作品中从墙纸上爬出来的女人们来回蠕动的疯狂景象，就像我需要面对《觉醒》中埃德娜(Edna)的缺乏远见所激起的我的愤怒，也要面对埃德娜自杀所激起的我的既怜又恨的矛盾心情。毕竟，我要通过自己的生活来理解这些人。通过阅读，这些人浮现于我的意识之中，而浮现的过程会逐渐改变我的意识，这种改变是任何社会科学理论甚至心理学理论都无法解释清楚的。还有后来的蒂莉·奥尔森、马娅·安杰卢(Maya Angelou)以及玛吉·皮厄斯(Marge Peircy)、玛格丽特·阿特伍德(Margaret Atwood)、托妮·莫里森，我第一次开始通过如此多样化的女性视角来看待这个世界。

相当长时间以来，我都努力通过尽可能多的眼睛，通过尽可能多的视角来看待这个世界。我相信我有意识去探索的愿景能够使我从镜中看到世界的另一面，并开始感受那些代表着现实世界生活经验的“多重实在”或“各种有限意义域”，从而认识到“构造实在的恰恰是我们的各种经验所具有的意义，而不是各种客体的本体论结构”(Schutz, 1967, p. 231)。近年来我们才开始认识到我们解释的局限性，这种局

限性的产生是由于性别与族群的排斥，以及对“众声喧哗”的情况下能否进行对话的否定，“只要语言是活的，是正在发展的”，这种“众声喧哗”的状况就会不断深化，并且在文学中比在其他任何领域表现得都更为突出(Bakhtin，1981，p. 272)。如果我们能够认识到《卡拉马佐夫兄弟》(*The Brothers Karamazov*)中语言的不确定性与开放性，就是打破了那种“凌驾于对实在的认知与概念之上的语言霸权”(p. 369)，从而可以接受各种变化。如果我们阅读威廉·福克纳(William Faulkner)的《喧哗与骚动》(*Sound and the Fury*)，能够辨别出班吉(Benjy)的话语，以及凯蒂(Candace)、杰生(Jason)、昆汀(Quentin)或迪尔西(Dilsey)的声音，就是认识到了这个所谓稳定“客观”世界的不可思议。班吉喜欢三样东西——“草场……他姐姐凯蒂，温暖的火”(1946，p. 19)，但多半都是幻觉。但我们还是要将他的解释也看作获得所谓真实的不同方式，就像我们必须将那些哈哈大笑，采取“狂欢化”立场(Bakhtin，1981，p. 273)的那些人的解释看作获得真实的方式一样。

另一部作品是拉尔夫·艾里森的《看不见的人》，这本小说给了我极大的触动，从而形成一种新的认识。然而前不久，我才发现使叙述者成为看不见的人的“(人们)内在眼睛的构造”，其实是种族歧视社会具备的一种功能，或是对种族歧视社会的一种响应，反思教育则会起到改变这种“具有怪异特征的眼睛”(1952，p. 7)的作用。如果我们强调种类范畴的划分，强调抽象归纳，或是强调任何的惯例规定，都不能 95
完成这种改变。艾里森所揭示的这个世界的诸多特殊性——包括普通大众、办公室、酒吧、委曲求全的房屋租客、桑搏娃娃、电灯泡、油漆罐、一片片银色的涂层(上面“袒露出黑黑的锈铁”，p. 336)、井盖、桥的拱门、地下室等——都为读者提供了一种情境，在这种情境中他们可以做出解释，可以去理解意义，这是他们在去情境化的抽象中无法做到的。

《纽约客》(*The New Yorker*)“街谈巷议”专栏(1989)的作者指出：“正是细节的这种模棱两可与不可预知的特性逐渐削弱了意识形态。”

> 这些细节之间相互联结，它们牢牢地吸引着你的注意，但观念或思想却不能。如果你要深入生活某方面的细节之中，你就得一定让细节呈现它们真实的样子，而不是你所想要的或你需要它们成为的样子。然而细节也有着神秘的普遍性。当我们说我们编撰的是新闻，在很大程度上，是指这是关于别人生活细节的消息。但当我们说我们编撰的是与人们的切身利益密切相关的，那是因为在这些细节中人们在某种程度上会发现自己的影子。是否愿意感兴趣关注那些不同于自己的生活细节是对信任的深刻考量。抵制细节通常是一种排外的表现，是感到羞怯、不安全的表现，是需要自我保护的表现。

如果没有对具有丰富联系性的细节的认识，那么要想克服与他者交往中出现的抽象性就会极端困难。这时，一种可怕的过度简化的观点就会占上风：我们的眼前一片空白，只能看到“俄罗斯”“学生运动”

“少数族群”。我们倾向于按照好/坏、白/黑、此/彼的划分来将事物归类。我们成为摩尼教寓言中善与恶的人质。普里莫·莱维(Primo Levi)，这位已故的大屠杀经历的记录者，一度提醒我们通俗历史与学校中所教的历史常常受摩尼教这种倾向的影响，这种倾向“非黑即白，简单直接。它易于把人类历史的长河引向冲突，把冲突引向斗争——我们和他们……胜者和输者……从而相应地分出好人和坏人，因为好人必将胜利，否则这世界就要被颠覆了”(1988，pp. 36-37)。对于莱维来说，极为重要的是人们应该认识到那些对大屠杀或任何其他的人类暴行负有责任的人生活在完全不同的伦理标准体系之中。如果我们不这样认为，就意味着我们在通过使自己摆脱掉模棱两可与悖论的方式来歪曲历史。然而这正是我们通常在孩子们面前展现历史时要做的事情。 96
我们的先祖们总是不为贪婪或权力所诱惑，完美无瑕，崇高伟大；我们凯旋的将军们身上也不会看到任何战场上的残酷、痛苦或是背叛的影子；我们的民主代议制也绝不会抱有任何的偏见或欺骗。“我们”(站在“我们这边”的那些人)在某种意义上说是绝对的善；而他们则是彻底的恶，与善绝缘。

无论莎士比亚的李尔王(Lear)、乔治·艾略特的多萝西亚·布鲁克(Dorothea Brooke)，或是亨利·詹姆斯(Henry James)的伊莎贝尔·阿切尔(Isabel Archer)，严肃的想象类文学作品中的人物没有哪一个不属于“灰色地带，错综复杂”，没有哪一个内心深处不充斥着多种对立声音的激烈斗争，没有哪一个不是在没完没了的矛盾冲突中塑造出来的，即便是年事已高的李尔王亦是如此。因此，文学一直都具有潜在的可能性去颠覆二元论与简化论，去质疑批判抽象与概括。此外，文学还能够不断地打破读者期待和谐一致的美好结局的幻影。沃尔夫冈·伊瑟尔(Wolfgang Iser)在《阅读行为》(*The Act of Reading*)中指出人们阅读时所坚持的经典范式：致力于发现隐藏的意义，追求揭示对称、统一、完全的整体(1980，pp. 13-15)。同时，人们也认识到传统范式已经过时，我们再也不能假设一个我们的观念和假想都应该与之“相符合”的客观存在体系。

当伊瑟尔以及关于“读者接受”理论的其他倡导者讨论阅读可能形成的美学经验时，他们都说明了艺术与课程探究之间的关系。与萨特(1949，pp. 43-45)和杜威(1934，pp. 52-54)一样，伊瑟尔等人也强调读者或感知艺术的人需要付出探索性的富有成效的行动。如果我们把课程看作一项任务，这项任务需要不断地去阐释意义，有意识地去探索意义，那么我们就会发现在理解把握文本或艺术作品与通过学科学习获得多样化视角之间，有着千丝万缕的联系。

对伊瑟尔来说，读者之所以能够通过阅读句子把握文本，是因为随着阅读时刻发生改变，读者会把这些句子置于特定情境的视角之中。比如阅读弗吉尼亚·伍尔夫的《到灯塔去》(*To the Lighthouse*)，我们的阅读立场会随着人物视角的变化而发生变化，如在拉姆齐太太(Mrs.
97 Ramsey)的视角与拉姆齐先生的视角之间的变化，年轻的詹姆斯(James)的视角与莉丽·布里斯库(Lily Briscoe)的视角之间的变化，学生查尔斯·坦斯利(Charles Tansley)的观点与小说社会背景观点之间的变化，“岁月流逝”部分中的碎片化景象与选择读这本书的局外人的愿景之间的变化。这些视角不断地彼此挑战，彼此修正。前景与背景之间交替转换，联想的累积产生新的经验。在这些转换与变化中，读者同时完成了对这部作品的意义探索与审美体验。伊瑟尔根据杜威的哲学模式，把读者面对文本的在场与他们的习惯性经验之间的交互作用描述为，美学经验在某种意义上是对过去经验的一种超越。当读者努力形成阅读阐释模式时，他们在作品中发现的矛盾或差异就显得尤为重要。莉丽·布里斯库是一位未婚女画家，她看到大海环抱的赫布里底群岛与善于分析的拉姆齐教授看到的完全不同。这两位的看法又与孩子们的看法、上了年纪的诗人的看法或灯塔看守人的看法也都不一致。当我们发现小说中的人物看待事物观点不一时，就会使读者意识到他们自己已然形成并一直沿用的阐释模式是相当不充分的。他们就会开始自我反思。伊瑟尔写道，

> 在参与的过程中自我认知能力的提升是美学经验中关键的部分，观察者发现身处一个陌生的、不上不下的位置：他被卷进来了，他眼看着自己被卷进来了……(读者与文本的)相互结合所重构的经验或以往存储的经验使读者不但意识到经验，而且意识到使经验变化发展的手段。只有通过对文本所起作用进行控制观察，才能使读者对他所重新建构的经验形成一个参照。这里，美学经验的实践相关意义就体现出来了：美学经验可以引起这种观察，从而取代原本作为成功交流要素的规范。(1980，p. 134)

这种阅读方式在我们如何思考课程，以及学习本身方面提供了非常有益的启示。这种方式向主—客分离的思维模式发出挑战。读者发现不但没有需要被揭示的客观存在的世界的假定，而且一旦他们陷入小说中人物的思想与认知之中无法自拔，就会促使她或他认识到原来
98 在自己的日常经验之下隐藏着那么多的问题与关切。这样当前景发生改变，也会以某种方式改变背景意识，我们凭借这种背景意识来探求文本的主题，同时文本的意义也会逐渐浮现出来。拿《到灯塔去》中众所周知的那场关键的晚宴来说，拉姆齐夫人按照自己的要求把晚宴安排得井然有序、有条不紊、成竹在胸。室内谈话正在进行着，室外黑夜则逐渐取代了暮色。

> 现在，所有的蜡烛都点燃起来，餐桌两边的脸庞显得距离更近了，组成了围绕着餐桌的一个集体，而刚才在暮色之中，却不曾有过这种感觉。因为，夜色被窗上的玻璃片隔绝了，透过窗上的玻璃，无法看清外面世界的确切景象，有一片涟漪，奇妙地把内外两边分隔开来：在屋里，似乎井然有序，土地干爽；在室外，映射出一片水汪汪的景象，事物在其中波动、消失。
>
> 他们的心情马上发生了某种变化，好像真的发生了这种情况：他们正在一个岛上的洞穴里结成一个整体，去共同对抗外面那个湿漉漉的世界。[Woolf，(1927)1962，p. 114]

无论是对我还是对许多其他的读者而言，纵然面对虚无，社会生活甚至文明也都是人类的创造物，这种观点可能一直隐藏在我们日常经验世界的深处，从未遭遇过挑战。但在这里，当我们阅读这个岛屿上有教养的不列颠家庭的晚宴的过程中，我们挑战这种观点，就意味着我们会偶尔碰到一些出人意料的，同时具有破坏性的事情发生。在小说的情境中，该段落在一定程度上为下一个部分“岁月流逝”做了铺垫，那是第二次世界大战时期，出生婴儿的早夭，战场上的牺牲，“夜晚的混沌与骚动，那些花草树木站在那儿，瞅着前方，向上仰望，却什么也没看见，没有眼睛，有多么可怕”(p. 156)。这些东西我并不完全陌生，而且，通过它们我看到了我过去并没有想要特别关注的东西。但是一旦我看到了过去没有特别关注的东西，我就会集中前所未有的精力去获得意义，建立联系，形成某种重要的秩序——哪怕只是一段时间。这使我想起了梅洛－庞蒂的观点，“因为我们在这个世界上，我们注定要探索意义”“每一分钟我们都会目睹由不同经验的相互关联产 99
生的奇迹，然而没有人比我们更了解奇迹是如何发生的，因为我们自身就是这关系的网络……真正的哲学在于重新学习如何看待世界”[(1962)1967, pp. xix-xx]。

很大程度上正是由于这样的深刻见解，我把文学作品纳入教育历史与哲学的课堂上，(近来或多或少)也纳入美学课程之中。当我看到想象并不仅仅是一种超越现实，进入“假想”世界，“尚未可知的”或“未来可能世界”的能力，想象就显得越来越重要起来。正如弗吉尼亚·伍尔夫所言，想象还“能够把分裂的各部分重新整合起来”(1976, p. 72)。

想象能够打破单调无聊与枯燥重复，能够在纷繁复杂的多样性之中生成一个完全的整体。最为重要的是，想象还可以使隐喻成为可能。以前我引用过辛西娅·奥兹克(Cynthia Ozick)对于医生如何想象病人痛苦的描述。她曾经在医生集会上发表演讲，这些医生苦于在病人的脆弱性与自己不可名状的感受性之间找不到联系。对医生而言，把想象与“灵感”联系起来，并没有什么实际意义，他们感到恼怒，要求“实用的演讲”。作为一名作家，一个“职业想象者”，奥兹克知道，她应该“提供一门支持联系的课程，使得医生们能够进入那些无助的人、恐惧的人、濒临崩溃的人战栗的精神世界”。她应该“展示激情与爱心的蔓延，就像医学上讲的‘移情’、艺术中讲的透视”(1989，p. 266)。奥兹克思考诗歌与灵感之间的关系、隐喻与灵感之间的关系，她说，“我想要使医生们相信，与灵感相比，隐喻更多属于记忆与同情。我想说明的是隐喻是我们道德自然的主要代言人之一，我们的生活越严肃、越没有隐喻，我们所能做的就越少”(p. 270)。这让我们回忆起康拉德关于团结的讨论，这两种深刻见解都与关联性、互惠性、相互性有关。

对我来说，不把师范生(teachers-to-be)带入想象与隐喻的世界，向他们教授教育的历史或哲学将是非常困难的。除了想象与隐喻，他们又能通过什么方式在所学习的那些矛盾冲突的东西上获得意义？他们又能通过什么方式作为实践者，努力做出选择，努力在一个常常难以理解的世界里去教学？

100 另外，以全新的眼光看待想当然事物的能力是同等重要的。如果没有这种能力，我们大多数人就会和学生一样，淹没在习以为常的惯性漩涡中无法自拔。无论是我们还是他们都没有注意到，更不用说去质疑，在人生长河中哪些东西是完全“自然”呈现的。因此我们与他们也几乎一样并不具有反思批判的能力。虽然某些报纸和电视所报道的像谋杀这样的公共事件，还有街头巷尾的各种小道消息也能够让人们感到震惊，而反省到一点什么，但艺术却有着与这些随机的消息完全不同的力量。正如阿瑟·丹托(Arthur Danto)所提醒的那样，文学作为

> 一面镜子，不仅体现在反映外部现实世界上，而且还为了每一个自我探究外部现实世界时，通过镜子的方式把我展现给我自己。文学所展现的是我们每一个人没有镜子就难以看到的层面，也就是说文学所展现的不但包括每一个自我都有一种外在表现，而且还包括这种外在表现是什么。从这个意义上说，每一部文学作品展现的都是不借助于镜子我们就不知道那是我们的自我的一面：每一个人都会发现……自我的意想不到的一面。文学并不仅仅是一面被动反映影像的镜子，而更是一种对读者自我意识的变形，读者通过对文学作品的形象产生共鸣来认识他之所是。文学即是此种意义上的变形。(1985，p. 79)

如果说过去我们是有意识地创作文学作品来制造多样性交流的机会，而现在则是要去发现人类现实的不同维度的具体感知，认识到这一点与“在公共场合，以及我们每个自我心灵内部”不断进行的所谓“交

谈”密切相关(Oakeshott，1962，p. 199)。今天，我们把这种交流看作情境化的交谈与对话，并且包容接纳越来越多不同的声音。此外，当我们了解思想史中偶然性与不连续性的意义(Foucault，1972，p. 231)，当我们宁愿选择不可捉摸的偶然性，也不要确定的谬误，当我们了解艺术可以帮助我们战胜确定的谬误，把握不可捉摸的偶然，我们就会希望努力尝试通过课程的学习，来释放人们主动促使自我意识变形的那种创造性力量，同时也要在我们自己所做的事情之中，去发现那些可以改变的层面。

我们有许多冒险探寻意义的例子，正是探寻意义的这种冒险激发学习者不断地学习，不仅为了修补这个社会世界的缺陷，也为了在他们的个人生活中变得与众不同。尼采在《存在与虚无》中所提出的观点始终令我印象深刻，他的观点推动人们去实施改造行动，去开发改造
101 行动所需要的，用来判定哪些失败与匮乏是“无法容忍”的教育与智慧(1956，p. 435)。当文学艺术作品能够推动读者想象其他的生活方式时，我们并不需要教条主义或系统的革命文学。在萨特看来，一件艺术作品既可以是一个可供欣赏的礼物，也可以成为一种呼吁改变的要求。如果“我是通过艺术看到社会的不公正，我可能就不会冷静地思考，而是用我的愤慨来使这些不公正充分地表现出来，我会揭露它们的本性，会依照它们的本性来创作出这些不公正，这些受到压制的虐待”。尼采坚持认为这种愤慨就是一种“改变的希望”(1949，p. 62)。让我们思考像托妮·莫里森《宠儿》这样的作品，虽主要描写并猛烈批判奴隶的孩子被从母亲那里夺走贩卖，但这会激起我们对任何虐待儿童

暴行的愤慨，这种愤慨就是我们改变的希望。让我们思考现在的，还有过去的那些反战作品，内丁·戈迪默(Nadine Gordimer)的《伯格的女儿》(*Burger's Daughter*)以及其他关于种族隔离制度的描写，《安妮日记》(*Diary of Anne Frank*)、埃利·维瑟尔(Elie Wiesel)的小说，普里·莫莱维关于大屠杀的故事与文章，以及旨在揭露这个国家对于妇女以及少数族群歧视的那一部接一部的小说。如果读者把这些作品所描述的世界当作创造出来的世界予以关注，并依据书中描写的方式来实现这样的世界，他们觉醒明智的意识所获得的经验就不能被自我封闭起来，也不能被误导。而应该像马尔库塞所说的，把意识自身理解为是对“崩溃断裂的强化”，特别是当小说中创造的世界是奥斯维辛(Auschwitz)的集中营，是南非索维托(Soweto)起义后建立的伤童治疗中心。马尔库塞写道，我们是可以认清这个世界的真面目的，“知觉的强化极尽其颠倒黑白、扭曲事实之能事，把难以言明的变为可说的，不可见的变为可见的，人们无法忍受？那么就爆发吧。进而审美的变形就成为一场控诉——但同时也是一场欢庆，欢庆对不公正与恐怖的抵制，欢庆我们仍然还有挽救的希望”(1977，p. 45)。

戏剧与电影作品也能带来类似的经验，这是因为如果观看者要进入这些作品所表达的世界之中，就只有释放想象，只有准备赋予这世界以生命。特别是电影艺术，由于我们生活中视觉事物的重要性，以及人们对视觉形象语言越来越熟悉，这一点体现得就更为明显。最近斯派克·李(Spike Lee)的电影《循规蹈矩》(*Do the Right Thing*)就充分 102
体现了电影的力量，它使我们看到了这个世界的丰富性与复杂性。在美国城市中种族主义再度高涨，人们耳边聒噪着各种“解释”、各种诊断，以此为主题的这样一部电影可以说是一个鲜活的例证，充分说明了一部艺术作品的力量完全可以媲美那些离题万里、不得要领、寡淡如白开水似的争论。电影场景设在布鲁克林的贫民区，那里居住着形形色色不同的人群(包括意大利比萨店主、经营着食品杂货店的韩国夫妻)，电影展现的既包括那些日常基本却是贫困的生活，也包括从不同的视角讨论这样的生活是怎样的体验，应该采取什么措施来改善。电影直至结束，也没有给出解决的办法，只有马丁·路德·金(Martin Luther King)与马尔科姆(Malcolm X)在电视上发表的两段讲话。只给观看者留下一片混乱，在他们的眼睛和头脑里充斥着无数个特殊事件，无法解决的紧张，以及冷酷无情的模棱两可与含混不清。如果观看者真正了解电影与某种现实的如实记录不同，了解接触电影，感知电影，到底意味着什么，他们就会面对大量复杂的具有挑衅性的问题。这些问题的重新界定，只有通过敏锐的探究、对话、建立联系，以及在杜威所谓社会探究[(1927)1954，p. 184]的框架内重新阐述才能完成。同时，不可思议的是，当人们赋予艺术作品以生命，并通过自身的经验再现这些作品时，他们的视野得到了开阔，他们的内心充满了好奇与收获的喜悦。

显然，各种艺术形式的语言与符号系统彼此之间有很大的不同，因此正如纳尔森·古德曼(Nelson Goodman)所说的那样，并不能简单地从一种形式转化为另一种形式。然而，从某种特殊的意义上说，我们可以“阅读”所有的艺术形式，“我们得像阅读诗歌那样阅读绘画，审美经验是动态的，而不是静态的。它包括辨别细微的不同；领悟精妙的关系；识别符号系统与系统中的角色，以及这些角色在系统中表示什么，说明什么；阐释作品，以及根据作品重新理解这个世界，也根据这个世界重新赋予作品以生机”(1976，p. 241)。对古德曼来说，我们欣赏艺术作品并不是要发现客观实存世界的复本，而是对艺术作品的体验能力可以使我们看到更多的东西，可以使我们发现那些没有艺术作品就难以发现的细微差别、形状与声音。

在我一次次与各种视觉艺术不断变化的相遇过程中，我发现有一 *103*
点认识非常重要，那就是绘画作品的完成一般都发生在绘画者与表现媒介之间长时间的辩证磨合之后。在这一点上，约翰·吉尔摩(John Gilmour)讨论得已经非常清楚[吉尔默的讨论一部分是通过提醒我们关注亨利·马蒂斯(Henry Matisse)《红色的房间》(*Red Sudio*)完成的]，他强调绘画的完成需要意义情境，并且“绘画主题之于艺术家的重要意义就像自我理解探究之于哲学家”(1986，p. 16)，我们认识到这一点有很重要的启示意义。艺术家们努力对他们生活与工作中产生的问题做出有意义的回应，他们“通过创作绘画来理解世界的尝试，体现了一种文化的愿景”(p. 18)。认识到这一点，就能够理解不同的文化情境形成不同的意义，正是这些不同的意义使我们能够欣赏合乎毕加索、马蒂斯或其他绘画艺术创作表现的世界，由此我们才能使自己更加开放，从而接纳不断出现的新景观。这样的认识也可以推动我们对绘画、对世界、对我们自己形成新的理解与阐释。任何艺术家所表达的意义“都并不实存于任何地方——不在本就没有任何意义的事物之中，也不在艺术家自身之中，不在他充满感性、变化无常的生活之中。它呼唤人们要远离外在于自己的现有的已建构完成的合理性，‘受过教育的人’往往满足封闭于这种合理性之中，自得其乐，它呼唤人们去建构一种自给自足的合理性”[Merleau-Ponty，(1948)1964，p. 19]。这种自给自足的合理性只能意味着一种原初感知“景观”或基础，以及不断沉淀、变化的意义背景。当我们把图片看作绘画，而不是插画或图表说明，那么我们所希望参与其中的探究就正在发生。这时不论是对于艺术家，还是观看者而言，意义都将产生。

在绘画领域中结合情境化探究意义应该具备这样的认识，“观看先于言语。正是观看确立了我们在周围世界之中的位置，我们用语言解释那个世界，但语言并不能抹杀我们处于该世界包围之中的这一事实。我们所见到的与我们所知道的，二者之间的关系从未被澄清”(Berger，1984，p. 7)。我们除了要对观看进行思考之外，还有必要进行绘画批判，特别是对那些习惯将绘画神秘化、圣物化，从而超越普通人欣赏能力的观点进行批判。对于约翰·伯格(John Berger)而言，如果我们了解到更多影像语言的使用，我们就能够“在词语难达其意的领域内，更准确地界定我们的经验……(这些领域包括)不仅是个人的经验，还
104 包括关于我们与过去之关系的本质性的历史经验：也就是说，寻求赋予生活以意义的经验，以及尝试理解历史，从而成为历史创造者的经验”(p. 33)。

在我看来，这种观点直接指出了在课程探究中什么是重要的，同时也在某种意义上总结归纳了与课程相关的那些艺术形式的重要意义。

教师不仅要认识到让学生自己去观看、去倾听、去阅读的重要性，而且还要认识到培养学生具备主体意识与参与意识的必要性，以及彼此间合作行动的必要性。阿尔弗雷德·舒茨关于"一起创作音乐"来作为社会交往范式的思考给我以启发。他讨论了音乐创作过程中流动与变化生成的一种"同时性"，这种"同时性"是作曲者的意识流与倾听者的意识流源源不断地汇聚。舒茨写道，这是一种内在时间中对他者流动变化的经验的分享，"通过一种共同的生动的在场，这种鲜活的生活建构了……一种相互调谐的关系，形成'我们'的经验，这是所有可能发生的交流的基础"(1964，p. 173)。

因此，对与课程相关的艺术的构想就是在思考一种更加深化拓展的调谐模式。是的，我们必须开设各种不同的学科，来逐步掌握知识的结构，但同时也必须为那些不愿意接受现有的已建构完成的合理性，而愿意去感受、去想象、去打开窗子飞向另一个世界、去探究的人，提供其他可能的阐释基础。这种探究——有时艰苦，有时愉悦——理应伴随着蓝色吉他的曲调。

/8. 以写作促进学习/

加利福尼亚的国家写作项目(National Writing Project)是国家层面以写作为主题的项目之一，该项目鼓励“自由写作”，关注反思阅读与写作动机之间的关系。这些项目在鼓励教师与学生的日志写作方面已经取得了显著成果。年轻人创作的诗歌、故事以及趣闻轶事以各种各样装订成册的方式定期展示。我曾经应国家写作项目季刊出版编辑的邀请，写过一篇相关文章，本章就是在此基础上修改而成的。编辑要求提供多少带有一些传记性质的叙事，主题是讨论关于写作的学习如何促进其他领域中的学习，这是一种所谓质性研究的实例。

到目前为止，正如大多数教师所认为的那样，当你讲述的时候，其实就是在建立联系，创建模式，理解貌似虚无的意义。从儿时起，我就一直在阅读。我会为别人叫我“书虫”感到丢脸，但却从未停止过阅读，也从未停止过在睡前为我的妹妹讲述阅读过的故事。对我来说至关重要的是要理解我所阅读的东西，并使其具体化，学习它的所有含义。

像尤多拉·韦尔蒂(Eudora Welty)的家庭那样(Welty，1984，

p. 6)，我的家庭也以拥有《知识百科全书》(*The Book of Knowledge*)为骄傲。像萨特在小说《恶心》中所说的自学者，或“自学成才的人”一样，我有目的地通读《知识百科全书》各卷本，包括所有字母标题下面的东西我都要了解。我都忘了我是怎么那么快就读到了字母“M”，但可以确定的是当我阅读了以“墨西哥”为标题的部分时，萌发了一种冲动，我在一个黑白相间的笔记本上创作了一部小说，作为送给父亲的生日礼物。小说的开头讲述墨西哥农民被强行掳掠，到远离家乡的矿山去做工，七岁的拉蒙娜(Ramona)去寻找被掳走的父亲。(我当时就是七
106 岁，这一点相当重要。)我决定让拉蒙娜住在瓜达拉哈拉(Guadalajara)附近，这意味着我得了解墨西哥该区域附近的地理状况，这样我才能确定拉蒙娜寻找父亲的路线。因为写作的需要，我不仅要学习该区域的大量地理知识，而且还要掌握本世纪早期墨西哥采矿工业的一些专门知识。拉蒙娜的寻找是没有结果的，但我确实把小说作为礼物送给了父亲，虽然过了许多年之后，我才发现在写作过程中通过对那些象征与比喻的斟酌选择，我对自己与父亲之间的关系有了多么深入的了解(毋庸置疑，西格蒙德·弗洛伊德的理论的确无处不在)。后来，我又创作了其他的作品，在某种意义上是对伊丽莎白·毕晓普《在候诊室》的回应，这时的我更清楚地了解通过写作我看到了什么，生成了什么样的意义。在前面，我就曾经引用过毕晓普的这首诗，描述七岁的伊丽莎白的那种突然坠落的感觉，在牙医的候诊室里，那些混乱的事件，短暂的冲击，使她有

不断坠落的感觉，
从圆形的、旋转的世界
落入冰冷、黑蓝色的空间。
但我感觉到了：你是一个自我，
你是伊丽莎白……[(1975)1983，p. 159]

无论是观察当下，还是回顾过往，我都能看到写作如何影响我对“我”，也是(正如诗歌中所说)“他们中的一个”的逐步确认。

经过几年童年写作的尝试，就在我从巴纳德学院美国历史专业毕业之后不久，我决定要写一部美国历史小说。这部几百页的小说讲述的是杰斐逊(Jefferson)被选举成为总统之前那一段动荡时期的故事。我认真研究了各种民主社团，以及那些依据《外侨与煽动叛乱法案》(the Alien and Sedition Acts)被囚禁的人，还有法国大革命的同情者等。在那个时代(很自然)革命诗人菲利普·弗伦诺(Philip Freneau)是英雄的典范，但我的小说主人公则是一名民歌歌手(我假定他还没有成名)，创作了大量抗议当时社会当权者的歌曲。我从未将这部小说推向
市场，但我了解了在巴纳德学院四年都不曾学习到的一段美国历史。 107
我再一次尝试将掌握的材料具体化，来实现我自己的象征性与情感性的目的。在通过单一的意识来整理重大事件的过程中，我的思想发生了重要的改变，我开始思考与公众相关的个体，同时也从个体角度来审视公众。我也开始认识到进入历史对话中时立场的重要性。随着时间的推移，我通过写作发现了自己的“声音”，作为女性的我的声音，

我了解了更多的立场，以及更多的历史。

弗吉尼亚·伍尔夫认为正是自己强大的“承受打击的能力”，使她成为一名作家(1976，p. 72)。我在前面已经提到过面对打击时她的感受，“每当有打击袭来，我都会产生一种去解释它的渴望”。她说道，对打击做出理性分析会让她感觉自己没有那么被动，也不是什么纯粹的牺牲品。我们之中并不会有多少人能够成为弗吉尼亚·伍尔夫那样的大师，但我们还是能够感受到在被“非存在”的“日常琐碎缠绕”，被那些想当然吞没的过程中，那种令人窒息、无法言说的痛苦。在我的生活中，在我的观念中，将自我界定为一种辩证关系是极为重要的，这种辩证关系的形成是诸多主观决定，客观条件限制，(有时是)各种人为控制的力量博弈的结果。这些力量有的与我的成长史、性别相关，有的是社会政治环境本身所固有的。这些力量每每会约束、贬低、干涉我的自由，正是这种痛苦的体验迫使我如此经常地来讨论它们。当我感受到自己的(行动)选择空间变得越来越狭窄时，也就产生了我经常所遭遇的打击。因此，正是通过写作我才能开拓选择空间，常常设法命名那些可供替代的选择，开放自己的内心去接受多种可能性。这也是我所认为的学习应该具备的含义。

哲学家梅洛一庞蒂这样写道，“世界不是我所思的东西，而是我所体验的。我向世界开放，我不容置疑地与世界建立联系，但我不拥有世界，世界是取之不尽的”[(1962)1967，pp. xvi-xvii]。世界是取之不尽的这种观念意味着我们关于表达方式、意义生成方式的探索将会一直持续下去。毫无疑问，这也正是无论在任何时代我们写作时需要努力追求的目标，我们所进行的探索，是每个人都要进行的探索，“只要他还没有淹没在自己平淡无奇的生活之中”(Percy，1979，p. 13)。

是的，我相信国家写作项目能够战胜绝望。我也相信我们有必要使参与写作的人不但能够命名他们现实世界中的各种形状与路径，而 108
且还能够命名那些阻碍压制他们的各种问题与困境。我们必须以某种方式使他们能够把这些问题转化为可以解释的打击，并在每一个解释打击的过程中发展他们承受打击的能力。也许那些可供替代的其他选择会淹没在日常琐碎甚至绝望之中。这让我想起蒂莉·奥尔森的话，“被掩盖起来的压制下的沉默，我们的努力遇挫而夭折，被推迟拖延，甚至被拒绝——这些都被工作没有完成的假象掩盖起来”(1978，p. 8)。我在思考(通过撰写本章内容认识得更加清楚)一直以来那么多教师是多么的疏忽懈怠，没有注意到学生处于被掩盖的压制下的沉默之中。我也在思考，我们如何通过让学生自由地写作，发出自己的声音，来克服这些压制下的沉默。

对我而言，这并不是偶然发生的，无论是写作兴趣的高涨，还是积极地向艾略特所说的“无法言述的事物发动袭击”，都伴随着把生命作为叙事的哲学关切。阿拉斯代尔·麦金泰尔将个人身份认同概念与叙事观念联系起来。他写道，任何人的生命叙事都是“一系列环环相扣的叙事链条的一部分”，同时一个人生命的完整性就是“探索叙事的完整性”(1981，p. 203)。最近，查尔斯·泰勒在讨论我们努力决定我们与善的关系中的位置，并根据善调整我们生活的方向时，将叙事完整性的探索与追求善联系起来(1989，p. 52)。他说，人们或许能从另外一点出发：因为我们不得不决定我们与善的关系中的位置，因此如果没有趋向它的方向，我们就不能做到，因而必须通过叙事来看待我们的生活。

在一个到处充斥着无力感与逃避责任的时代，在一个我们受制于如此多种技术化形式束缚的时代，像我们许多教师一样，泰勒感兴趣的是人类的能动性问题。泰勒和麦金泰尔并未参与任何写作项目，但他们对语言、对话、交谈、叙事、故事以及探索的关切(他们更大范围的哲学关切的一部分)，与我们在个体之间对自我塑造的探索息息相关，这种自我的塑造还需要人们有分享经验的意愿。总之，学习写作就是学习打破各种压制形式下的沉默，发出自己的声音，获得意义，学会学习。

/9. 为开放而教/

冒着被指责为狂妄自大的风险，我选择引用米歇尔·福柯《话语的秩序》(*Discourse on Language*)中的观点来作为本章的开篇："我希望我本可以悄然滑入今天的演讲……我宁愿被言语包裹而远离所有可能的开端，亦不愿成为始作俑者。在开口讲话的那一刻，我更愿意意识到在我之前早已有一无名的声音在诉说着，如此我便只需加入，接过其已开的话头，置身于其裂隙间而不为人所知，就好像是它短暂停顿以召唤我。如此则不会有任何开端，而我也不是话语缔造者。"(1972, p. 215)

我还一直对福柯在另一本书中提到的所谓"事情的既定秩序"感兴趣——这里指教育学的事情，博雅教育的事情(1973, p. xxi)。我一直追求对永恒的确认，我所热爱的一切的永恒，我所选择的作为自我根源的一切的永恒。我愿意接着他人发起的伟大话题(实际上也是由他人继续讨论的)继续往下谈，没必要去打断。我不必去做任何的始作俑者，我只需要在伟大人物的话题中徜徉，始终在某种程度上沉浸其中就够了。

但是接下来我要思考的问题是开端与自由有多少联系，打断既有话题与可能性意识和认识之间有多少联系，这种关于可能性的意识与认识对于教授他人有着十分重要的意义。一旦我和其他教师确实要努力去鼓励学生打破传统与想当然的界限，那么我们自己也将不得不面对生活中既定秩序的断裂，我们将不得不激励自己不断去发起新的开端。梅洛一庞蒂曾经说过，“只有选择与行动能将我们从确定性的锁链
110 中解放出来”[(1962)1967，p. 456]。一直盘旋在我脑海中的还有伍尔夫的观点，即承受打击的能力使她成为一名作家。梅洛一庞蒂和伍尔夫的观点把我带回到自己的经历之中，带回到我自己做出选择去行动时的那种矛盾复杂的心理状态，我拼命挣脱与确定性的关联，我也激励他人挣脱与我的关联，这样我们所有人都会变得与众不同，都会以一种辩证的方式来超越我们的既定状态。

然而，我必须得承认直面各种控制，各种排斥与否定原则是多么困难的事，但也正是这些控制、排斥与否定给了我在一定范围内表达的机会，来阻止他人的控制、排斥与否定。我一直都不能认同教育常常遵循阶层、性别与种族的原则，并依据这些原则或允许或禁止不同的人的经验表达。这让我想起了行为艺术家卡伦·芬利(Karen Finley)关于命名的恐惧以及关于那些禁忌话题的讨论；米雪·法恩(Michelle Fine)发现的使用“语言暴力”(1987，p. 159)的儿童；还有米娜·肖内西(Mina Shaughnessy)所说的纽约城市大学入学考试中所设置的学术写作“陷阱”(1977，p. 71)。我可以轻松地提到这些话题，但实际上直到现在为止我们也很难摆脱大多数人所认可的观点的控制：“每一种教

育体制都是一种政治手段，运用体制具备的知识与权力，或维持或修正话语的适切性。”(Foucanlt，1972，p. 227)

当我们的教师相信教育就是一种手段为每一个人提供机会去掌握他喜欢的话语时，当我们相信拥有基本文化素养是一种个人成就，是获得个人意义的门径时，我们就要努力看清楚在深层次意义上这种文化素养与权力到底是什么样的关系，我们又如何在与社会世界的关系中，在社会情境中去理解这种文化素养。显而易见的是，人们生下来就进入一个文化素养界定清晰的社会情境之中，在成长的过程中有些人能够获得这种文化素养，而有些人却永远不能完全掌握。他们之所以不能掌握这种文化素养，大部分是由于他们的家庭贫困，不能借助于体制的力量使他们充分社会化，从而有效参与社会建设。另外还由于他们因为诸多原因被排斥在主流社会之外，比如移民或少数族群地位的问题。作为被社会主流疏离的人、被边缘化的人，他们感到自己的主张不被信任，自己获得意义的方式不被接纳，同时社会也没有提供任何可选择的替代方式来让他们讲述自己的故事、塑造叙事，或根据他们已有的知识基础展开新的学习。相比之下，那些社会主流成员 111
很少会质疑教育他们所使用的那种语言的主导地位与功效，虽然他们为了强调共享的年轻文化，为了青春期的叛逆与不满，也会去寻求更适合的话语。我们几乎看不到他们对于塑造文化素养有任何实质性的参与，也看不到他们对社会情境的质疑——比如对技术性语言的质疑——或者对于纯粹线性或分析性话语的质疑，或对于假定所谓“正常”世界是客观存在的话语的质疑。

本章所要讨论的是这样的教学，即鼓励对于诸多文化素养模式的批判性质疑，鼓励对于主流社会所使用的语言、语言的多样性，以及它们与更大范围的文化情境之间关系的批判性质疑。我们应该把掌握占主导地位的文化素养与话语能力看作是学习与表达的机会，这是为了能够揭示出生活经验中更多素材的缘故，即揭示生活经验的多样性，这种多样性正是今天我们这个社会的标志。那些没有机会掌握权力语言的人，甚至连他们的现实生活都无法表达，就更没有可能“突破习惯性认识的边界，进入更为开放的疆域”(Heidegger, 1968, p. 13)。是的，接受教育，掌握基本文化素养也意味着超越既定，进入充满可能性的世界。然而，只有当我们认识到在我们所认为的真实中出现了许多裂痕与分歧时，我们才会有动力这样去做。我们必须充分清楚地去表达，努力去命名我们所看到的一切——那些饥饿的人，那些被动忍受的人，那些无家可归者，以及被压制下的“沉默”。这些裂痕与分歧都是需要修补的缺陷与不足。我们需要想象才能认识到这些缺陷与不足，才能发现正是由于这些缺陷与不足，我们的生活世界才会如此匮乏。我想起加缪小说《鼠疫》结尾中里厄医生的话，他说那些“既当不了圣人，又不甘心慑服于灾难的淫威”的人，“只是尽自己最大的努力，一心只想当医生”(1948, p. 278)。我们只是普通人，既没有伟大的英雄主义，也没有足够的勇气去自我牺牲。但是我们的确可以有能力像里厄医生所说的那样，去拒绝，去努力奋斗，用自己的眼睛去明察秋毫，用自己的声音明确表达立场。

以我自己为例，我花费了很长时间浸淫其中，才认识到伟大传统——哈罗德·布鲁姆(Harold Bloom)所谓"西方正典：伟大作家和不朽作品"(1994)——要求我们通过他者的眼睛来看待世界，并掌握那个时代阐明世界的权威方式。当我认识到自己所曾经信奉的是超越性别、 112
阶层与种族的一系列普遍性观点时，我感到很震惊。我原本认为使像我这样的人去了解文化交流中的传统层面是一种善行，即便了解的只是社会主流几乎不可能听到的那些无名者的声音。今天在曾经的欣喜与依旧诱人的渴望之中，我开始向自己的思维方式、言说方式，以及主宰我思想的话语，发出直接的挑战。

这种挑战意味着要找出我生活中的那些决定性要素，即诱惑与控制。我必须有意识地抵制某些禁忌，某些虔信、愧疚、尴尬与恐惧。我发现只有通过这样的抵制，我们才能够逐步拓展希望选择自我的空间。如果我们只是走在路上遇到一堵墙或一道栅栏，那么绕道就好了，无须去抵制。我们讨论辩证法就是讨论不同力量之间的较量：使我们保持原状的惯性，阻碍我们成长的因素，与激励我们追求渴望，突破障碍，变得与众不同，成为我们自己的诸多因素之间的对立统一。如果我们拒绝承认发展过程中遇到的阻碍就是在默许压迫，尤其是默许我们可以生活在压迫或屈辱的环境之中。除此之外还有一种情况则是米兰·昆德拉(Milan Kundera)所谓的"不能承受的生命之轻"，这是一种到处都是偶发事件与意外相遇，没有任何确定性的生活感受。或者它仅仅是向宿命论的屈服，向昆德拉创作人物的所谓"非此不可"(Es muss sein，p. 193)屈服，向压倒一切的必要性屈服。或者——这就是我要追求的——一种永远都处于无法彻底解决的对立统一斗争的生活，一种始终处于紧张之中的狂热生活。实际上，如果这种对立统一的斗争能够得到解决，我们也就没有必要保持对生活的全面觉醒。

当我思考自己的历史，我一方面认识到自己对于福楼拜(Flaubert)、波德莱尔(Baudelaire)、梅尔维尔、塞尚(Cezanne)、德彪西(Debussy)、史蒂文斯等作品纯粹的热爱，另一方面我也认识到他们作品中表现的都是男性的想象与男性意见的夸夸其谈，我永远都不能彻底克服二者之间的紧张所造成的不安。像任何其他讨论的范畴一样，我们需要对这种男性的想象与男性的意见，进行多样性的解读与阐释，而不是一味虔诚地追求揭示对于那些乍一看貌似客观存在的客观说明。
113 运用多样化解读与阐释的方式揭示作品的能力是一种推测假定的能力，也是一种习得的能力，正是这种能力给了我与那些艺术家共同存在的感受。正因如此，我才能真正理解艺术家的愿景，并将其融入自己的愿景。今天之所以我与许多他者在一起会感到不安，正是由于关于揭示的这种比喻以及预先存在愿景的观念都不再起作用。我现在有责任通过一系列不断转换的视角，包括我自己的具身意识所形成的那些视角，来关注这些作品，从而获得这些作品的意义。我如何才能打破我自己建构的循环？我如何才能避免伽达默尔(Gadamer)所谓我的“预先判断”(1976，p. 9)？正是在这种不安与质询的过程中，我发现了自由，这是由于我要发掘自己的主动性就需要开放的空间，在开放的空间中我必须做出选择，然后根据选择去行动。我想起马丁 · 布伯(Martin Buber)关于教学的讨论，以及关于“对痛苦保持清醒”的重要性的讨论(1957，p. 116)，他所说的痛苦一定是教师与学生二者都经历的，正如他们都拥有必须要保持生机与活力的生命故事一样。在我看来，这时候才会发生真正的相遇——也就是人们作为鲜活的生命而最终聚集在一起的时候。

今天大家对于以叙事与讲故事作为认识事物的方式(Bruner，1986，pp. 13-14)产生了兴趣，因此我希望这里所讲述的故事能够推动读者，在发现能够形成身份认同的规划中发掘自己的故事与经验。例如早年在大学教书的时候，我就被告知自己太过于“文学化”而做不了哲学研究，因而总是自愧弗如，所以这时候对于我形成身份认同有重要影响的是，我需要从这样的状况中鼓起勇气，振作起来。这意味着在别人眼里我没有资格去做那种抽象的、严谨的语言分析游戏，去参与那些在相当长时间内主导学术界的各种论争。我既不能使我的主体性客观化，也不能把我的主体性与我所认知的对象区分开来。我也不能把我的感受、想象、好奇心从我需要完成的认知研究中分离出来。我也不能把深深植根于杂乱无章、主体间性世界的个人经历与体验悬置起来。因此当下我所能做的，只有努力去理解占主导地位的人们当务之急主要考虑因素的社会情境，以及这些因素与性别问题的关系。只有努力去说明学术标准与一个先进技术社会需求之间的关系，只有 114
努力在一个儿童经受苦难、母亲濒临绝望、成千上万的人们贫病交加的世界中，去把握工具理性真正的意义，我才能够开始思考是什么在早年阻止我进行这种分析。当现在的我有了全新的视角来看待这个问题时，当我认真思考事物更美好的状态时，我才能努力在不断拓展的空间中去获得自由。在这样不断拓展的空间中，我希望能够作为教师去行动，能够作为实践者去改变那些非人类的东西，那些使人们疏离自我的东西。

然而我依旧身陷于质询引起的混乱之中，纠缠于布伯所谓的痛苦之中，从感受上说，我更愿意接受过去确定性探索的指引。我发现自己有时会向往法律、标准规范与原则这些代表确定性的东西，即便我知道它们之中有许多是根据当权者的利益制定的。它们之所以吸引我不仅是由于它们抵制了相对主义的泛滥，而且还由于我的被边缘化：我如此渴望能够成为这样伟大世界中的一员，这里有木质装潢的图书馆，有权威的知识分子，以及装饰得精致繁复的城市咖啡馆。对于早年自己所遭受的批判，我的回应是抛开我生活中地方性与特殊性的层面，努力追求实现那些承诺超越性别、阶层与种族的价值观。实际上，有人不断地提醒我们，今天他们是多么相信通过掌握单一的"文化素养"，就能够最有效地克服利己主义与地方主义，这种单一文化素养的合法性是由"民族共同体"(Hirsch，1987，p. 137)这样至高无上的超然观念赋予的。我有一连串的理由拒绝这种观念，但我还是被这种"无源之见"所吸引(Putnam，1985，p. 27)。我一直喜欢柏拉图那个走出洞外的囚徒站在理念的耀眼阳光之中的感受。了解得越多，我就越喜欢这种客观普遍的、压倒一切的真理的观念。

我花了相当长时间才认识到，"与永恒真理同在的美国总统"(the Great White Father)和乔伊斯(Joyce)《一个青年艺术家的画像》(*Portrait of the Artist as a Young Man*)里那个修剪着指甲的冷漠上帝是一样的构造。但这种认识并不会让我在迷茫困惑面前保持静默。我一直在思考萨特曾经说过的“孤独”，这个词描绘的没有任何缘由的独自一人意味着什么(1947)。即使当个体认识到他或她并不是照字面意义去理解的孤独，而是被卷入主体间性之中时，他的乡愁也总是伴随这种毫无缘由的孤独感的认识。这就是为什么这么多人包括我们的学生还是渴望稳定，渴望成为整体的一部分，渴望单一的思考模式。面对等级制度的崩塌，我们所有人都需要一个稳定可靠的落脚点，然而此时 115
的世界却日益成为“不断变化的、具有不可约的多样性的、多重配置的结构”(Smith，1988，p. 183)。关于国家艺术基金会到底应该发挥什么样的作用(甚至其存在到底有何意义的问题)的争论就是一个明证，就像我们看到的关于人文学科传统经典的保护，或对“不同”课程的抵制。

经历了许多意识上的冲击，我才认识到我是如何在一种惯例(或在一种“对话”)中生存，就像在一个封闭的容器里生存一样。梅洛－庞蒂就曾经告诫过要提防这样一种被制约的存在，提醒我们保持观念开放的重要性，我们的观念要向它们必须表达的自然界与文化领域保持开放：“一旦人们开始思考，这种直指事物本质的观念就会变得不连贯。它所能提供的是一种路径，一种逐步澄清自我的经验，一种通过与自我、与他者的对话来逐步修正自我，使自我持续生成的经验……能够挽救我们的是一种新的发展的可能性。”(1964，p. 21)我们可以通过写作来生成、丰富对话，通过期刊与他人保持对话。即使到现在，对话也能够帮助我寻找恰当的词语，能够通过看与说帮助我打破禁锢。当然，当我与学生处于一种对话性关系时，我想要交流的是在我的角度这个意味什么，但同时我也想让学生找到适合他/她自己的角度，这样的话无论是我还是学生都能从许多不同的视角来看待事物，从不同的侧面来获得意义。我希望教师与学生能够共同努力来揭示隐藏在表象背后的东西，将发生的事情情境化，同时调解那种一直令我们紧张不安同时也一直使我们保持生机的对立统一关系。

这就是为什么我必须要一直激发那些能够让我感受到存在的瞬间的经验，那些能够让我感受到被日常琐碎吞没的经验，我希望能够唤起他人用同样的方式来讲述他们的故事。我必须要讨论的是在翁贝托·埃科的意义上，把我们与学生共同阅读的那些文本看作是“开放”的意味着什么。埃科写道，面对一部开放的著作，读者会给出她或他自己存在的证据，一种她或他自己独有的存在条件的意义，一种界定清晰的文化，一系列“独特品位，个人爱好与偏见”。换句话说，读者的独特视角影响、修正了对作品的理解。此外，“理解与欣赏艺术作品
116 形式的视角不同，其特有的审美有效性也相应有所不同”(1984, p. 490)。这个观点与罗伯特·斯科尔斯(Robert Scholes)在《阅读协议》(*Protocols of Reading*)中关于阐释的讨论有很重要的联系。在该书中，斯科尔斯讨论了协议的重要性，以及“改写在我们生活的文本中阅读到的那些文本……同时也根据那些文本改写我们现实生活”的观念[出自巴尔特(Barthes)的《文之悦》(*Pleasure of the Text*)，弗莱雷也有类似的看法]的重要性(1989, p. 155)。

现在我要举一些例子，当然不是唯一的例子，来说明在阅读过程中，不同视角的开发利用如何能够曾经使我，到现在依旧使我从各种不同的角度来理解世界。如果我们能够教会学生清晰地表达以这种方

式所发现的世界，并使之成为课堂对话的一部分，那么这种阅读方式最终会促使我们不只是要去理解世界，而且正如弗莱雷所说，还要进一步“通过有意识的、实际的努力去改变世界”(Freire，1987，p. 35)。但是首先我们必须要找到与我们共同阅读的文本相关的对话方式，根据我们现实生活的文本各自反思，彼此开放。

在第七章中，我引用了伊丽莎白·毕晓普的诗歌《渔房》节选，她在诗中描述了童年的经验，一位老人正在渔房织补渔网，渔房的背后是一株冷杉，偶尔有海豹跃出冰冷黑暗的海面。她写道，海水是如何漠然地、冷冰冰地打着旋掠过岩石，海水起初那“苦涩”的味道如何就像知识，以及它如何

从世界的
坚冷的口中汲出，源自那永恒的石化乳房
汲汲流淌，
我们的知识是历史的、流动的，
转瞬便无迹可寻。[(1955)1983，pp. 65-66]

无论伊丽莎白·毕晓普的用意如何，对我而言，诗中关于知识是流动的、历史的这种观念是一个挑战，也是一种批判。不仅包括体系化的知识，而且包括不连续的、形式化的零碎知识在这里都受到质疑，正如那些无根据的知识、自说自话的知识受到质疑一样。即便我一读再读，所有这些还是构成一种冲击，我生存于其中的封闭的容器被打

破，我奉为圭臬的思想受到质疑。课堂上，当学生们开始纷纷表达自
117 己的爱好、成见与记忆(特别是对于诗中下列意象做出的回应，从石头喷泉里涌出来的、掠过石头的海水的苦涩味道，清晰的咸味刺激，令人感到灼痛的流动)时，我发现课堂中的我们之间呈现出某种共同的文本，就是在这和谐的多样性之中，我们开始不断地阅读，再阅读，甚至改写的文本。

当我阅读毕晓普的《在候诊室》一诗时(前面也已引用过)，也有类似的体验发生，诗中的小伊丽莎白马上就要七岁了，她看着周围坐在牙医候诊室里等待的成年人，感到“不断坠落的感觉/从圆形的，旋转的世界”，想到

> ……你是一个自我，
> 你是伊丽莎白，
> 是他们中的一个。
> 为什么你也该成为其中的一员？
> 我几乎不敢去看
> 去看我是什么样。[(1975)1983，p. 159]

质疑的方式、特殊性的痛苦、空中的坠落感，所有这些都指向一种观点，即对系统与整体的颠覆。同时，至少对于我以及与我一起学习的人来说，这首诗强化了我们对于生活中不断持续发展的对立统一关系的辩证意识。我们所有人都感到正在迫近某种边缘，所以大家都

在努力开创一个空间，在这个空间中我们能够打破特有的沉默，然后做出选择。

克里斯塔·沃尔夫(Christa Wolf)在小说《卡桑德拉》(*Cassandra*)中塑造了一位叙述者，为我们讲述那些被排斥的人总是能够承认与理解彼此的故事(1984)。在克里斯塔·沃尔夫的启发下，我开始思考，在寻求发出自己声音的过程中，我自己认识到了解沉默以及感受不确定性的那些方式，这些方式帮助我开始理解对于少数族群来说这个世界是怎样的，包括年轻的黑人男女、新移民的西班牙裔等。拉尔夫·艾里森《看不见的人》中的叙述者所讨论的与其说是对他者的视而不见，不如说是在强调给予承认的重要性。按照我的理解，我只能把小说中的叙述者以及其他角色，看作是我在现实生活中遇到的人。我需要通过他们的眼睛与我自己的眼睛同时看这个世界——如果这些个体愿意参与对话，如果他们愿意提供线索。比如，我想到《看不见的人》中叙述者讲述的故事的开始以及结束都是发生在“地下室”的线索[就像陀斯 118
妥耶夫斯基的《地下室手记》(*Notes from Underground*)一样，都是开放性的文本]。小说的结尾这样写道，“我到地下居住后，把什么都丢了，唯独心灵没有丢，心灵，而心灵，在设计出了一种生活方案的同时，绝不能忘了这个方案产生时的一片混乱的背景。这个道理对社会、对个人都一样。那一片混乱根源于你们的信念型式，而我写书却想使这一片混乱也具有一定的型式。我这样做的话就必须出来，必须露面”(Ellison，1952，p. 502)。艾里森的文本不但提出了影响读者自身内在眼睛的问题，而且还提出了人们得到认可或遭受忽视的问题。这让我们发现(也许这种发现让我们感觉不太舒服)一种新的文本互涉(intertextuality)，使我们能够以某种方式在生活的文本框架内改写《地下室手记》——就像爱默生(Emerson)的“美国学者”与马克·吐温(Mark Twain)的《哈克贝利·费恩历险记》(*Adventures of Huckleberry Finn*)的文本互涉那样。

在阅读中我还通过其他途径发现了不同的新视角。托妮·莫里森的作品就给我们带来令人惊诧的冲击，这种冲击促使我们形成与自身现实生活背景相悖的其他承认模式。例如，《最蓝的眼睛》(1970)中佩科拉·布里德洛夫(Pecola Breedlove)的故事，以及主流文化的两种宏大叙事毁灭佩科拉所运用的方式：“迪克与简”的读者们以及有着迷人蓝眼睛的秀兰·邓波儿(Shirley Temple)塑造的神话形象。佩科拉是一位黑人小姑娘，母亲虐待她，她生活的群体不接纳她，毫无疑问她是丑陋的，她渴望拥有一双秀兰·邓波儿那样的蓝眼睛。她想，如果她有了像白人女孩那样的眼睛，她也就会变得像她们一样了，父母也不会再去做坏事了。佩科拉的精神就这样被摧毁，一步步走向疯狂。通过佩科拉的故事，我们认识到一种根深蒂固的观念：对于许多人来说，包括各种残障人士，当然也包括像佩科拉这样遭受虐待的小姑娘，只有一种最重要的主流故事模式，也只有一种命中注定的体面的人类现实。因此在佩科拉看来，蓝眼睛就是人类现实的标准，虽然她的想法对于处于各自具体生活情境的读者来说是陌生的，但它还是可以推动我们去改写世界文本的某些部分。

小说中关于受尽折磨的佩科拉的讨论是通过叙述者克劳迪娅

(Claudia)之口说出来的，她是个得到父母疼爱的黑人小姑娘，克劳迪
娅为他们年轻时的行为辩护，她这样考虑，“所有的话语都是我们需要
破解的密码，所有的举止都必须仔细分析”(p. 149)。他们变得固执傲 119
慢是因为他们必须保护自己。佩科拉疯了，他们却幸存下来：“我们试图对她视而不见，从不离她太近。并不是因为她疯疯傻傻，令人厌恶，令人惧怕，而是因为我们未能助她一臂之力。种的花籽未能长出芽。”岁月流逝，佩科拉在废轮胎和马利筋草之间，“在世间一切美丽与废弃的物质(包括她本人)之间徘徊彷徨”，叙述者发现当他们把废弃之物倾倒给佩科拉时，他们才感到自己是健康的：“她的单纯点缀着我们，她的罪过使我们感到圣洁，她的痛苦显示我们的健康与活力，她的笨拙使我们自感幽默，我们甚至用她的白日幻想来抵消自己的噩梦。”(p. 159)这些感受与莫里森在《秀拉》(*Sula*)里描述的并无二致。秀拉(Sula)的朋友奈尔(Nel)想着秀拉回家就像是去掉白内障之后，又能使用眼睛来看东西了，对于奈尔来说，“和秀拉谈话始终是一种自言自语……秀拉从不争强斗胜，她只是帮助别人去确定自己”(1975, p. 82)。

那么在我们确定自己的挣扎中，像秀拉这样的陌生人的确可以进入这种对立统一的辩证过程之中，并帮助选择我们是谁吗？我想我们应该探索，如何才能发现我们多样性背景之中的一切可能性，如何共同描述，如何凭借彼此真实的存在来生成阿伦特所谓的之间(1958, p. 182)。凯瑟琳·斯蒂普森(Catherine Stimpson)写道，“每一个人的解放都必须战胜自己”(1989, p. 35)。的确如此，但我想更进一步指出，我们还应该向周围的人开放自己的领地，同时也向那些我们可以更广

泛、更深入参与的共同体开放。

当然，当我们努力去接受、去包容时，我们的理解只能通过自己的假设、预判与记忆，还可能包括托妮·莫里森《宠儿》里塞丝(Sethe)所谓我们的“记忆重现”(1987，p. 191)来实现。在空白的意识中，没有什么可以理解或吸收的信息或知识。如果我们要学习为合适的策略命名，并使那些与我们关系密切的人能够理解这些策略，我们只能根据自己的阐释共同体来关注与思考。我们需要不断丰富扩大这些阐释共同体直到生成一个更为开放与包容的世俗领域，其中包括“我们要努力争取实现的具有开放意识的共同体，以及被称为人类的具有开放意识的受众”(Said，1983，p. 152)。

120 这意味着我们必须要改变伊丽莎白·福克斯—吉诺维斯(Elizabeth Fox-Genovese)所谓的精英文化。这种精英文化是一种白人男性学者创造出来的文化，这种文化“在处理有关女性、低等阶层，与白人族群问题的方式上，与帝国主义处理殖民地人民问题的方式相类似。最糟糕的是，它否定了所有他者的价值，并自视为一种绝对标准”。福克斯—吉诺维斯还指出任何标准，也就是“代表集体发言的权力，是各种社会关系、性别关系斗争的结果，而不是自然而然形成的。那些倡导我们集体精英传统的人是历史的胜利者”(1986，pp. 140-141)。阅读至此，我又陷入了生活的矛盾冲突之中，我再一次想起了文化素养的区分意义。作为一套技术方法，文化素养经常会使个体沉默，并剥夺他们的权力。今天我们的职责就是发现使年轻人能够发出自己声音的方式，让年轻人开放他们的空间，根据他们所有的多样性以及不连续性来改

造他们的历史。我们必须关注边缘人群，必须倾听那些往往被压制的来自拉丁美洲、中东以及东南亚人们的声音。

这并不是浪漫的、不切实际的，也不只是一个美好的愿望。教师在未来的每一年都会面对成千上万的新面孔：有的来自被忽视的阴暗危险的贫民区，有的不堪忍受独裁者专制的痛苦，有的震惊于难民营的悲惨生活，有的厚颜无耻不择手段追求经济上的成功。这里有各种各样的生活文本。我们必须使他们成为可以理解的，并提供各种方案使他们保持开放。我们必须为学生提供各种机会，通过那些生活文本，通过人们出版的书籍，来使他们的经验结构化。正如前面我提到过的，萨特曾经谈到这样的作品是礼物，他说：

> 若是把这个不公正的世界交给我，那么我不但要冷静客观地思考这些不公正，还要用我的愤怒去搅动它们、揭露它们，根据它们不公正的本性，也就是被压制的那种种侮辱虐待，去创造它们。因此，作者将只是全面深入地向读者揭示他所创作的世界自身，接受读者的审视、赞美，还有愤怒。慷慨的爱是坚持下去的希望，强烈的愤怒是变革的前奏，赞美则是仿效的前提。虽然文学与道德完全是两码事，但是在审美律令的核心我们领悟到的是道德律令。这是由于，写作 121
> 的人通过辛苦写作这样的事实来承认读者的自由，而阅读的人则通过打开作品这样单纯的事实来承认作者的自由。也就是说，无论你从哪一方面来欣赏艺术创作，艺术创作都是信

任人类自由的一种行为。(1949, pp. 62-63)

虽然我希望萨特使用的是“人类”一词，而不是用“男人”来替代“人类”，但我还是发现萨特一个很重要的观点，就是他把文学看作是对这个“需要人类自由的”世界的最大可能的想象性展示。在萨特的文章中我甚至还发现了教学范式的源头，如果教学的确是为了寻求新的开端，如果我们的确关注那些需要做出的选择。阅读体验与教学行为两者都是辩证的。

最后，我想再一次强调培育文化素养是，也必须是一项社会事业的重要意义，我们要在多样性的课堂中追求培育文化素养，形形色色的人们聚集在课堂里就是要“在言说与行动”中生成他们之间共同的东西(Arendt, 1958, p. 19)。课堂中不可避免地出现各种不同与差异，但也正是在这些不同与差异中意义才能显现。课堂里将会有，也应该会有承认的时刻、怀疑的时刻。但是当不同的人努力自由地生成自己时，也会有无休止的质问。我又想到了《鼠疫》，正如塔鲁所说，“人们的一切不幸都是由于他们讲着一种把人搞糊涂的话。于是，为了走上正道，我决定讲话和行动毫不含糊。……所以，我决定在任何情况下都站在受害者的一边，以便对损害加以限制”(Camus, 1948, p. 230)。当然，这才是小说的关键：在瘟疫肆虐的时期，要站在受害者的一边。对于我们来说，也许当下就是瘟疫肆虐的时代。这也就是为什么我们要像塔鲁一样，需要关注与警惕，如果我们要开放文本与空间，如果我们要激发年轻人去追求自由。

/10. 艺术与想象/

教育存在情境的复杂性远不止于《2000 年目标：美国教育法》所关 122
注的范围。在这些常常令人感到绝望的日子里，教育的存在情境一定是与人类状况密切相关的。在某种程度上，面对教育存在情境的复杂性，那些追求世界级成就与基准的观念，即使不显得荒谬，也是非常肤浅、有限的。教育存在情境的复杂性远远超出了家庭破碎，无家可归，充斥着暴力的那些骇人听闻现实的范围，也超出了科佐尔(Kozol)所描述的“野蛮的不平等”(1991)观念。年轻人像我们这些年长者一样，生活在一个可怕的充满道德不确定性的世界——在这个世界上，几乎没有什么措施可以减少人们的痛苦，可以阻止大规模杀戮，可以保护人权。那些寻找母亲的难童们痛苦的脸，那些死死盯着燃烧的教堂与图书馆的无所寄托的人们茫然的脸——所有这些在一些人看来似乎都只是“虚拟现实”。还有其他的人虽然亲眼看见惨状，却常常麻木不仁，反复感受到自己的无能为力之后，接受别人的劝说转移目光，逃避现实。有人说巴勃罗·毕加索的那幅《哭泣的女人》(Weeping Women, Freeman, 1994)已经成为这个时代的象征。她们取代了那些骑在马背上、驰骋沙场的男人的公众地位，她们使那些曾经为之而战甚至为之而死的徽章黯然失色。即便是当年轻人面对失去与死亡，像我们今天大多数人注定都会面对的那样，“最重要的也是要把所有我们热爱的都概括为某种令人难忘的美丽……”(Leiris，1988，p. 201)莱里斯讨论的这种重要性就是艺术的作用之一。当毕加索激起我们的欲望去观看一幅又一幅怀抱死去婴儿的女性的素描，我们就已经开始意识到生活世界中的悲惨的不足与缺陷。但如果我们充分了解这些画作，使它们成为经验的客体，在我们现实生活的背景中与之相遇，我们就会产生追
123 求实现事物更美好状态的观念，在更美好的世界中，不再有惨烈的战争，女人不会再悲伤哭泣，也没有炸弹杀死无辜的孩子。为了对抗这种关于悲惨不幸的恐惧，我们呼唤微笑慈爱母亲的形象、活泼可爱儿童的形象——“一切我们所热爱的”形象，这些都是对应然理想的隐喻。

很清楚的是，当艺术作品成为我们经验的客体，从而激发我们产生追求更美好状态的渴望时，这并不是艺术的唯一作用，虽然频繁地与艺术作品相遇的确能够促使我们努力去恢复、修复、弥合某种秩序。至少，对于诸多艺术形式的参与式介入还能够使我们在经验中看到更多的东西，听到更多通常听不到的频率，意识到日常生活中被遮蔽的以及被习俗与惯例压制的东西。就是仅凭个人的遭遇，我们也会再一次想到正是托妮·莫里森《最蓝的眼睛》中佩科拉·布里德洛夫的经历，使我们认识到在“迪克与简”的基础读本中，或在秀兰·邓波儿创作的艺术形象中元叙事的意义，秀兰·邓波儿的形象使得如此多被社会忽略的孩子迫切渴望拥有蓝眼睛。我们还会想到正是许多人参与到电影

《辛德勒名单》(*Schindler's List*)之中，电影披露出来的真相才会活灵活现(包括对那个穿着红外套小姑娘的参与)。我们努力去体验由玛莎·格雷厄姆的“悲恸”所激发的那种无法言表的忧伤的肢体意识，舞者的身体被悬挂的帷幔遮挡，只有脚和手能够被观众看到，那极大的痛苦则通过布幔因受力发生的波动来表达。当我们看到更多、听到更多，我们就会不仅可以摆脱那些习以为常的，想当然的，哪怕只有一小会儿，而且还会在经验中发现选择与行动的新路径。这时我们的眼前豁然开朗，新的开端不断涌现，也就是说，我们可以根据可能性来采取主动。

我们的社会中流行着对那些根深蒂固的价值观念，以及人们对这些观念盲目遵从风气的冷嘲热讽，这种玩世不恭在我们的校园里催生的氛围与艺术体验所产生的躁动不安与不可预测性不同，艺术体验所产生的躁动不安与不可预测性具有创造性或欣赏性。同时，人们认同《2000 年目标：美国教育法》，忽视艺术，无疑是在为重点管理那些可控制的、可预测的、可测量的合理性进行辩护。虽然我们一直都在努力把艺术囊括进全国教育目标的官方表述之中，但相关论证却一直与教育要适合经济竞争的要求，要适合技术掌握的要求等目标的论证保持一致。关于艺术教学的讨论也一直在为占主导地位的观点服务，占 124
主导地位的观点强调我们的教育要追求提高发展当前生存技能、学术成就与标准，以及就业准备的水平。

在我们所讨论的重点中教师与学生共同面临的危险是，他们会因被迫纳入他者设定的社会目标体系之中而感到愤怒。年轻人发现自己被描述为“人力资源”，而不是作为能够主动选择与评价的个体。按照占主导地位的观点，教育就是要根据为技术与市场服务的要求来塑造年轻人，无论他们是谁。此外，正像许多人认识到的那样，因为相当多的年轻人发现自己并不能找到满意的工作，所以我们所有孩子都必须接受这种教育，他们都是人力资源的这些观点，就是各种名目的欺骗。那么许多课堂中充斥着(如果课堂不是充斥了刺耳的噪音、漠不关心与混乱)消极被动的接受氛围就一点都不奇怪了。翁贝托·埃科认为，我们最迫切的需要是引入媒体与信息所关注的批判维度，这种观点强调关注此种情况下消极被动的接受问题远比关注如何传播这种教育要重要得多。埃科在“技术交流的普遍性”，以及“信息作为媒介”的不同情境中发现一种威胁，因此他呼吁个体要恢复对信息的严肃抵制：“面对技术交流的匿名神性，我们的回答是：不是他们的，而是我们的人生要实现的。”(Kearney，1988，p. 382)

在我看来，只有想象得以释放，这样的抵制才能够最大程度得以实现。但是，正如我们所熟知的那样，技术交流神性形象的冲击往往会起到抑制人们想象思维的作用。今天媒体呈现给观众的是既定框架下的简化概念与形象，而不是解放观众，使之主动超越他们自身现状，主动选择不同角度来看待事物。售卖货架的网格紧紧锁住了梦想，日用消费品的疯狂占有是为了发泄毫无意义的抑郁情感。可预测性牢牢遏制着可能性观念的翅膀。但是我们的想象，正如我之前论证过的那样，显而易见只能在不可预测之中、在出人意料之中才能展开。于是，
125 要承认我们经验中这些出人意料的、不可预测的愿景以及视角，需要

我们自身的反省与沉思。一个被动冷漠的个体对任何不现实的观念，任何假想的世界，任何仅仅是可能的东西都是完全没有反应的。正是这个被动的个体把艺术视为后工业世界中无聊的，仅仅是装饰性的，与学习无关的东西来禁止。

我确信，深入了解介入几种艺术形式是释放学生的(或任何人的)想象能力，并使之发挥作用的最有效模式。然而，这不会是，也不可能是自动或“自然”发生的。我们都目睹过单纯的观光客匆匆忙忙地进出博物馆，他们所形成的只是对画作走马观花的肤浅接触，没有任何反思的时间，也没有了解关于艺术作品的任何介绍，没有深入地接触或对话。人们只是浏览对应的标签，找出他们听说过的，自认为应该去看的艺术家的作品。有些人只是为了故事来观赏芭蕾舞剧，而不是为了迷人的芭蕾舞步或动听的音乐。有些人在音乐会上想入非非，或只是关注那些用来说明他们所听到乐曲的附加图片。问题的关键是单纯地出现在艺术形式面前并不足以引起一种审美体验或对生活的改变。

审美体验需要有意识地参与到艺术作品之中，需要能量的输出，需要具备一种对于戏剧、诗歌、四重奏等欣赏评论的能力。即便是用最正式的学术研究方式把艺术作品从里到外认识得一清二楚，也完全不同于通过想象建构一个虚拟世界，并从知觉、情感，以及认知等层面进入这个世界。教给学生以这样的方式来介入艺术作品，就是要在促进学习者去关注——比如关注形状、图案、声音、节奏、隐喻、轮廓与线条等——与促进解放学习者以获得特定作品的意义之间，争取微妙的平衡。也许正是由于拒绝对学生所发现的意义进行控制，冲击到了传统教育者，因为这与他们的标准概念，以及他们所信奉的恰当文化素养观念不一致。实际上，我认为这种拒绝至关重要，因为这正是今天管理者在制定国家标准时所持成见的基础。

无论如何，如果我们提供机会让学生与艺术作品发生有意义的相遇，我们就必须既要反对标准化，也要站在所有人的立场上与汉娜·阿伦特所说的“无思想”做斗争。阿伦特特别指出那“不顾一切的莽撞，
126 或无助的困惑，或一遍遍重复已变得琐屑和空洞的‘真理’”(1958, p. 5)，这个问题到今天也还在折磨着我们。她的描述让我们想起三十年前杜威界定的一种“社会病理学”的行为表现，这种病理表现为“吹毛求疵，随波逐流，注意涣散，易于冲动，长期沉溺于理想化，耽于假想，盲目乐观”[(1927)1954, p. 170]。杜威也注意到“理想被放肆、浅薄、追求感官享乐所取代”，指出“只有摆脱标准化过程束缚的思维才能发挥学术的专长”(p. 168)。阿伦特指出补救的办法就是“思考我们正在做的事情”。也就是说，我们需要源自情境生活的自我反思，也需要教会学生进行这样的自我反思，我们需要多样化个体生活，也需要站在各自独特的社会位置上向彼此开放，相互对话交流。审判纳粹战犯阿道夫·艾希曼的场景激发阿伦特也提出相似的主题，她告诫我们要警惕“社会认可的那些陈词滥调、常用词语、因循守旧、标准化的表达和行为方式，它们具有保护我们免受现实烦扰的作用，也就是说，我们可以用不着绞尽脑汁关注所有事件和事实凭借其存在而对我们的思维注意力提出的要求”(1978, p. 4)。但是阿伦特的告诫并没有呼唤一种新的主知主义，或强调一种新的高阶思维能力。相反，面对无思想

的问题，她一直在寻找一种探求明晰与真实。如果我们真正希望年轻人向艺术敞开自己，如果我们致力于释放想象，那么我们就必须听从阿伦特的告诫，做出同样的努力。

如果我们要运用埃科所提出的严肃方式来抵制媒介信息，那么慎重思考是很有必要的，因为假如一开始年轻人并不能掌握如何采用批判的、深入思考的方法来看待媒介呈现在他们面前的拟像，以及制造出来的各种各样的现实，那么想要天马行空地自由想象是非常困难的。思考我们正在做的事，就是认识到我们自己在努力获得意义，就是对那些权威他者提供的所谓客观的、可信的“真实”形成一种批判性认识。

当我们把握所谓客观“事实”的影像，它就会物化我们的经验，使我们抵制重新评估与改变经验，而不是开放想象。我发现加缪《鼠疫》
(1948)的核心就是一个在瘟疫中必须克服物化的隐喻。瘟疫袭击了奥 *127*
兰城(那里的人们遵循日常惯例生活，最要紧的事莫过于“做生意”)，居民们一下子陷入无奈、孤立与绝望的境地。瘟疫逐渐展露其无情的、无法救治的狰狞面目，人们发现瘟疫就在那，但他们无能为力，毫无办法。同样，里厄博士起初为了最抽象的理由投入到与鼠疫的战斗中，因为这是他的工作，就像 2 加 2 等于 4 的逻辑那样顺理成章。只是到了后来，当他目睹了无法用语言形容的悲剧发生，他才开始思考他正在做什么，他重新审视他的工作，认识到他所能做的最重要的事情并不是对瘟疫的逆来顺受，因为逆来顺受就意味着同谋。

塔鲁也认识到我们可以把瘟疫理解为一种对人们的冷漠、疏远或(我加上的)无思想的隐喻。他努力要成为“不信上帝的圣人”，他发现智慧，是的，还有想象能够将人们组织起来成立卫生小组共同对抗瘟疫，同时批判地使之成为所有人的道德关切，因为每个人的身体都携带着鼠疫细菌，每个人都是冷漠瘟疫的潜在患者。他告诉里厄这是天性使然。他的意思与阿伦特、杜威和埃科等人所表达的意思是一样的，他们都抵制一个缺乏关心、缺乏彼此联系的社会。他认为回避复杂问题，对人类困境过度肤浅的表达，循规蹈矩的解决方法都是道德瘟疫的根源——我要说的是所有这些因素都直接抑制了想象思维，阻碍了对艺术的介入。塔鲁说，“健康、完整、纯洁(如果你喜欢)——都是人类意志的结果，我们要时刻警惕，毫不犹豫”。当然，对我们来说，信息必须提供给我们(还有我们的学生)机会去选择成为一个完整的、能够关心的自我。塔鲁还强烈质疑浮夸的语言，他认为浮夸的语言模糊了事物的真实面目，并往往用抽象性来取代具体的特殊性。这也是阿伦特督促我们去补救的一种无思想模式。她提倡“朴素、清晰的语言”，她努力督促人们去关注身边的日常生活，“停下来进行思考”(1978，p. 4)，就像塔鲁所做的那样。加缪和阿伦特确信这样的意识，这样面对世界的开放，能够使我们认识到其他可供选择的可能性，正是有了这样的认识，我们才愿意冒险去与毕加索的《哭泣的女人》、欧里庇得
128 斯(Euripides)的《美狄亚》(*Medea*)、《白鲸记》(*Moby Dick*)、巴兰钦(Balanchine)的《浪子回头》(*Prodigal Son*)以及马勒(Mahler)的《大地之歌》(*Songs of the Earth*)等艺术作品相遇。

下面我们要讨论另外一部小说，它能够使读者认识到，抑制想象的常常是在我们这个信息技术时代的课堂上所使用的语言。就像阅读

《鼠疫》时一样，我关注这部小说并不是为了增长知识，或发现某种被遮蔽的真相，而是因为它作为一部文学艺术作品，使我超越时代局限，看到了在我的生活世界里从未看到过的东西。的确，它促使我去追究那些被遗忘的、被压抑的记忆、见解以及遗失的东西，同时将它们加以整理，从而与文本中的次序相符合。我在小说的引导下开始“在(我的)生活文本的设定中改写作品的文本”(Barthes，1975，p. 62)。

这部小说就是克里斯塔·沃尔夫(Christa Wolf)的《核事故：一天之间的消息》(*Accident*：*A Day News*)，它促使我去澄清在经验中对技术与抽象的回应。原因也许是这部小说与几年前切尔诺贝利核电站发生的事故有关，它是由一位女性作家，也是一位生活在东德乡下的母亲、祖母根据自己的亲身经历与真实反应所写。她一直心事重重：就在核反应堆爆炸事故的同一天，她的兄弟接受脑外科手术；这场事故的后果波及她生活在世界各地的孩子们。她没有时间思考对这样的危机她已经做了，或将要做如何的反应，她的当务之急是在这样一个既接受技术的馈赠又深受其害的世界上，与他人在一起——与那些她热爱的人，那些她并不认识，但是片刻也不能忘记的人在一起。特别令人关注的是，在关怀伦理的语境中，在我们经验的某一时刻，总是有一位像塔鲁这样的道德践行者，他努力成为“不信上帝的圣人”，还有一位受了惊吓的年轻母亲，她描述当“地球另一端的孩子们还在由于食物匮乏而濒临死亡时”(1989，p. 17)，在德国却由于害怕孩子们中毒，成千上万升的牛奶被倾倒、被丢弃意味着什么。

另外把作者的反应与两种完全不同的形象相比较也是很有趣的，

一个是当下的人类个体，另一个是比较抽象的。当叙述者让她的女儿讲讲孙儿辈的情况时，她听到的是“那个小家伙昂首阔步地在厨房里溜达，大拇指上套着一个翼形螺母，还把手举得高高的，喊着：‘打我
129 啊，打我啊’，这个家伙的样子搞得我很紧张”。但是与这种紧张恐惧相比，头脑中另外一系列的画面使她想到，她“被迫赞赏梦游症患者那样的生活方式：大多数人渴望舒适的生活，他们轻信那些站在主席台上讲话的人，还有那些穿白大褂的人；多数人对安稳的迷信，对矛盾冲突的恐惧，似乎与少数人对权力傲慢的渴望，对利益不顾一切的追求，肆无忌惮的好奇心，以及不可救药的自恋相符合”。但如果这是值得赞赏的，那么她质疑，“在这个等式之中，还没有加上去的是什么？”(p. 17)《2000 年目标：美国教育法》强调取得世界级成就与培养人力资源，这种要求造成人们忽视这种描述与质疑。

其实这是没有必要的。与最合理的课程结构，或最负责任、最“真实可信”的评价相比，祖母关于“这个等式”的问题，以及她对于人们轻信穿白大褂的人的质疑，更容易激发人们开启认知与探究的冒险旅程。正是沃尔夫这样的文本促使我们去激发学生的想象，要求学生从根本出发进行选择，要求学生在简单答案带来的安稳渴望与承诺探究多种可能性之间做出选择。沃尔夫小说中的叙述者，就像是那个哭泣的女人，看着蓝色的天空，说道(不知从哪里引用来的话)，“多么可怕，母亲们为了学者的发明而探究天空”(1989, p. 27)。她开始思考语言，忖度着像“半衰期”“铯”或“云团”取代受污染的雨水这些词汇上突破的困难。这再一次使我们感到有必要打破技术及其语言的神秘化，我们需

要克服认知与言说上的割裂。

当沃尔夫小说中的叙述者思考那些“核能源和平利用”程序设计者的动机，她想到对修建核电厂的抗议，以及那些直接针对抗议者的非难与谴责，这些抗议者对所谓即将实现的科学乌托邦持怀疑态度。接着她罗列了科技人员“大概不会从事，或即使勉强他们，他们也会认为是像给婴儿换尿布一样浪费时间的各种活动。比如做饭，怀里抱着孩子或推着婴儿车购物。洗衣，挂起来晾干，取下来折叠，熨烫，缝补。 130
扫地，擦地，打蜡磨光，吸尘。针线活，编织活，钩针活，刺绣活，刷盘子，刷碟子，照顾生病的孩子，绞尽脑汁讲故事，唱歌。其中有多少活动我自己认为是浪费时间的呢?”(1989，p. 31)

阅读至此，小说帮助我们提出了一系列新的问题，我们不得不思考在课堂对话中，在我们努力使人们意识到要讨论应该是什么的过程中，那些具体的特殊性所起的作用。沃尔夫小说的叙述者相信“技术发明这个怪物在不断扩张”，将会成为许多人生活的替代品，让人们产生一种替代性的满足。她完全了解技术为人类带来福祉的一面：毕竟她的兄弟正受益于先进脑外科手术的技术，她等待的时候这样想。但她也思考在学校教育中我们所思考的问题，不但思考我们所爱的人接受技术福祉的一面，也思考技术带来危害的一面。她的思考再一次提醒我们保持思想活跃，拥有对我们所热爱的一切事物的丰富想象是多么重要。我相信如果这样做的话，我们就能够形成一种课堂氛围，督促年轻人去再一次发现希望，并开始修复那些缺陷，哪怕是从微小处做起。

这里的讨论让我们回到我关于艺术的观点，回到2000年教育目标忽视艺术的不合理问题上。我们需要认识到，能够形成审美体验的事件是发生在与环境的交互作用之中的，并通过交互作用发生的那些事件，这种环境由我们身处的时空构成。有人指出，与绘画、舞蹈、小说以及所有其他艺术形式的参与式相遇，能够使我们再次体验到失去的自发性。打破预设与传统框架，我们就能够再一次体验自我生成的过程。反思生活历史与生命规划，我们就能够抵制技术革命的“神性化”，就会对那些穿白大褂的人，甚至对我们自己关于退却以及安稳的渴望，产生新的观点与看法。当我们意识到自己可以成为一个质问者，一个意义生成者，一个能够与身边的人共同建构以及重构现实的个体，我们就会向学生传达这样的观念，即我们可以从多重视角来看待现实，
131 现实的建构永远都不会完成，总是会有更多的问题需要我们去解决。这令我想起保罗·塞尚(Paul Cezanne)关于圣维克多山(Mont St. Victoire)的那几幅透视图，以及他绘画方式的启发，即如果我们要把圣维克多山作为意识中的现象去认识的话，那么就必须从不同角度、多重视角来观察。

在塞尚展现的景观中涉及了许多身体的嵌入，身体本身意味着经验的维度，经验维度既是我们，也是我们的学生思考的基础。例如，有人指出舞蹈美学就面临对于人类而言它到底意味着什么的问题。阿诺德·伯林特(Arnold Berleant)写道，“在通过肢体动作建立的人类王国中，观众之所以被吸引，并参与其中，是由于舞者所展现出来的基本动作都源自我们所有的经验，以及我们对人类世界的建构……这种

人类王国形式的出现意味着对所有二元论最致命的问题，即割裂身体与意识观点的直接否定。在舞蹈中，动作展开处亦是思考发动时。这种思考不是沉思性理智的反思，而是身体中泰然自若，保持平衡稳定的智慧，不是在行动前对可供选择的方向做出深思熟虑的思考，而是在行动过程之中的思考，是对积极行动的身体的深刻回应与指引”(1991，p.167)。关键在于过程与实践，技能的形成体现在所表达的对象上。另外，舞蹈还可以提供呈现完整自我的社会。毫无疑问，在这个技术化与学术化特征非常鲜明的时代，我们应该深入思考这种自我的观念。

如果我们认为绘画(应该)与创作者的以及感知者的肉体密切相关，就会发现伯林特关于绘画的评论，也涉及了绘画受时空限制的问题。当我们作为参与者出现，就会进入供展示的景观，或房间，或开放的街道之中。当然，我们要具备不同的认知模式，才能认识拉斐尔(Raphael)、德拉克罗瓦(Delacroix)、塞尚、毕加索、爱德华·霍普(Edward Hopper)、玛丽·卡萨特(Mary Cassatt)等的作品——但是这应该意味着我们要提高对认知的形式、颜色与空间的敏感性。萨特强调任何人都应该关注艺术的作用，以及唤醒想象的意义，他说：

> 一部作品的意义从来都不会仅仅局限在绘画、雕塑或叙述的对象身上。正如人们只有在世界的背景中才能感知事物一样，艺术所表现的那些对象也总是被放置在宇宙的大背景中……如果画家要呈现给我们一片田野或一瓶鲜花，他的画 132

就像是面向整个世界打开的窗子。我们循着红色泥土的小径看到的是奔腾入海的河流，小径隐藏在比凡·高的画还遥远得多的茂盛麦田之中，那辽阔一望无际的麦田，天上飘着片片云彩。我们可以一直看向无限的远方，看向世界的另一端，看向支撑田野与世界存在的终极。由此，这样的创造性行为通过创作或再造各种各样的对象，来完成对整个世界的更新。每一幅画，每一部著作，都是对存在整体性的重新获得。只有自由的观众才能感知到每一部艺术作品所呈现的这种整体性。因为这就是艺术的终极目标，即通过让观众看到如其所是的世界，来重新发现这个世界，但世界的本源仿佛就存在于人类的自由之中。(1949，p. 57)

萨特的见解从很多方面总结了在课堂上与艺术相遇的意义，我们正是通过与艺术相遇来促使年轻人去想象，去拓展更新这个世界。的确，没有任何事情比发现学习的源头更重要，学习不是出于外在的要求，而是出于人类自由的需要。

本章我讨论的问题直接关系到今天所谓的主动学习者，这里的主动学习者能够有意识地去追求意义，并赋予生活经历以意义。是的，我们今天的教育取向之一是把具有可塑性的年轻人打造成为满足后工业社会与现代技术需要的人。然而，还有另外一个取向与个体成长密切相关，与个体通过教育成为与众不同的人，成为能够发出自己的声音，有效参与共同体形成的人密切相关。当人们努力搁置先见，澄清内心，追求成为这个世界上更具热情忠诚的人时，与艺术相遇，以及参与艺术领域的各种活动就能够滋养个体成长，促使人们彼此间建立起有效的联系。如果我们最终能够认识到艺术对于成长，对于创造性以及问题解决的意义，我们就会战胜那令人绝望的停滞，就会燃起希望，燃起未来充满可能性的希望。穆里尔·鲁凯泽(Muriel Rukeyser)的诗歌《快乐的挽歌》("Elegy of Joy")就精彩地描述了体验到可能性的感受。

我们生活的灵动的眼睛
看到我们根据自己的形象塑造的和平，
我们能给予的都已经给予了：
支撑像午夜一样难熬的两天。"要活着，" 133
那一刻我们发现：夜晚需要
努力去爱与赞美的承诺。

现在没有先例，没有魔法。
只有年轻的先知，对这世界的感觉
世界需要去发现，这是时代给我们的礼物，
当所有的大陆点燃他们的灯塔，
照亮海洋，照亮天空。所有的一切都闪烁着光芒。
[(1949)1992，p. 104]

艺术可以滋养我们的生活，点燃未来的希望，描绘未知的探索，给予世界以光明。总之，我们要抵制对艺术的忽视，使审美体验教学成为我们的教育信条。

/11. 正文与边缘/

批评家丹尼斯·多诺霍(Denis Donoghue)提醒我们还有许多人依 134
旧认为艺术仅仅是娱乐，没有任何实际用处。他承认，“的确，艺术不能治愈牙痛，也不能帮助我们克服物质世界带来的各种压力问题”。

> 但是从另外的方面来说，艺术又的确非常重要，因为它们提供了我们可以完全自由生活的空间。我们可以把生活看作一张版面，版面中间是正文，是必备的文本，比如食物与住所、日常琐事与工作，这些维持生活基本运转所必需的文本。正文在很大程度上需要与传统习俗、常规惯例、习惯职责相协商，我们自己并没有多少选择的余地。只要我们身处正文之中，就只有与一般自我保持一致。如果整张版面都被正文占据得满满的，那么我们就必须亦步亦趋根据习俗惯例的节奏来生活，即便闲暇时亦是如此，因为闲暇也要服从习俗惯例的约束。(1983，p. 129)

多诺霍总结道，艺术通常处于大多数人生活的边缘，人们可以在“边缘”宣泄自己“在日常生活中受到极度压抑的感受与直觉”。那些选择“生活在艺术中的人……还能够为自己开辟空间，并在其中自由自在地存在”(p. 129)。对我而言，最重要的是为我们自己开创空间，在关联性中体验自我，主动地在这些空间中穿梭的这些观念。正如海德格尔所说，当一个开放的空间出现时，事物有时会以“超越其当下状态”的方式发生：“有一种澄清，有一种照亮”超越我们当下所确信了解的层面(1971，p. 53)。在第十章，我讨论了艺术释放想象的一般方式。
135 在本章我将把讨论推向深入，着眼于我们需要学习的把艺术教育与审美教育结合起来的教育学，只有这样的教育学才能使学生生活在艺术之中，为他们自己澄清内心，开辟空间。我说“我们”，是希望能够形成一个教育者共同体，这个共同体致力于解放教育学，特别是在艺术领域。在这个共同体的对话中必须包括不同阶层、不同背景、不同肤色、不同宗教信仰的男男女女，每一个人都可以自由发表独特的观点，都要努力从各自独特的角度出发推动某种共同世界的形成。当然这个共同体必须共享对艺术毫不掩饰的热爱。

许多教师都相信艺术带给意识的冲击，能够使我们(应该使我们)不那么容易地被日常惯例所吞没，而是更多地激励我们去探究、去质疑，这样才能挑战空洞的形式主义、启蒙主义与精英主义。艺术会使我们在某种程度上不满足于安逸，或激励我们不要再顺从默许，这一点并不奇怪。艺术有时还会把我们带入这样的空间，在那里我们能够想象其他的存在方式，并思考实现这样的方式到底意味着什么。但是进入这样的空间，需要我们心甘情愿去抵制那些强迫人们被动忍受、默许顺从的力量；需要我们拒绝福柯所谓的“规范化”，这种规范化强迫人们保持同质性，要求人们“通过找到适合彼此的位置，来确定等级，固定专长岗位，表现出有利于阶层差异的不同”(1984a，p. 197)。抵制这样的倾向就是要认识到占主导地位的社会实践是以什么样的方式在塑造我们，如何按照外在的需要界定我们，如何阻止我们超越自己，阻止我们去实践未知的可能性。

事实上，如果我们不能使年轻人在某种程度上抵制这样的倾向，不能使年轻人为了能够跨越边界而交流，为了能够做出选择，为了能够在主体间关系中变得与众不同，而澄清开放内心，那么我不知道我们还能够教导他们什么。在某种程度上，我主张每一个人都要有意识地介入艺术，这样这个民主社会中的个体就不会轻易地把自我限制在“正文”之中，不会轻易地故步自封，安于现状。最常见的问题是，长期以来，人们想当然地认为这个社会的主体价值观就等同于作为“美国的”代表的白人中产阶级的价值观。因为这种价值观是想当然的，所以很少会被命名，也并不会受到质疑或批判。这种主体价值观使少数族裔感到自己是外来者，并不能见容于主流文化。赫伯特·马尔库塞 136
(Herbert Marcuse，1977，pp. 10-11)指出艺术的品质在于它能否控诉既存现实，同时唤起解放的意象，他的意思是强调艺术在克服没有能力看到他者的问题上的重要性，在这一点上，我与他不谋而合。

此外，当我们把对艺术作品或艺术世界的介入与教育学整合起来时，一定要注意阿瑟·丹托(Arthur Danto)的提醒，他说，“没有理论就没有艺术世界，因为艺术世界从逻辑上说是依赖于理论的”。艺术理论把事物从真实世界中分离出来，并使它们成为“另一个世界的一部分，也就是艺术的世界，解释事物的世界的一部分”(1981，p. 135)。艺术世界是一个建构的世界，因此我们必须把它看作是偶然的，并且时刻准备接受批判的。我们也必须把艺术世界看作是一个不断延伸、拓展与修正的世界。人们在过去制定的标准，必须要接受质疑，保持开放，这样我们就不会再忽视那些新出现的、与以往不同的东西。越来越明显的事实是，我们不可能界定一种适合每一个人的“艺术”概念，也不可能在艺术作品的构成要素上形成普遍可以接受的共识。我们再也不能若无其事地限定教师在课堂上，只能使用那些根据少数人集团的伟大概念而遴选出来的作品。但是，我们也不能简单地根据其他的传统，来罗列我们所认为的具有“代表性”的作品，然后称之为多样性。今天，我们必须允许那些长久以来被迫保持沉默的人们发出声音：女性的声音，少数族裔的声音，西方世界之外的那些诗人、音乐家的声音，我们必须为那些未经尝试的，出人意料地开辟道路。我相信正是通过教师选择出他们自己认为值得珍视的东西，他们才能有机会改变学生的经验。

然而，我抛开标准要关注的不仅仅是我们能够使个体与一系列艺术家真正、大胆地交流。我还要探索思想层面的一系列媒介——不仅包括书面与口头的语言——至关重要的是，创作谜语、诗歌与故事的那些素材，以及讲述梦境，虚构杜撰，赋予小说形式的那些媒介——而且还包括颜料、彩色蜡笔、黏土以及石头等；音乐的美妙旋律，不

谐和音以及脉冲的声音；舞蹈中移动的肢体，做出各种造型，明确表 137
达愿景，在时空中自由穿梭，翩翩起舞。

艺术可以通过雕刻、绘画、舞蹈、唱歌与写作，来帮助形形色色的个体探索他们自己的形象，追求他们自己关于事物的愿景。艺术还能够使个体认识到发现他们所看到的、所感受到的、所想象的东西的一种方式，就是要将它转换成某种内容，并赋予这内容以某种形式。这样的话，个体就能够体验到各种各样诉诸美感的机会，就能够感知身边那些意料之外的模式与结构，他们以前从来不知道这些模式与结构的存在。当忽略的帷幕一下子被撕开，人们的眼前将蓦然涌现各种各样崭新的视角。人们将认识到彼此间意识的联系、折射与介入的方式，以及特定意识把握事物表象的方式。

当个体眼前忽略的帷幕一下子被揭开时，包括那些年轻人在内，他们无疑都会尽快适应这个崭新的世界，而不是相反。他们努力去理解阿尔文·埃利(Alvin Ailey)为什么为了一个庆典跑到河边去，伊莎贝尔·阿连德(Isabel Allende)的小说《爱娃·露娜》(*Eva Luna*，1989)中主人公又是如何讲述她的故事，斯特拉文斯基(Stravinsky)如何用一连串急促而略显焦躁的乐句，对火鸟的来临进行激烈、骄矜的渲染，莫里森(Morrison)在《宠儿》中如何对于作为母亲，对于牺牲，以及摆脱这苦难深渊的炽烈情感进行审视探究，凯斯·哈林(Keith Haring)那以简单有力的图像为元素的涂鸦艺术，还有涂鸦艺术家们在城市大门与墙壁上作品的深远影响。当学生们能够共同分享这样的经验：通过模仿舞蹈家的动作，学习舞蹈语言，通过运用词汇来组织自己的叙述，进入小说写作与故事创作的符号体系，通过敲击玻璃或鼓来探究声音媒介的形成意味着什么，所有这些即时性的介入都会让学生形成一种参与性的认识模式，形成一种他们自己对于诸多艺术形式的参与式介入。审美教育应该包括以上这些大胆尝试，正如它应该包括有意识努力促进学生与艺术作品之间发生越来越深入全面的热切相遇。审美教育还应该包括提出各种各样的问题，即产生在艺术体验过程之中的审美问题：为什么看了这部作品我深有感触？为什么那部作品让我感到被排斥？这首歌实际上在什么意义上体现了马勒(Mahler)的悲伤？贝多芬的《欢乐颂》(“Ode to Joy”)中又有什么让我感受到自己逐渐与某种
138 超验实在发生了关联？马尔克斯(Marquez)的小说《百年孤独》(*One Hundred Years of Solitude*，1970)是如何反思、折射、说明、解释哥伦比亚的历史？牙买加·金凯德(Jamaica Kincaid)《露西》(*Lucy*，1990)中的西印度群岛在何种意义上是“真实的”？提出审美问题就是对审美体验自身进行更多的反思、批判与共鸣。在回答这些问题的过程中，艺术教育得到深化与拓展。

当然，这里的艺术教育包括舞蹈教育、音乐教育、绘画教学、其他平面艺术，以及(我希望包括)一些写作的教学。审美教育则是指我们要有意识地努力促进学生与艺术之间发生越来越深入全面的相遇。我们要使学生既能够作为一名创作者进行艺术活动，又能够欣赏体验既有艺术作品的关键是，释放他们，让他们在与艺术的相遇中完全地在场，比如爱德华·霍普的城市绘画、塞尚的风景画、爵士乐曲、贝拉·巴托克(Bela Bartok)的民歌，或乔伊斯(Joyce)的小说。在某种程

度上，实现这样的目的就是要求我们必须在艺术教育中尽最大努力实施审美教育。当我们能够理解眼前这部作品有什么是应该需要注意的，当我们能够在所感知的领域中释放想象、生成秩序，能够允许我们的感觉去了解，去阐明有什么是可以理解的，那么我们就是在与艺术的相遇中完全地在场。我希望艺术教育与审美教育二者之间是一种互补的关系：促使学生进行创造的教育学与促使学生去关注(也许是欣赏)的教育学彼此支持，相互影响。我还希望这两种教育学都能够把学生与教师看作探索者与质疑者，这样，在他们转向即将来临(也可能不会来临)的充满可能性的空间时，他们能够有意识地进行“意义的审判”[Merleau-Ponty，(1962)1967，p. 19]，进而反思他或她的选择过程。两种教育学的目标是多元化的，但这些目标中一定包括想象与知觉的激发，包括对各种各样看的模式、意义生成的模式的敏感性，以及对现实生活情境基础的认识。

今天大多数批评家与教师们都一致认为我们不可能形成一个关于艺术的固定不变的定义，或者形成一种可以解释所有现存艺术形式，以及所有即将出现的艺术形式的理论，然而大多数人都同意马尔库塞(Marcuse)的观点，他指出艺术“为我们开启了一个其他经验难以企及的维度，在这个维度中，人类、自然与事物都不再遵循既有现实社会的法则”。当个体得到释放去关注艺术，把他们的精力投入到艺术之中，艺术作品中的语言与形象就会使“在日常生活中不再被，或尚未被 139
感知到、尚未被说出来、尚未被听到的那些东西，成为可以感知的、可以看得到的、可以听得见的”(1977，p. 72)。我们可以回忆所有能够验证马尔库塞观点的经验。我想起布拉克(Braque)与毕加索完成的对现实传统秩序的颠覆，他们的努力使许多人认识到通过多重视角看待生活世界的意义。我还想起莫奈(Monet)历经三个多月为鲁昂大教堂(Rouen Cathedral)作画，他从不同角度同时画十几幅画，从中我们看到了这座古老教堂惊人的美。像在莫奈其他系列画作中所看到的杨树或麦垛一样，古老的教堂随着一天时间的推移，阴影与光线的倾斜变化，呈现出不断变化的形状，甚至不断变化的结构意义。当我们看到关于麦垛的油画，我们感受到关系的变化与富有表现力的节奏，看到画面上矮小而质朴的麦垛与隐约可见的麦垛之间的游戏，麦垛撒下的阴影与远处天空辉光闪耀之间的游戏。要不是莫奈，我们原本不会怀疑这个可见世界对于我们的重要意义，莫奈不仅让我们看到事物，而且还让我们认识到我们所获得的视域——包括意义与节奏在内——都是从我们自身角度出发的某种关注方式所发挥的作用。莫奈并没有在一系列景观画上画一扇窗户，从表面上看这些景观都是客观地远远地在那里，属于客观的“印象派”。就像诗歌一样，在绘画中，意义也是相关事物的表现形式。莫奈景观画作的意义［就像委拉斯贵兹(Velazquez)的《教宗英诺森》(“Pope Innocent”)肖像的意义，或是爱德华·霍普孤寂空旷的城市街道的意义，或是戈雅(Goya)的《战争的灾难》(*Disaster's of War*)的意义一样］并不存在于主题之中，也不存在于挂在墙上的画布上，不属于我们靠近欣赏它们时我们的主观性。意义既是在与绘画、文本、舞蹈表演的相遇过程之中产生，也是借助于这些相遇而产生。在相遇中我们了解得越多——通过熟练使用手边的媒介，利用批判的透镜，以及艺术世界的观念体系(Danto，1981，p. 5)——我们才能关注得越多，艺术作品的意义也就呈现得越多。什么是好艺术，什么又是坏艺术？一部艺术作品的产生需要什么样的情境？评判这些问题的充分依据是什么？诸如此类的问题始终敲打着我们的内心，我们非常好奇，也渴望认识得更多。 *140*

然而，没有想象的释放，没有穿越现实的窗去看待世界的能力，没有将假想世界带入经验中的存在的能力，我们的相遇就不可能发生。当想象把“分离的各部分整合到了一起”(Woolf，1976，p. 72)，它也就创造出了新的秩序，同时也把人类的意识与视觉艺术作品、文学作品、音乐作品与舞蹈作品联系起来。想象是我们理解潜藏在“现实”表象下面所发生事情的基本方式，想象也正是我们经验结构的基础。一旦我们克服主观与客观、内部与外部、表象与本质的习惯性割裂，我们就能够赋予想象恰当的重要性，能够领会将想象置于理解核心的重要意义。美国诗人哈特·克莱恩(Hart Crane)把想象看作“一种为获得新概念，获得更具包容性的评价的富于合理性与联系性的努力”(1926，p. 35)。与其观点相似，诗人华莱士·史蒂文斯讨论了想象提高真实感的方式，讨论想象作为“一种超越事物可能性之上的心灵的力量”(1965，p. 31)。玛丽·沃诺克讨论了想象与情感发生联系的方式，以及“为了将思想或概念运用于事物”，将想象与情感联系起来的必要性(1978，p. 202)。她说我们必须承认想象与情感，包括趣味与敏感性，能够是，也应该是通过教育获得的。这里我的观点是教授想象与情感等的有效方式是通过艺术—审美领域的启蒙。

即便莫奈呈现的所有光线照射事物表面的效果都是通过科学式的观察，但没有想象他也不能运用如此多的方式，令人信服地揭示鲁昂大教堂的外观：有时它是神秘信仰的坚定象征，有时它是希望的火焰，跳跃着光芒四射，有时它则仿佛戴着一层镶着花边的面纱，妩媚娇羞。如果我们没有能力把那些颜料的笔触，那些白色、金色、黑蓝色，转换成教堂的透视图，那么我们就不能认识到我们意识范围之内的那些独特美景。当我们成功地这样做时，我们就很有可能改变认知的维度，继而改变生活的维度。

华莱士·史蒂文斯的诗歌指出要对想象的向心性具有特殊的敏锐，特别是对于那些尝试写诗歌的人来说。当史蒂文斯把想象比喻成一把并没有“如其所是地弹奏”[(1937)1964，p. 165]的“蓝色吉他”(这令一些听众绝望)，他就只能在那些懂得如何非其所是地看待事物的人之
141 中，在那些能够注意到蓝色吉他的古怪，拨动琴弦就能弹奏无限之歌的人之中，寻求共鸣。史蒂文斯展开想象，创作了另一组诗歌《六幅意蕴风景画》(“six significant landscapes”)，前面的四首诗写出了在树荫的边缘，那蓝白相间的飞燕草中发现的意外惊喜，写出了闪耀的一泓池水，“如一只手镯/在劲舞中晃动”，写出了月亮披着白色的礼服，那褶皱上“盈满黄色的光芒。/……它的头发缀满/蓝色的宝石/离那群星/并不遥远”[(1916)1964，pp. 73-74]，他在自我与事物之间建立了新的联系，为读者描绘了崭新的景观。随后不同寻常的两首则提醒读者，事物是经塑造、雕刻而成的，

不是所有的灯柱刀
也不是所有的长街凿
也不是所有的穹顶以及高塔的
锤
能够雕出
一颗星所能雕出的
透过葡萄叶闪耀的光辉。(pp. 74-75)

因此，不一定非得成为雕刻家才能分享探索的感受，只要开辟新的空间，把关于刻刀、凿子，以及雕锤的想象汇聚起来，这样星星自己就可以成为雕刻者，就像它透过叶子闪耀的光辉。通过这样的比喻能够改变的不仅仅是我们关于星光的想法，我们关于雕刻家的观念或形象也会因此而发生改变，即凡是创造意料之外形式的人就是雕刻家。在该诗的最后一节，史蒂文斯把诗歌推向高潮，其蕴含的意义喷涌而出：

理性主义者，戴着方帽
在方形房间里，思索
盯着地板
盯着顶棚
他们将自己局限于
直角三角形

倘若他们尝试菱形
锥体，波浪线，椭圆——
比如，半月的椭圆形——
他们就会戴上宽边帽。(p. 75)

142 这种意义的表达也全部都是借助比喻、借助对意料之外的关系的揭示来完成的，这种意料之外的关系的揭示会把新的元素带入读者的世界之中。无论是从外在还是从内心去体验诗歌，都需要读者摆脱禁锢，摆脱单向度思维，这种禁锢与单向度思维的基础都是理性主义者的立场。当理性主义者接受挑战尝试长菱形与锥形体，他们就是在尝试改变，把线形与方形逐渐变为半月的椭圆形。这并不是要他们放弃思考，或是放弃关注遵循惯例常规的正文，而是希望他们能够至少偶尔把学位帽换成宽边帽，转换一下思维方式。他们关注事物的方式受到挑战，这种挑战要求他们关注事物时，要运用更加游戏变通、潇洒自信的态度，运用圆形月亮与方形房间之间的辩证关系，运用边缘与正文之间的辩证关系。

许多人能够唤起相似的经验，一旦他们偶尔去边缘地带冒险，一旦他们通过选择与行动，通过"归属原初世界"[Merleau-Ponty, (1962) 1967, p. 456]，来割断对习俗惯例的依赖。我并不是主张介入艺术就应当否定既有的惯例常规，或不再关注惯例常规。我也不是说体验边缘就是体验追求放纵与感官享受的极致。我思考艺术时强调的是，艺术能够为我们提供形成新观点的可能，为我们提供认识超越，以及存在于这个世界的其他方式的可能，提供拒绝那种没有能力进行选择的机械化，无意识行为的可能。

这些可供替代的其他方式可能是冷酷且令人沮丧的，乍一看甚至是令人厌恶的。他们可能就像伊丽莎白·毕晓普诗歌《夜晚的城市》(“Night City”)里描述的样子：

> 没有一只脚能够忍受，
> 如此瘦的鞋子。
> 破碎的杯子，破碎的瓶子，
> 成堆的垃圾在燃烧。[(1976)1983，p. 167]

在眼泪与罪行激起愤怒的地方，总是会有一位“独自哭泣”的大亨以及“被黑暗遮蔽的月亮”。但是，我们要注意的是，这是从一架掠过死寂天空的飞机上所看到的景象，那个用括号括起来的诗歌结尾常常萦绕心头，挥之不去：“(然而，还是有生物，/小心的，在头顶上盘旋。/它们放下爪子，开始行走/绿的，红的；绿的，红的)”(p. 168)。

像查尔斯·狄更斯(Charles Dickens)小说中受到侵害的儿童，夏洛 143
特·帕金斯·吉尔曼(Charlotte Perkins Gilman)作品中受到虐待的女性，陀斯妥耶夫斯基(Dostoyevsky)创作的世界里受尽折磨的小家伙——伊万·卡拉马佐夫(Ivan Karamasov)告诉他的兄弟，“这是许多人的奇怪特征，他们只迷恋折磨儿童，只是儿童”[(1880)1945，p. 286]——《战争的灾难》中游击队战士被处决，以及大屠杀令人恐惧的照片，这里有太多的形象与人物直接燃起我们的愤怒，直接唤醒我们内心深处与他者相关联的那一面。我们再也不能熟视无睹、无动于衷，我们要行动起来努力修补挽救这个世界。

最近我看到一幅关于德国恐怖组织女首领乌尔里克·迈因霍夫(Ulrike Meinhof)的绘画，画的似乎是她在狱中上吊自杀后躺在地上的情形。在一个既模糊又死寂的窒息环境中，我们看到的只是暗淡苍白的轮廓，以及她受伤的脖子。作者是格哈里·里希特(Gerhard Richter)，他根据照片创作的所谓“红军旅”作品，展示了巴德尔－迈因霍夫集团(Baader-Meinhof gang)成员的形象——今天所有这些成员都已死亡。他这样写道，“艺术总是最大程度地表现需要、绝望、万念俱灰……当我们过于注重形式上的审美维度的时候，就常常忽视了内容”(Kuspit，1990，p. 129)。里希特在以照相现实为基础的模糊描绘中，体现了一种“特定具体与朦胧暗示”之间的辩证关系，唐纳德·卡斯比特(Donald Kuspit)评论道，里希特的作品“突出强调死亡这个重要事实：死亡的不可思议，以及围绕着死亡的各种怀疑……正是这种不可思议与怀疑使死亡成为‘无限’的催化剂，滋生病态的猜测，包括那些悲观主义的评论，即我们如何追究那些隐藏在表面‘公开’的事件形象背后的东西，从而有效地改写历史。正是这种不可思议性营造出绘画中难以把握的隐秘的氛围”(pp. 131-132)。很明显，里希特自己把所有意识形态与诸多信仰都看作是对生命的威胁，他认为巴德尔－迈因霍夫集团本质上就是意识形态行为的牺牲品。我们观察，我们好奇，因此问题接踵而来，不断带给我们沉重的打击。像里希特创作的这类形象会引发我们面对意识形态与恐怖的最终要求时的一种愤怒，进而产生根本上的怀疑，这是对于那种苍白毫无意义的死亡的一种回应。

艺术的功能之一就是不仅能够使我们可以“根据与我们自己相匹配的方式”[Conard，(1898)1967]来看待事物，不仅以某种方式改变我们的日常生活，而且还颠覆我们的无思想与自鸣得意，甚至我们关于艺术自身的确定性。当我们倾向于反对技术主义强加在审美体验上的控制与局限，我们就极有可能在艺术中发现摆脱束缚的可能，从而单纯 144
实现原初的欲望。由于我们如此渴望保护我们所教导学生的自发性，因此在世界上能够触碰到作为人的深度与高度的领域中，我们的选择过于频繁，因而发现的就不仅仅是纯洁与光辉。

牢记这种观点对于我们这些从事教学的人而言至关重要，因此我十分重视与像约瑟夫·博伊斯(Joseph Beuys)、罗伯特·威尔森(Robert Wilson)、菲利普·格拉斯(Philip Glass)、威廉·鲍肯(William Balcon)、托妮·莫里森、玛莎·克拉克(Martha Clarke)、约翰·克威尔(John Quare)这样艺术家的相遇。他们与先锋派或后现代的联系并不是那么重要。重要的是，除了他们作品的复杂品质，以及往往有一种怪诞的美以外，每一部作品体现的问题意识，有节制的躁动不安，以及某种“半月的椭圆形”的相似感。比如，我想起了最近荣获威尼斯双年展(the Venice Biennale)第一名的珍妮·霍尔泽(Jenny Holzer)的作品，不久前她还在古根海姆博物馆(the Guggenheim Museum)的螺旋形空间完成了传达信息的移动霓虹文本作品——红色与白色的电子灯管上流动性播放着文本，文字碰撞交叉重叠，意义也随之起伏跌宕。电子管上清晰地写着那些不言而喻的老生常谈，大理石凳上雕刻着老生常谈，有时这老生常谈就像里希特创作的形象那样模糊，有时又清晰得令人惊诧、令人窘迫。还有对那些出现在建筑物墙上、公交站上的俏皮话的滑稽模仿与简化——“家庭生活的时间都是借来的”“不滥用权力才奇怪呢”(Waldman，1989)。此外还有她称为《挽歌》的第一人称的内省信息：“只有我的心灵能够保护我度过时光”“我恐惧的是被关在一个外面裹了皮毛的盒子里。每一天我都无所事事，因为我总是处于可怕的空白与懒惰无聊之中”(p. 18)。

当我观察那些文本信息闪烁流动，忽而是陈词滥调，忽而是抽象拼贴画，忽而又变成概念艺术、极简艺术时，我也是在观察一种符号语言如何正在使可见世界变成不可见的，这时的我会庆幸自己的世界在慢慢显现为可见的。霍尔泽说，“我并不是要使‘这种艺术’完全变成随意的、草率的，但的确不得不包括那不可控制的一部分。写作中你不得不先把情节的矛盾冲突推至高潮，然后再回溯铺陈开来。这就是我所欣赏的，只有当事情超出掌控范围，接着再被全力拉回的时候，
145 你才是真正掌控了它们。我想要它们成为伸手可及的，但又不至于一两秒钟后就被你抛弃”(Waldman，1989，p. 15)。我欣赏霍尔泽在随意与控制之间的自如游走，欣赏她运用语言超越那切实有形的具体，但我也为此再一次受到关于意义与相关问题的困扰，我发现问题产生本身与揭示真相的时刻几乎同等重要。我认识到，当我努力探究神话，探究托妮·莫里森《宠儿》的神秘部分时，当我回到威廉·福克纳(William Faulkner)的小说《熊》(*The Bear*)，或探究他奇异的故事《大骗子》

(*The Confidence Man*)中到底“骗得信任”与“信任”意味着什么时，同样的问题就产生了。

当然，我们需要运用批判，只要批判有助于解释艺术作品，有助于我们注意到艺术作品中需要注意的东西，但我们也必须要清楚这些批判本身各自都基于什么样的假设：我们是通过哪些批判的视角来看待那些我们努力去理解的艺术作品的？同时，我们必须还要抵制专家意见的影响，大肆宣传炒作的影响，盲目崇拜的影响，以及市场决定价值与选择方式的影响。今天，作为教师的我们有义务去认识、提防这些自上而下做出决定(或从某种事物的伪中心)的力量，它们决定什么是艺术世界能够接受的，什么又是明确标识不能接受的，比如那些可能会因为色情、邪恶等问题而遭到控告的内容。我们最近读到的为反对某些艺术作品而颁布的法令，还有对那些作品的强令禁止与处理都是符合法律要求的。然而，如果我们支持这样的观点，即当下体验到的总是比预料到的要丰富得多，想象总是为不可预知的一切开辟新的空间，那么最近各种禁令背后隐含的意味就会让我们感到不寒而栗。当我们也认识到只有凭借想象力才能完成与艺术作品创造性、欣赏性的相遇时，我们唯一能预见的就是这些禁令所导致的蒙蔽性、束缚性的负面后果，这种后果是最深层意义上的错误教育。我们势必要尽最大所能去真实地、批判地思考，罗伯特·梅普尔索普(Robert Mapplethorpe)的摄影展览对于我们作为个体而言到底意味着什么，关于他摄影展览的禁令到底意味着什么。像安德里斯·塞拉诺(Andres Serrano)与凯伦·芬利(Karen Finley)这些人的作品，还有焚烧旗帜的那些人的作品，当这些作品受到质疑，对我们而言到底意味着什么？当先锋戏剧《马拉/萨德》(*Mala/Sade*)、音乐剧《头发》(*Hair*)在舞台上呈现裸体的那一刻，其实我们已经做了类似的认真思考。我们没有必要刻意地带儿童去看梅普尔索普或芬利的作品，虽然有充分的理由这样做。
146 然而我们的确需要了解自己——也需要使孩子能够了解自己——如何以生活经验为基础做出判断，同时这个判断也要符合共同体的规范。在努力使学生开放去接纳新东西与多样性的同时，我们自己也需要努力打破传统惯例束缚，摆脱盲目崇拜的扭曲，克服狭隘信仰的低级趣味。

这种开放性需要我们不断地探究自我，正如需要我们尽一切努力，使尽可能多的年轻人能够破解阻止他们介入艺术作品的密码。当绘画、小说以及音乐作品等，以限于圈内人理解的方式，封闭在某种永恒的领域，或出现在某些飞地，超出大多数人能力之所及，那么如果我们的意识不经过训练，我们就不可能真正认识它们。杜威曾经说过艺术作品的呈现方式，仿佛是在不厌其烦地告诉我们，它们并不植根于文化生活，它们只是精美艺术的标本而不是别的什么。这样的话，艺术品就成了普通人遥不可及的东西，就像许多脱离日常生活视域的精致小说，还有那些超出通常音域范围的音乐。这些艺术形式的基础，无论是现实的还是比喻的，都脱离了“公共的或共同体生活的范围”(Dewey，1934，p. 6)。当我们有意脱离日常体验来设定艺术品的基础，这些艺术品在很大程度上就成为“审美与确定性的标志”(p. 9)。它们根据精英主义原则来确认人们的地位，服务于社会权力利益。瓦尔特·本雅明(Walter Benjamin)持有同样的观点，他讨论永恒价值与神秘的概念，这些概念与艺术作品紧密联系，与距离、独特性与传统的“光环”[(1955)1978，pp. 222-223]紧密联系，也正是这些概念使得艺术作品远离大众。约翰·伯格(John Berger)也指出艺术作品“被包装在彻头彻尾虚伪的虔信气氛中。人们讨论展示艺术作品，仿佛面对神圣的遗迹：它们成了自己劫后幸存的最重要物证的遗迹”(1984，p. 21)。伯格还强调，视觉艺术始终收藏于某一保护地的范围之内，这保护地是奇异或神圣的，同时又是物质的。“后来，艺术收藏进入了社会领域。它进入了统治阶级的文化，而作为实物的艺术品则脱离大众，孤零零地摆放在宫殿和屋宇之内。在这全部历史中，艺术的权威性同收藏地的特殊权威是不可分割的。”(p. 33)

艺术脱离大众，不仅是由于艺术品被某种“保护地”收藏所造成的脱离，而且还包括艺术的商品性所造成的脱离，以及神秘主义、实在 147
论的错误观点，针对被排斥的女性、有色人种以及穷人将艺术人为神秘化所造成的脱离。造成艺术脱离大众的原因还包括个人的天真无知与愚昧，以及对于那些天真无知愚昧的、受媒介控制的他者的依赖。艺术品自身也并不能自然而然地向年轻人开放，年轻人一直都遭受着那些把艺术品看成贵重“商品”的其他人群的贬抑与排斥。伯格强烈反对我们可以自发地理解艺术的观点，他说：

> “天真”可有两种解释。拒绝参与阴谋，你就同那个阴谋无所牵连。可是保持清白也有无知之嫌。问题不在于无知与

有知之间(或自然与文化之间)，而在于：一种做法是全面接近艺术，意在使经验的每一方面都同艺术发生联系，而另一种做法是少数专家划定小圈子搞定艺术，那些专家是没落的统治者发思古之幽情的帮闲。(这个统治阶级的没落是因为企业与国家新兴势力的兴起，而并不是因为普罗大众的存在。)真正的问题是：古代艺术的意义理应属于谁？属于那些能够把它应用在自己实际生活中的人，还是属于古董专家这一文化阶层？(1984，p. 32)

这种观点为我提出的整合艺术教育与审美教育的教育学提供了论证支持。是的，这种教育学应该是以培养更多渴望了解与想象意识为目的的教育学，但同时也应该是一种批判性学习模式的教育学。这种批判性学习模式使学生能够抵制精英主义与客观主义，使他们能够去阅读、去命名、去创作以及改写自己的生活世界。

当然，显而易见的是，如果我们全身心投入到艺术作品之中，使它们变得鲜活生动起来，如果没有外在与内在交互作用这一根本性的阻隔，我们就会感受到音乐、绘画、电影、舞蹈，以及(哪怕在较小程度上)对文学的即时性理解所带来的无比巨大的欢乐。但同样很清楚的是，我们也总是会面临强迫接受异化标准的危险，以及提供单一“正确的”方式观看莫奈杨树油画，辨别委拉斯贵兹(Velazquez)始终疑点重重的作品《宫娥》(*Las Meninas*)中，画家身后的国王与王后是否镜中映像，探究《简·爱》(*Jane Eyre*)中疯女人意义，尝试解释电影《第三人》

(*The Third Man*)的危险。但是如果我们持有相反的意见，教给学生的就会是这样的观点，即无论在任何情况下，所有这些都是主观的，都 148
属于审美品位的问题，而这种观点与导致盲目相对主义的纵容与放任并无二致。根据是否符合真实的拿破仑战争来判断《战争与和平》(*War and Peace*)的价值，根据描写的是否是真实的新奥尔良，或是否真实揭示了社会的某些病态来判断《欲望号街车》(*A Streetcar Named Desire*)的价值，这种判断的方式避开了每一部作品潜在的审美可能性，否定了幻想，把作品仅仅看作是打开的关于世界的另一扇窗户。

杜威常常提醒读者，如果要把绘画或诗歌这样的艺术作品转换成人们认识的审美对象，那么人们就必须具有想象力与感知力。他坚持认为审美并不是来自外部的入侵者，也不是利用“零碎时间”(1934，p. 54)就可以完成的事情。多诺霍则发现了关于艺术的“科层培养体系”(cherishing bureaucracy)，以及同化、控制艺术，使之归化的倾向(1983，p. 71)。正如他所看到的，“国家”或那些控制者似乎都在说，艺术家可以做任何自己想做的事，其实是因为他们所做的对任何人而言都并没有什么不同(p. 74)。确实，如果人们只是从画作面前一闪而过，在音乐厅里沉溺于空想，匆匆浏览那些虚构小说，与艺术形式并没有发生任何实质性的联系，似乎各种领域的艺术作品本质上都是商品而已，那么艺术家也的确没有能够真正改变什么。杜威指出，我们要从兴趣出发，积极关注、整理那些逐渐显现的细节与特点，那么才越有可能观察到完整的格局或“经验的整体”，这一点始终是至关重要的。他说道，“无论从感知者，还是从艺术家一面看，都有工作要做。

做此工作时太懒，无所事事，拘泥于旧惯例的人，不会看到或听到。他的‘欣赏’将成为学识碎片与通常欣赏的惯例标准，尽管其中有真实性，但却是混乱的情感刺激的混合体”(1934，p. 54)。对于这样的“欣赏”，可能会有一种贴标签意义上的正确认可，但却不会有战胜被动迟钝的充满活力的相遇。因此，感知者不会有意识去探究意义的形成，也不会有促成感知者全面觉醒的解释基础。

大多数人都认识到，我们必须在对于绘画、舞蹈表演，或虚构小说的初始反应的自发性，包括当下的美妙感受，与深入理解认识这些
149 艺术作品所必需的努力之间，取得微妙的平衡。关键问题是关于这种努力以及需要释放的力量方面，作为教师的我们能够教授点什么，我们教授的不一定是一般意义上的文化素养，也不是精通鉴别伟大艺术家及其作品的能力。学习克服被动迟钝与冷酷无情，学习关注那些需要注意的东西，将不断地为我们打开一个又一个新的视域。萨特在讨论文学问题时也这样清晰地表达过：如果读者是“粗心大意，疲惫不堪，愚不可及，或无思想的，那么他就不太可能与他者建立联系。他从来都不可能‘理解’对象……他也许会由于情感触动而说出一些话语，但那也将只是随意的一些胡乱理解”(1949，p. 43)。相反，当我们以最佳状态去阅读，头脑中就会映射出超越语言的主题与意义。我们还可以通过语言认识到语言之外的东西，不管这语言是艾米莉·狄金森(Emily Dickinson)的诗歌语言，还是萨特的戏剧语言。这种语言之外的东西可以帮助我们看到艺术家是如何设法引导读者或感知者去生成他们所揭示的东西，如何设法引导他们成为艺术家追求自由的共谋，

成为释放可能性的共谋。在我看来，正是这样的行动是审美教育的核心，也正是这样的行动才能够挽救人类的生活。

如果我们能够让更多的年轻人用这样的行动方式激发自己，去理解他们所看到、听到的，去关注艺术品的特殊性，他们才会开始把艺术作为一种理解的方式来体验。我们常常认为善于分析的抽象理性才是认识活动的标志，而建立与艺术作品之间个人化的联系则是一种独特的关系性活动，尽管如此，艺术也应该被视为一种认识方式。通过艺术这种认识方式获得的经验与知识，能够帮助我们看到许多生活世界的新形态，帮助我们建立起与原初景观，与最初的认知行为之间的联系。

由于与艺术的相遇永远都不会结束，因此我们总能体验到新的相遇的挑战。我们会体验到梅洛—庞蒂所描述的“过程”，“一种体验可以通过与自我、与他者的对话来逐渐阐明自己，逐渐矫正自己，然后持续发展下去”(1964a，p.21)。对于我而言，困难在于要为学校教育与诸多艺术之间的关联做出更充分的论证——如果的确像许多人所认为的，厌学与徒劳感是学习最大障碍的话。我们的自我始终都处在形成 150
过程之中，哪里能够包容可能性，不断创造新开端，哪里就能够感受到自我，这就是如果我们想要唤醒年轻人去认识他们的生活情境，使他们能够理解并命名他们的世界，必须教给他们的东西。

我所讨论的艺术与审美教学领域的核心是主体意识，实际上是主体的权力意识。绘画、文学、戏剧、电影——所有这些都能够释放主体的权力意识，推动人们去改变。我们想让所有年轻人都认识到，他们有权从自己的现实生活角度出发去发现艺术作品的意义。此外，艺术点亮的世界是一个共享的世界，艺术所生成的现实只有通过交流行为才能呈现，因此，我们使学生能够去探究的相遇从来都不是完全自主的或私人的。从自己探索绘画空间到与布拉克(Braque)画作的有意识相遇，从自己创作诗歌到欣赏罗伯特·弗罗斯特(Robert Frost)或穆里尔·鲁凯泽(Muriel Rukeyser)的诗歌——人们始终都能够参与到与周围人的对话之中。在对话中，我们能够探索更多的语言形式，赋予更多的理性，欣喜于顿悟的时刻，清晰表达不同立场的观点。这时即便是在学校的走廊上，我们也能够看到全面觉醒的共同体的形成。

如果我们的确要让边缘成为看得见的、可以理解的，如果我们鼓励从边缘到正文以及背面的辩证运动，我们就应该在学校中开放越来越大的聚会场所。我们应该设计建立画室、录音棚等类似的空间，在这些地方，学生能够作曲、演奏音乐、阅读诗歌与小说、创作素描、绘画与雕塑。教师与学生双方既共同参与感知旅程，在意义的情境中把握作为事件的作品与话语，又共同探索他们自己的空间，以及他们所属历史时代的意义，他们在生活中创造与阐释的历史意义，在这样探索的过程中教师与学生会不断提出新问题，由此不断产生新的合作。

越来越多的人发现创造形象构思比喻或者讲述故事，都是为了探索他们自身进入艺术领域的道路，这时我们所做的努力能够是，也一定是增益人生的。无论他们面对的(以及被要求去面对的)是多么异化疏离，多么令人震惊的形象与观点，他们都必须要认识到这些作品并
151 不等同于认可这样的现实，深受战争伤害的儿童，马路边肢体残缺的

年轻人，惨遭虐待的伤痕累累的尸体，或者警戒线后人们惊恐的眼睛。这些作品要强调的是，我们不可以逃避，不可以否认，不可以想当然这些现实，我们一定不可以心安理得地维持被动消极的态度，维持一成不变的自我。相反，我们必须跟随时间的脚步，去寻求更多意识的冲击，更多未知的探索，更多意义的追求，更加积极地参与到充满不确定性的人类共同体的永无止境的探索之中。

第三编

形成中的共同体

Community in the Making

/12. 多元主义的激情/

在美国，总是会有新移民的加入，我们也总是会遇到陌生人。因 155
此在课堂上总是会有大多数教师没有看到或听到，或不能看到或听到的年轻人。然而近年来，社会上许多方面都在抵制这种看不见。传统的缄默被打破，长久以来受到压抑的人们开始争取发出自己的声音。是的，我们追求杜威所谓的“大共同体”[the Great Community，(1927) 1954，p. 143]，但同时，我们也要面对前所未有的多样性与多元化的挑战。我们不能否认或掩盖多样性的事实，只能面对难以想象的多样性来选择自我。在这样的情境中讨论激情，并不是在讨论一种由于许多混乱、不和谐音的刺激而引起的强烈情感，而是要着眼于激情表现的核心——“面对面的关系范畴”(Unger，1984，p. 107)。可以肯定的是，个人化相遇越是持续的、真实的，产生分类与距离的可能性就会越小。人们就越不会被周围的人当作工具，当作“其他的”来对待。在本章，我要讨论的是在观念上具体参与的，既是现实的又是想象的多样性与多元文化主义：与年轻人及老一代的交往，遭到排斥的痛苦，无力感，贫穷，无知或厌倦等。讨论的过程则离不开想象、比喻与艺术。

当形形色色的人们作为“谁”而不是作为“什么”来发出自己的声音，当他们通过言说与行动聚集到一起建构他们之间某种共同的东西时，讨论激情，参与与想象也就是在讨论形成中的共同体不断扩大的方式。“多样性是人类行动的条件，是因为我们所有人在这一点上都是相同的，即没有人和曾经活过、正活着或将要生活的其他任何人相同。”即
156 便我们都处于共同的聚会场所，每一个人也都占有不同的位置，每个人都是“从不同角度来看和听的”(Arendt，1958，p. 57)。任何客体在每一个观察者看来都是不同的，比如课堂、附近的街道、花圃等。这种客体的真实状况产生于所有关注它的人看到的总和。那些观察者都可以参与到正在进行的对话中，每一个人都从各自独特的视角言说，但同时也向周围的人开放，这样的思考让我发现了一种新的解释范式。在亨利·路易斯·盖茨(Henry Louis Gates，Jr.)的作品中，我发现了另一个例证，盖茨发现“下个世纪美国面临的挑战将是塑造一个真正的、共同的公众文化，这种公众文化应该包括对那些长久沉默的有色文化的回应”(1992，p. 176)。最近盖茨还关注到哲学家米歇尔·奥克肖特(Michel Oakeshott)以及他的不同声音的对话理论。盖茨认为教育应该是“这种对话艺术的培养，在对话中我们学习辨别承认不同的声音，每一种声音都代表了关于世界的不同认知视角”。毕竟，“如果你真正想认识世界的话，你就不能抛弃这个世界90%的文化遗产，这是我们的共识”(1991，pp. 711-712)。

盖茨所说的共识抨击了我们所认同的遗产与经典所强调的一致性。

关注以不同视角为基础的不同声音的观点背后隐约出没的是相对主义
的幽灵。克利福德·格尔茨(Clifford Geertz)指出相对主义是“主知论
者的大恐慌(极大的畏惧)”。相对主义颠覆权威，贪婪地吞噬所谓客观
真实，因而令人们惶恐不安。那些惶恐不安的人会紧张地追问，“如果
关于这个世界的思想是如此的不准确、不全面，那么如何保证它的一
般性、客观性、有效性或真实性?”(1983，p. 153)格尔茨的语气中充满
了讽刺。他清楚地知道，“在我们现在的以及向前发展的时代，其总体
性想象的趋势和远景，世界观，从人文学研究(或者，与之类同，从科
学研究中)滋生出来的并塑造文化发展方向的其实是一个奇情幻想的怪
物”。进而他还指出，“我们现在思考方式的激进的多样化的意识”指的
是，如果这个社会要整合文化生活，那么它就必须“使居住在不同世界
的人们能够拥有一个纯正的、互惠的、互相影响的生活”(p. 161)。当
我们一直都能体验到对所熟悉事物的抨击，体验到“他性的入侵，意外 157
的入侵”(Clifford，1988，p. 13)，我们就会发现包容意料之外的能力与
接纳多元文化主义的程度有关。

因此，教师要必须清楚地认识到，亚瑟·施莱辛格(Arthur Schlesinger, Jr.)在那些我们必须重视的他者中看到，如果共同的信仰分崩离析，如果我们丧失了民主观念，那么就会出现一个“丧失统一的美国”(1992)。“公民精神”(civism，Pratte，1988，p. 104)的提倡者注意到多样性对于旨在超越所有差异的民主精神的威胁，民主精神包括自由原则、平等原则与公正原则，以及对人权的尊重，还有人担忧这种新的相对主义与特殊主义将会颠覆共同的信仰。还有以赫希(E. D.

Hirsch, Jr.)为代表的那些人看到人们之间存在着一种共享背景知识的概念，而这种共享背景知识却由于多样的变化与多元文化的强调逐渐在被削弱，人们再也不能那么坚定地相信我们应该具有共同之处。当人们所谓的基本文化素养日渐受到质疑，那么国家共同体自身也就遭到了腐蚀(Hirsch，1987)。当然，有些人坚持极右的观点，他们在对所谓欧洲中心论原则的挑战中，在他们建构的所谓“政治正确”中，发现一种共谋，这里的“政治正确”指由于多元文化关切的过度敏感而建立起来的一种新的正统说法(D’Sousa，1991，p. 239)。罗伯特·休斯(Robert Hughes)指出，至于像杰希·霍尔姆斯(Jesse Helms)这样的宗教基要主义者，他们的动机之一是要把自己塑造成为他们界定的“美国方式”的捍卫者，然而到了今天，“当初他们反对红色威胁(the Red Menace)的努力奋斗已经没有任何价值”(1992，p. 21)。他们不但为自己反对国家艺术基金会(the National Endowment for Arts)资助先锋艺术家的“方式”而辩护，而且也攻击多元文化主义这样的“背离”。当我们努力理解多样性的概念，进而主张努力实现杜威“自由与丰富交流”的民主生活，牢记上述观点是非常重要的[(1927)1954，p. 189]。

在杜威看来，交流生活的倡导者是沃尔特·惠特曼(Walt Whitman)。惠特曼描绘了在他的时代这个国家出现的许多状况，“可供人们出入往来的不同路径的状况”“民主的状况……也曾经设想其他的状况”。在诗歌《我自己的歌》(“Song of Myself”，与捍卫“美国方式”的基
158 要主义者观点截然相反)中，他写道：

借助我的渠道发出的是许多长期以来喑哑的声音，

历代囚犯和奴隶的声音，

患病的、绝望的、盗贼和侏儒的声音，

“准备”和“增大”轮转不息的声音，

那些连接着星群的线索和子宫与精子的声音，

被别人践踏的人们要求权利的声音……

通过我的渠道发出的是被禁止的声音。

[(1855)1931，p. 53]

从所有的表现来看，惠特曼之所以成为交流生活的倡导者是基于他对“许多不同的状况”与多样性的认识。这里既没有熔炉的比喻，也没有对多样性的恐惧。

值得讲述的亲身经历，“长期以来喑哑的声音”的提醒，以及“被践踏的人们的权利”的讨论，这些都会让我们产生新的感受，这些新感受促使我们去注意那些不在场的人，那些沉默的人，因为那些不在场的人，那些沉默的人与那些能够清晰言说的，脸上闪烁着光芒的，拥有辉煌与成功形象的人一样，都是人类历史的一部分。选择说“我不”的职员巴特比(Bartleby)突然就变成了典范。[Melville，(1853)1986]那些说不的人，无处存身的人，没有任何作为的人的情况是怎样的呢？他们没有抱怨这个社会吗？这个社会对他们关掉太多的门，令他们感到自己是被遗弃“在大西洋中部的残骸”。像拉尔夫·艾里森《看不见的人》中的托德·克里夫顿(Tod Clifton)那样的人的情况又怎样呢？他曾经是年轻的领袖，而最终却沦落到在公共图书馆门前叫卖桑博娃娃。当警察强行驱逐他，他抗议，他们便杀死了他。小说的叙述者目睹了整个过程，他问道：“为什么(托德)心甘情愿地投身于虚无之中，那没有脸的脸，没有声音的声音所构成的空虚，结果置身于历史之外了？……据说，什么事都恰如其分地记载了下来——当然指的是大事。可是并不完全是这样，因为实际上只是了解到的、看到的、听到的事，只是那些记载者认为是大事的事被记载下来了……那警察就将是记载克里夫顿情况的历史学家、法官、证人和刽子手。”(1952，p. 379)

与其类似，那些“置身于历史之外”的许多人使共同体缩小了，在
159 公共空间里留下空白，在现实中留下未知的一面。的确，我们不可能了解所有不在场的人，但即使是在缺席的情况下，他们也必须以某种方式呈现。毕竟不在场意味着空白，意味着需要填满的空虚，需要治愈的伤口，需要修补的瑕疵。E. L. 多克特罗(E. L. Doctorow)在小说《拉格泰姆时代》(*Ragtime*)的开头描写了否认那些不在场的人的存在的景观。

> 当初，老罗斯福当政。人们常常成群地聚集在一起，不是在户外参加游行、露天音乐会、炸鱼聚餐、政治性野餐、社交性远足，就是待在会议厅、杂耍剧场、歌剧院和舞厅里。好像什么娱乐活动都必须有大群人参加才行。火车、轮船和电车不断地把人们从一个地方送到另一个地方。这就是时尚，人们就是那样生活的。那时候，女人们要比现在壮实。她们

> 撑着白色的太阳伞参观军舰。夏天人人都穿白衣服。令人头晕目眩的儿女私情甚多。没有黑人。没有移民。（1975, pp. 3-4）

多克特罗描述的场景令我们好奇，也令我们愤慨，督促我们去做出某种补救。这是1906年的新罗歇尔市(New Rochelle)，但即使是现在，就在当下，我们依旧能看到多克特罗呈现的过去的影子，无论我们是否还乘坐电车。故事描写的是一位体面的、智慧的、名字叫作科尔豪斯·沃克(Coalhouse Walker)的黑人，沃克总是受到欺骗，从未得到过承认，从未被别人理解，也很少被别人看见。当希望破灭时，他开始命中注定要毁灭的复仇计划，最后被蓄意残忍地枪杀。为什么他是看不见的？为什么没有黑人，没有移民？这多半是由那些有权势的人的思维方式所决定的，他们的思维方式赋予许多其他人看不见的特征，这种看不见也是艾里森小说中叙述者的遭遇。这种思维方式的形成在某种程度上归因于话语权力的游戏，还有社会制度的安排。即便是今天我们也很想知道，在那些日子里，在出现如此多空出来的位置的时候——“没有黑人……没有移民”，常常也没有发育完全的女性，那么多教育者所探索的同化或启蒙到底意味着什么。

当我们回顾自己以往生活经验中出现的空白时，我们就会想起蒂莉·奥尔森所强调的那些人的沉默，奥尔森指出文学史一直“被沉默的
阴影笼罩”，特别是女性“反常的沉默”，女性总是艰苦劳作，却没有表 160
达自我的机会(1978, p. 6)，还有那些没有掌握语言，也没有掌握恰当

的认识方式的人的“反常的沉默”。我们还会想起牙买加·金凯德小说中像露西这样来自安提瓜岛(Antigua)的年轻女性的困境，她们被迫在后殖民学校中过着一种“双面人”的生活：“在外面，我看起来是一种样子，而内心却是另外一种样子；外面是虚假的，而内心才是真实的。”(1990，p. 18)许多年来，我们对露西这样的人的了解(露西被迫学习华兹华斯的诗歌，因此她才能在水仙花的花瓣上看到“悲伤与痛苦”)并不比保罗·马歇尔(Paule Marshall)描写的野蛮人多，同样对那些在布鲁克林过着碎片化生活的人们了解也不多。我们对格洛丽亚·安扎尔朵(Gloria Anzaldua，1987)的所谓“无主之地”，或边境之地也没有多少认识，在小说《曼波王唱响爱之歌》(*The Mambo Kings Sing Songs of Love*)中，那么多拉丁裔美国人或古巴移民就生活在这样的地带，那里音乐家的音乐从未走出过他们的俱乐部，从未走出过他们封闭的世界(Hijuelos，1989)。我们之中有谁真正了解那些铁路的建设者？了解那些在檀香山脉，在内华达山区砍伐树木的，汤亭亭(Maxine Hong Kingston)口中的“中国佬”？我们之中有谁能够弥合像阿公(Ah Goong)这样的人心中留下的裂痕？“他的存在被《排华法令》(the Chinese Exclusion Acts)剥夺了”。汤亭亭写道，他的家庭“根本不能领会他作为一位美国的先驱者所取得的成就，在旧金山大地震和大火灾中，他的合法或非法的证书被烧了。他这次返美正好赶上了做美国公民和美国公民父亲的大好时机。有人还看见他从火中抱出一个孩子，一个他自己的孩子，尽管法律反对他结婚。他曾用自己的汗水修建了一条铁路，为什么他不应该得到一个他渴望得到的美国孩子呢?”(1989，p. 151)我

们之中有谁关注过像米歇尔·克利夫(Michelle Cliff)这样的人吗？作为
一名加勒比黑人女性，她认为不运用自己的语言进行的言说就是一种
失语(1988)。我们之中又有多少人愿意阅读，并且体验最近阿特·斯
皮格曼(Art Spiegeman)两卷本漫画书《鼠族》(*Maus*)中的痛苦？斯皮格
曼讲述了父亲的故事，坏脾气的弗拉德克(Vladek)是奥斯维辛集中营
的幸存者，他充满愤恨地向儿子讲述大屠杀的悲惨记忆。漫画书里的
每一个形象都是动物。这种描写是一种警示，当那么多人，“安雅(An-
ja)的父母、祖父母、姐姐托莎(Tosha)、小比比(Biby)，还有里奇 161
(Richieu)都死去了，最后只变成黑白照片”(1991，p. 115)时，不仅警
示我们一种特殊文化的消亡；而且还在提醒我们要认识到一切皆有可
能发生，有些事是普通人(包括学校教师)不了解，或者不想知道的。

我们要在经验中(是的，也包括在我们的课程中)接受多种形式存在的可能性，就是要在他/她谈到共同体时，我们每一个人都要拓展深化所思考的内容。当我们打破或中断表面上的均衡与一致性时，也并不意味着将要，或应该要用一种特定的族群或种族传统来取代我们自己的传统。比如托妮·莫里森就写道，作为一名作家，她在“一个社会性别化、生理性别化、完全种族化的世界”中追求自由，但是这并不会阻止她形成一种批评工程，这种批评工程也“不会由于破坏或重整各种边界围墙的梦想而受到阻碍”(1992，pp. 4-5)。她的批评工程包括探索我们认为的所谓美国性的不同的表现方式，从许多方面来看，这种探索就是对长久以来否认非洲人的在场的回应。莫里森并不是要用一种控制取代另一种控制，而是要让其他人看到从她的视角所看到的东

西——在让其他人看到她所看到的东西的过程中，所有其他人的理解，包括对他们自己文化的理解，对他们自我的理解，都会日渐丰富起来。她还讨论了我们所有人都熟悉的话题：“个人主义，男性气质，社会参与与历史性的孤立相对；敏锐的与模糊的各种道德问题；与对死亡与地狱比喻的痴迷结合在一起的无知主题。”莫里森质疑美国人疏远了什么，在哪些方面是无知的，又有什么与众不同。“至于绝对权力，她也同样提出质疑，这种权力控制了谁？禁止谁使用？又分配给谁使用？我们只有在非洲民族主义者群体强化自我的有效在场中，才能找到这些问题的答案。”(p. 45)就像美国人曾经面对荒野来定义道德自我，他们也开始面对梅尔维尔所谓“黑暗力量”(p. 37)来定义自己的白人特征，在奴隶制背景下来理解自由的成就。无论美国白人是否选择以这种方式看待历史，莫里森都开启了一个属于她自己独特角度的崭新的视域，我们所有人都能在其中发现看待世界的其他可能的观点。实际上，人们面对多元文化主义产生的紧张感在某种程度上应归咎于我们不确定
162 的感觉，这种不确定的感觉是所有人在某种未知情境中，在某种黑暗中(黑暗有多种形式，并不仅仅指肤色)，在某种我们选择抛弃，控制而不是去尝试理解的“他性”的背景中，定义自己时都会产生的。就这一点而言，莫里森说出了我似乎无法辩驳的观点：“我的努力是要避免批判的焦点从种族对象转向种族主体，从被描述的和被想象的转向描述者与想象者，从服务的转向被服务的。”(p. 90)

采取这种观点并不是要裁量课程来符合年轻人特定文化群体的口味，也不是要像非洲中心主义者那样，刻意强调课程应该突出非洲裔

美国人独特的体验、文化与视角，以及他们与非洲祖先的联系。毫无疑问，历史所忽略的、所扭曲的必须要得到纠正——无论这被忽略的、被扭曲的是否与非洲裔美国人有关，还是与拉美裔美国人、亚洲人、犹太人、美国土著、爱尔兰人或波兰人等有关——但是这些排斥与变形并没能阻止像莫里森、艾里森以及詹姆斯·鲍德温(James Baldwin)这些艺术家投身到西方文学作品之中，从那里汲取营养，也没能阻止像盖茨与康奈尔·韦斯特(Cornel West)、艾兰·洛克(Alain Locke)这样的学者努力丰富、扩大非裔美国人与欧美裔文化之间的交流。比如，莫里森用T. S. 艾略特的诗来作为她新书的开头，继而向荷马(Homer)、陀斯妥耶夫斯基、福克纳、詹姆斯、福楼拜(Flaubert)、梅尔维尔以及玛丽·雪莱(Mary Shelley)致敬。我们无法忘记詹姆斯·鲍德温曾经阅读过陀斯绥耶夫斯基，曾经常常浸泡在公共图书馆里，我们无法不去关注爱默生(Emerson)关于西方的批评，我们无法忽视艾里森关于梅尔维尔与海明威的讨论，即使当他提出所谓"黑人刻板印象"观点的时候，这种刻板印象"的确是美国生活中非理性，无组织的各种力量的写照"(Ellison，1964，p. 55)。我们也会想起玛雅·安吉洛(Maya Angelou)，她自愿保持沉默的童年时代，以及那些年她读过的书。我们还会回忆起艾丽斯·沃克与穆里尔·鲁凯泽、弗兰纳里·奥康纳(Flannery O'Connor)的交往，她从他们那里汲取能量，正如她去探索佐拉·尼尔·赫斯顿(Zora Neale Hurston)、贝茜·史密斯(Bessie Smith)、索杰纳·特鲁斯(Sojourner Truth)，以及关多琳·布鲁克斯(Gwendolyn Brooks)的世界。沃克"也热爱奥维德(Ovid)和卡图卢斯

(Catullus)……E. E. 卡明斯与威廉·卡洛斯·威廉姆斯(William Carlos Williams)的诗歌”(Walker, 1983, p. 257)。我们还认识到，随时间的推移，越来越多的美国黑人文学(还有女性文学、美国拉美裔文学)
163 正在丰富我们的经验，正在改变我们关于时间、生命、诞生、关系与记忆的观念。

我的观点是我们既需要开放、变化，同样也需要包容。我们一定要避免僵化，甚至要避免与多元文化主义有关的那些刻板成见。从某种文化“代表性”的意义上来看待个体，比如亚洲文化(日本、韩国、中国以及越南文化，在不考虑各自具体差别的情况下，通常被看作同一个文化群体)，拉美裔文化，美国黑人文化，或欧美裔文化，就是假定一种称为“文化”的客观现实的存在，这种现实是一种同质性的、固定不变的呈现，并且能够被生存其中的主体充分证明。但是谭恩美(Amy Tan)创作的母性角色(1989)与汤亭亭创作的“女勇士”(1989)反映的是同样的现实吗？理查德·赖特(Richard Wright)创作的《土生子》(*Native Son*, 1940)中别格·托马斯(Bigger Thomas)与《紫色》(Walker, 1982)中的茜莉小姐(Miss Celie)两个角色代表的是一回事吗？文化或族群归属的判断并不能告诉我们教室里坐在前排的那个人是谁，共同乘坐一个木筏上的人是谁，酒吧里坐在我们旁边喝酒的那个人是谁。

文化背景的确在塑造身份认同时起到了相当的作用，但它并不能决定身份认同。文化背景能够形成的是我们必须受到他人尊重的差异，必须得到他人理解的做事方式与基本态度，必须得到他人重视的判断力、价值观，甚至是偏见。比如我们一定要去了解，为什么牙买加·

金凯德创作的安提瓜岛女孩露西在没有陷入困境，也没有显得格格不入的情况下，还是会感受到与华兹华斯的诗歌如此疏离，以及我们是否(在某些标准的背景下)有必要说服她不要厌恶水仙花。我们一定要去了解，在巴拉蒂·慕克吉(Bharati Mukherjee)的《茉莉花》(*Jasmine*, 1989)中，为什么印度教徒与锡克教徒之间即便是在美国也是彼此冲突对抗，我们一定要寻找方法(借助我们信奉的西方公正原则)说服他们搁置对抗。或者我们要努力去理解他们的感受，表达对他们福祉的关心，以这样的方式来促使他们哪怕是暂时地重新审视一下彼此的观点。弗莱雷(Freire)指出在某种程度上，每一个人都应该珍爱自己的文化，但是这种文化绝不应该成为一种绝对的、封闭的、不允许人们与周围的异质文化相交流的文化。当这种文化是封闭的，“你就会发现连学习新东西都是很困难的事情，因为这些新东西往往要融入你的个人历史 *164*
之中才能是有意义的”(Freire and Macedo，1987，p. 126)。

然而，一个人渴望的是自己个人历史所有权的感受。在美国的主流文化中，由于野蛮残忍、根深蒂固的种族主义大行其道，要想让美国黑人青年有一天能够确认，并以他们选择的个人历史为骄傲，还需要一个相当痛苦而艰难的历程。他们所在的家庭与社区是贫穷的，绝望的，并且是四分五裂的，还有无处不在的那些媒体形象，所有这些都使得在过去的背景下做出一些新的改变成为非常困难的事情，何况这种过去还往往以欺骗、阴暗，甚至羞耻为特征。更糟糕的是，社会各方面出现的一种神秘化催生了一种关于在美国什么是值得尊敬的，什么是成功的元叙事——这种元叙事的表达常常意味着少数族裔注定要生活在社会的最边缘，或者像托妮·莫里森在《最蓝的眼睛》中写道的，“被赶出门”，就是无处可去。“被赶出门意味着某件事情的终结，不可挽回，是一个物理事实，界定和补充着我们的生存状况。由于在社会阶层中处于少数，我们总是处在生活的边缘，拼命巩固这种脆弱的地位，并期望附属于或慢慢挪向生活的中心地带。”(1970，p. 18)。

虽然没有多少作品能够像主流文化的官方故事，以及安心可靠的郊区家庭生活元叙事那样，对读者产生强制的影响以致发生改变的作用，托妮·莫里森还是巧妙利用基础读物《迪克和简》(*Dick and Jane*)中的第一段，使《最蓝的眼睛》变得十分富有戏剧性。当小说结束时，读者眼前所出现的一切都与基础读物故事中的主题一一对应，漂亮的房子、温馨的家庭、游戏玩耍、开怀大笑、友谊、猫，还有狗。在故事引子的结尾，在罗列了一系列表面上的结果之后，佩科拉的孩子，强奸犯的父亲都死了，佩科拉种下的种子也没有开花，佩科拉已经发了疯，叙述者克劳迪娅(Claudia)说道，“其实再没什么好说的了——除了问一个为什么。然而，由于很难说清为什么，只能借助于讲述事情的来龙去脉了”(p. 9)。在讲述事情来龙去脉的过程中，克劳迪娅也依据自己从幼年到逐渐长大的视角，来整理她自己的生活素材——她的无助，她的渴望——当然，她的素材安排总是与她无法帮助的佩科拉相关，与那些没有开花的种子，与那些在她周围同样过着“边缘生活”的人相关。她以这样的方式展开叙述，即与过去建立重要的联系，并
165 重新阐释她的族群性，这种方式在某种程度上是通过迈克尔·费舍尔(Michael Fischer)所谓“记忆的艺术”(1986)来实现的。无论她从建立起

来的联系中获得什么样的意义，都会为未来形成的有意义的伦理道德打下基础，这种伦理道德将使她超越那种看到佩科拉在垃圾堆里搜寻时产生的罪过感："我会说当年我并未将种子埋得太深，而是土地的原因，镇上土壤的原因。我甚至认为当年全国的土壤都对金盏花存有敌意。……某些花籽得不到土壤的养分，某些植物在这片土地上结不出果实。当土地决意封杀时，我们大家对此默许，认为受害者无权生存。毫无疑问我们错了，然而这无关紧要。已经太晚了。"正如查尔斯·泰勒(Charles Tailor)与阿拉斯代尔·麦金泰尔(Alasdair Maclntyre)都曾指出的那样，我们通过叙述的形式来理解生活，显然我们的故事各有不同，但无论如何都有一个共同的需要，就是都需要形成意义，获得意义，找到故事发展的方向。

帮助我们所认识的形形色色的学生清晰表达自己的故事，不只是帮助他们追求生命的意义——去发现事情是如何发生的，去不断追问为什么，而且还要督促学生去学习弗莱雷所说的那些新东西，设法达到精通的程度，获得各项能力，掌握充分参与社会生活所需要的多种技艺，同时在这样做的时候还要保持清醒的自我意识。但这并不是全部。我们所谓的传统或遗产一定要包括像克劳迪娅所讲述的故事。当我们能够真正做到康奈尔·韦斯特(Cornel West)所说的，在我们承认"被压迫者独特的文化与政治实践"的重要性的时候，并没有以加剧他们边缘化的方式来强调他们的边缘性，这时，那些生活在边缘地带的人们才能够真正被看见。比如，韦斯特呼吁既要关注美国黑人的反抗，关注其他受到主流文化压制而长久沉默的族群的反抗，又要关注一代又一代美国黑人对于主流文化的多方面贡献。我们会想到音乐——福音音乐、爵士乐、拉格泰姆音乐；我们会想到黑人教堂；我们会想到民权运动，以及支持该运动的各种哲学理论与梦想；我们会思考——回顾历史上的，环顾当下四周的——那些勇敢者的形象，那些幸存者的形象。韦斯特接着说道：“黑人的文化实践产生于他们不可不知的一种真实——一种实际存在的、不可避免的、破败不堪的边缘的生存状况；这是北美白人至上主义者通过实践建构起来的一种历史性的真
166 实……所有这些生活在破败不堪的边缘的人——不能果腹，不能避寒，不能享有医疗保健——这一切都被一股脑灌输进黑人文化实践的各种策略与方式之中。”(1989, p. 93)换句话说，当我们探索多元文化主义时，从各个方面来看，我们都不应该主要运用压迫与歧视这样的措辞来界定美国黑人文化。虽然我们为非裔美国人讲述自己的故事提供空间，其原因之一就是他们远比其他文化中的人更能够解释贫穷与排斥如何影响他们关于过去的感受，虽然痛苦与被抛弃的体验的确已经引发了寻根的热潮，有时还督促我们去修正历史的记载，然而至关重要的是我们要提供给他们融入美国多样性社会构造的机会，包括讲述所有不同类型故事的机会，解释社会成员资格与族群性的机会，形成必要的经验结构的机会。

随着第三世界越来越强有力的在场，后殖民(现在是后极权主义)观点的表达也越来越具有说服力，我们再也不能假装那些生活在“破败不堪的边缘”的人是一种例外。我们再也不能用无缝整体这样的字眼来讨论“自由世界”“自由市场”“平等”，甚或“民主”这类话题。“大西洋中

部的残骸""没有脸的脸""反常的沉默"，类似这样的匮乏与剥夺既是我们多样性的组成部分，也是我们文化认同的构成元素。不管怎样，公众领域的形成是对那些未能满足的需要与未能践履的承诺的回应。当人们面对不公正，会采取行动予以抵制；当人们能够想象事物其他的样子，就会采取行动努力去实现。民主共同体始终都处于形成过程之中，并不那么依赖过去已经获得的积累。对于未来可能性的认识使它一直保有生机与活力，一直都能量充沛，光芒万丈。然而，我们往往只有认识到当下的缺陷与瑕疵，才能形成这种未来可能性的愿景，一种可能是什么，应该是什么的愿景。当下的问题就是种子没有开花，佩科拉与她的孩子没有得到解救。然而随着越来越多的人关注到这些问题，他们可能就会不再默许，从而做出改变。正如克劳迪娅那样，他们可能会说，"毫无疑问我们错了"，然后努力去克服"这事无关紧要"的想法。这时，他们就能够超越自己，按照他们之所是的方式选择自己，加入到民众之中来补救这个社会。

我们教会年轻人通过多重视角看待世界，就能够帮助他们在彼此 167
之间建立沟通的桥梁。我们教会年轻人关注各种不同的人的故事，就能够激发他们去治愈伤痛，去做出改变。当然，我们知道，在承认多样性与差异的同时，还要努力打造共同体将会困难重重。自托克维尔时代以来，美国人就一直想知道如何处理个人主义与强制服从一致之间的冲突；他们想知道如何根据一致性的要求，去调和尚不属于同一整体的不同文化之间的慷慨激昂的论争；他们想知道在调和过程中如何才能保持这些不同文化各自表达的完整性；他们想知道如何才能避免让追求一致的动机来决定最终的结果。今天我们许多人渴望的共同体并不等同于一致性。就像惠特曼所说的那样，一个共同体要关注差异，要包含多样性的观念。我们一定要发现，再发现肯定生命方式的多样性，就像那些我们所能够共同把握的东西总是会变得更加多面化，更加开放与包容，进而被那尚未开发的可能性所吸引。

没有人能够精确地预言这个充满可能性的，我们将逐渐居住于其中的共同世界，我们也不能绝对地去判断一种共同体比另一种共同体更好。然而，我们许多人会由于身边出现的所有冲突与分歧，而重申诸如像公正、平等、自由与维护人权等原则的价值，因为如果没有这些原则我们甚至不能为得体的欢迎而辩护。只有当越来越多的人去具体实现这些原则，选择根据这些原则来生活，并进行与这些原则相一致的对话，那么我们才有可能实现一个民主的多元主义，才不会由于暴力与混乱而陷入分崩离析。我们并不能为这样的期待与主张提供客观的基础，我们所能够做的是尽可能有说服力地、热情地与他者展开关于公正、关心、爱与信任的对话。像理查德·罗蒂(Richard Rorty)以及那些他所谓的实用主义者一样，我们只能明确地表达关于尽可能达成主体间一致的渴望，“用‘我们’的感受去体会尽可能多的其他人的渴望”(Rorty，1991，p. 23)。但是当我们这么做的时候，我们必须还要对多样性中各成员的独特性保持清醒的认识，这些具有独特性的成员带着对共同问题的各自不同的看待视角出现在彼此面前，他们带着各自的经历进入共同的文化故事之中，并随着时间的推移不断使它发生改变。我们希望课堂是公正的、关心的，并且充满各种善的观念。我们希望学生能够清晰表达自己，让尽可能多的人参与到对话中来，大家向彼此开放，向世界开放。我们希望孩子们关心彼此，正如我们关心他们一样。在每一个人都强烈地追求提高技艺，追求全面觉醒，追 168
求获得新的价值观，实现未知可能性的时候，我们也希望他们能够获得彼此之间的友谊。

脑海中不同的声音此起彼伏，要求被看见的渴望如此强烈，我想起了穆里尔·鲁凯泽关于人类团结的呼吁。在她看来，我们要“开阔视野才能看到/我们生活土地上身份认同的神话，看到各种新信号，各种进程的奇迹”。

> 走进异域风光，我们如饥似渴，
> 去拍照，去倾听声音，
> 讲述它的意义。
> 不同的声音扑面而来。随着我们不断前行。
> 使我们变得丰富，在更广阔的世界中成长的，
> 就是这种语言，就是这种力量。(1938，p.7)

是的，我们需要追寻这种力量，这种未经探索的多元主义力量，这种不断扩大的共同体的奇迹。

/13. 标准、共同学习与多样性/

学术严谨、高标准要求、共同学习、技术熟练、杰出卓越、公正平等与自我发展——自从公立学校教育建立以来，这些主题就一次又一次地出现在我们面前。当我们这些教师带着一丝时代的焦虑来思考这些问题时，我们发现自己(至少有时)其实是在思考民主社会的本质，思考我们这个世界的未来。是的，我们对《2000 年目标：美国教育法》的解释已经非常明确，但是在我们周围还是有不一致的声音。我们的教学总是面临不同公众的质疑，其实他们常常是把教学当作替罪羔羊。他们需要的不只是改善，还有保证：他们需要事情是稳定的，可以预测的；他们需要学校教育来补救文化的不足；他们需要他们自己的利益受到保护。我们常常把贫穷本身归咎于学校教育的无效，而不去考虑种族歧视、阶层因素、糟糕的住房条件，以及破碎的家庭这些问题。而在其他时候，我们又会简单地认为面对以上这些障碍，学校教育是无效的——特别是那些贫民区的学校教育。相对于改革运动中所有的乐观主义，以及我所列举的那些教育者满怀希望的时刻，在这里却常常有一种绝望，在那些管理者，以及渴望学习的人之间蔓延。

正如我在第十二章中指出的，美国号称自己是最强大国，是自由市场经济的典范，是自由西方世界的指定代表。然而我们却不能不注意到教育体制中隐隐透露的这种焦虑不安。为什么会有关于学校教育的强烈警告？为什么会有“平庸”这种可怕的幽灵？为什么会有对多元文化主义的恐惧？为什么会有合理化审查制度？为什么官方会禁止价值观、性教育与道德教育的讨论？为什么会有关于学校祷告的无休止
170 的运动？为什么全天都要运用整体语言教学，并且要进行可以量化掌握的档案袋评估？人们如此膜拜量化，以致有时看起来似乎是人们在这种测量注入了清教徒牧师现代化身的力量，就像人们努力抵制荒野的侵犯，努力使恶魔无法近身。

当然，荒野会有许多不同的侧面，恶魔也会有许多张不同的面孔。正在发生的事情使我越来越渴望教育者之间真诚的对话。我们这些教师一直都在具体性与特殊性的层面上介入到年轻人的成长之中，是时候让更多的人更清晰地来了解我们的立场与观点了。正是儿童与教师的亲身经历与真实的日志突破了课堂非人化的禁锢。在学校教育中，我们也很少会把孩子们作为一个抽象的总体来讨论。但是这种变化并没有出现在公共空间，在公共空间，教师很少有机会去证明自己的观点，也很少会主动为自己辩护。但是，每一个人都需要倾听善于表达的实践者的公开质疑，在这样的时代美国的教育目的到底是什么，关注儿童的未来到底意味着什么，“我们要决定我们对孩子的爱是否足以让我们不把他们排斥在我们的世界之外，是否要让他们自行其是，也就是说，不从他们手里夺走推陈出新、开创我们从未预见过的事业的

机会，并提前为他们去完成重建一个共同世界的任务做准备”(Arendt, 1961, p. 196)。我们怎样理解这项任务？我们怎样理解“一个共同的世界”？我们关于标准与课程架构以及效果的讨论依然没有严肃地触及作为社会目的的问题：教育一个活生生的人到底意味着什么，我们不仅要传授年轻人谋生的能力，为国家经济福祉做贡献的能力，而且还要赋予他们与他人一起生活、一起重建这个世界的能力，这些都到底意味着什么。

无论我们个人的倾向如何，特别是作为教师，我们都再也不能抹杀不同的声音，也不能因为学生的独特性，因为他们有时会讲述与主流生活不一致的生命故事与文化故事，或他们对主流生活那些神圣号召心怀蔑视而感到羞耻。就社会地位与经济报酬而论，工业化的技术社会在根本上已经成为不平等的社会，不平等的社会提供的是不平等的生活机会，任何人也都不能免予陷入这样的困境。现在我们认识到凭借能力与长处来获得成功只是偶然的，成功往往依靠的是进入社会 171
的起点优势、偶然性或运气。那么，致力于追求多元化中的平等的公立学校教育，又是如何使竞争环境成为均衡持平的？他们如何为个人的独特成长提供更多机会？我们作为教师又是如何在提醒自己不要使用预设与预定的思维模式的情况下，在我们与学生都已经了解的既不平等又不公正的世界上，激发他们所有人学会如何学习？

尽管学术界与行政部门对公立学校教育领域的关注比较少，但是学术与政策话语还是会受到这些困惑混乱的影响。在人文学科领域每一天都变得日益专业化，变得越来越深奥难懂，只有圈内人才能理解的情况下，学者们很想知道他们如何才能让结构主义者、解构主义者以及解释学者向彼此敞开各自圈起来的飞地，相互交流与包容。当他们思考有限受众的性质时，有时会得出这样的结论，即大多数人终究还是处于流连机场书店、欣赏电视节目以及音乐电视这样的功能性文化素养的水平上。或者他们会思考如果他们更广泛地去接触，并扩大研究题材的范围，把“动态影像”(Moving Image，1985)或摇滚文化都包括进来(也可能是吸收进来)，那么他们这种特殊的学术生活将会发生什么样的变化。有时他们也会思考那些向他们的标准原则观念发起的挑战，以及那些针对白人界定传统概念控制权的质疑。随着越来越多非裔美国学者与拉美裔学者的出现，传统学者开始质疑，这些改变对于他们的基本文化素养概念到底意味着什么，这种基本文化素养概念曾经被认为代表了把文化凝聚在一起的某种表面上的一致性。科学家与技术专家试图通过立法来规定普通公民应该掌握的科学技术素养，但是这一点在学校教育中很难得到落实，除非是作为应对危机的措施要求学校去贯彻。有人会抱怨说，我们怎么可以去信任那些无可救药的、不学无术的人来决定基因研究、基因组分析、心脏移植、武器销售、生命支持系统、医疗保健、枪支管制、艾滋病这样重大的社会问题？或者，我们应该教育他们去依靠那些各个领域公认的专家，依靠能够掌握这些方法与符号的，懂得如何预测风险的那些人吗？我们应该传播什么样的科学素养？又应该教授到什么样的程度？

172 对于这些问题的回应一定会影响我们的教育观念与民主观念。我想再一次申明的是，那些身处不同共同体中的真正的实践者应该对于后现代社会中，民主教育与民主公民到底意味着什么，以及应该意味着什么，提出自己的质疑。在一个随时随地都有可能会面临恐怖袭击、残杀生命、掠夺无辜者的威胁的时代，人们到底需要什么？我们逐渐发现，出色的技术能力，比如那些基本技能本身，在大屠杀、饥荒、数以万亿计的预算赤字面前，在公司利益控制的、无法想象的财富(包括娱乐与运动，还有传统工商业)面前都是无足轻重的。我们需要什么样的智能才能够挽救那些无家可归者与瘾君子？我们必须懂得什么？学校教育必须教授什么才能克服分裂不和与群体间的敌对？我们只需要回忆洛杉矶暴动，只需要去质疑我们能够保证看到的暴动不会再次发生的是何种调查。媒体的各种模拟，连续不断的图像轰炸，混乱的幻觉却成为普遍认可的真实，这些又意味着什么？当有罪还是无辜在某种程度上是由电视观众投票来决定的时候，我们又该如何理解法律的规则？当电话交谈节目代替了民主对话，我们又该如何理解民主？我们该如何学习去思考民主？我们又该如何教他人去思考民主？即便我们勉强接受这样的做法，即培养那些我们认为是“德尔塔”[用赫胥黎的话来说，(1932)1950]的人具有一系列基本的闭合能力(closed capacities)，同时却培养那些杰出的、有才华的少数人具有更高水平的认知技能，也肯定是不充分的(甚至是不恰当的)。仅仅通过测试来判定我们的所谓优秀，或者通过提高对于所有年轻人的标准要求来督促学生发展，督促教师将保障美国在技术、军事与经济方面占有领先优势地位作为培养学生的目标，这些做法也都是没有意义的。

当然，我主张要竭尽全力去克服教育的粗制滥造、不负责任、被动消极与方式单一。但我也确信通过反思的、充满激情的教学，我们能够采取更多的方式来激发鼓舞年轻人超越自己，创造意义，在现实生活各种不同实际情况的基础上，通过更广阔、更丰富的视角来看待这个世界。我们非常清楚的是，回归单一的成就标准，重新从单一维度来理解共同性，将不仅会导致对于那些贫穷儿童，流离失所、处境
173 困难的儿童的严重的不公正，而且还将使我们的文化生活变得浅薄单调，使得实现真正的共同世界，并保持其生机与活力变得日益困难。诚然，多元化视角使得我们在碎片文化中规定一致性的目标更加困难，这种所谓碎片文化往往缺乏重要的准则与公认的一般性规范，因此在许多人看来是危险的。多样性也使得我们思考下面的问题变得很困难，即我们如何才能按照阿伦特的方式去热爱孩子们，如何才能在我们作为实践者所认识到的东西面前保持我们的真实。

由于我们所做的事情在很大程度上都是依靠对情境的认知与解释，因此为了唤起今天实际需要的学校教育形象，我们转向想象性文学作品求助是很有益处的。显而易见，新闻与社会科学的资源非常丰富，因此我们会有关于那些“干预”教育系统的生态系统与社会系统的大量描述。但是现在看来，这些描述可能过于丰富，过于熟悉了。他们不再能督促我们去追问自己，我们的眼睛看到了什么，我们亲身感受到了什么。相反，现代小说中的各种比喻，所描绘的不同世界则能够释放读者的想象。当读者的想象得以释放，这些想象就会推动读者去重新思考，用他们自己的方式去思考严谨的新课程，思考那些能够释放年轻人，使之变得与众不同的可能性——如何超越他们自身的现状。

我们必须得承认在有关教育“改革”的漫长的争辩与讨论中，我们很少会利用想象。无一例外，参与讨论的人所起的作用都局限在官方语言的框架内。他们接受想当然的概念，也并不想知道事物可能不是我们所预设的那样，而是另外的样子。

我下面要提到的三部小说既不是关于乌托邦的，也不是政治性的，本身与教育也没有直接关系。它们只是能够使人们“看到，发现勇气，慰藉，恐惧，魅力——所有你需要的——可能还有你已然忘记去寻求的对真理的探究”[Conrad，(1898)1967，pp. 9-10]。我们“看到”的第一个事物就是唐·德里罗(Don DeLillo)小说《白噪音》(*White Noise*，1985)中“有毒雾团”的形象，我们之前曾经简略地讨论过。致命化学品泄漏产生的看不见的雾团笼罩在中西部一个普通学院小镇人们的头上，174
面对死亡，人们感受到既不能解释又不能理解的一种重压。然而，经历过开始的恐慌，以及向避难所的蜂拥逃离之后，他们又恢复往日的生活节奏，似乎就是在等待雾团发挥作用，不管会发生什么样的作用，也不管什么时候发挥作用。无论小说中的形象是否真实，他们的确能够促使我们这些读者去思考应该采取什么措施才能使年轻人具备足够的科学素养，以便他们能够采取行动处理像有毒雾团、辐射与污染这样看不见的危险。我并不是强调一定要把年轻人都培养成为物理学家，而是说要让学生掌握试验性的、假设的思维方式，熟悉包括备份文献，查询证据，得出结论，联系已知，推导出恰当、合理、公正、人性化的概念在内的认知方式。在唐·德里罗小说的结尾，小镇居民都在超市“一起等待”付款，购物车上装满了色彩鲜艳的货物，人们读着小报上的标题打发时间(p. 596)。看到这种场景，我们不禁会问，要采取什么措施才能把年轻人从消费主义、消极被动的状态，以及对外星人的幻想中唤醒——至少要鼓励他们努力为自己设计重要的人生规划，这种人生规划的宗旨在于要求他们超越当前现状，追求实现事物更美好的状态。

我脑海里的另一个形象是安妮·泰勒(Anne Tyler)《偶然的旅游者》(*Accident Tourist*，1985)中的主人公。梅肯(Macon)离了婚，喜欢安稳平静，把一切安排得有条不紊，他惧怕陌生的一切，因此他的生活与世隔绝，只是沉浸于那些传统幼稚的游戏，并总禁不住纠正回家聚到一起的成年兄弟姐妹，在平凡单调的生活中使用的不那么准确的语言。梅肯为出外旅行的商人编写旅行指南一类的书籍，这些商人并不想在出差旅行的时候感觉离家很远。因此，梅肯为他们找到伦敦与巴黎的所有麦当劳、假日酒店等那些不会让人感受到挑战与陌生的地方。如果不是为了那条不守规矩的狗，以及由于狗而开启的出人意料的冒险之旅，梅肯可能依旧保持着克里斯多夫·拉许(Christopher Lasch)所谓“最小的自我”(minimal self，1984)那种生活模式，过着萎缩逃避、隐逸独处、没有任何责任感的生活。

175 我们到底如何才能教育儿童去发现实际生活中那些不单纯是为了适应社会的生活目的？我提出这样的问题往往会打动那些读者，特别是当他们看到了日益衰减颓唐的、完全封闭状态的成年生活的描绘。我们如何教学才能够激发学生质疑那种想当然，既质疑批判性、创造性思维，又质疑对现实的过分卷入？我们如何才能唤醒周围年轻的梅肯们进入公共空间，在他们之间形成某种共同的东西，使学习成为值得做的、个人化的、主体间性的事情？我的意思不仅是指要扩展学科学习(虽然我一直希望如此)，而且还包括解决现实疑难问题的共同协作努力。我们要聚集起来共同努力改善邻里关系，开放运动场，收留无家可归者，举办街头音乐会，在日托中心做义工，开发辅导项目。显然，所有这些努力没有一个是不费心思就能完成，而且还可以发挥作用的。每一种努力都需要一系列能力的激活，还需要具备基本的文化素养。这不只是能否在遥远的异地找到替代麦当劳或假日酒店的地方的问题，也不只是要不要阅读报纸(像梅肯和他的家人拒绝做的那样)，要不要与世界上发生的事情产生瓜葛的问题。这是有意识地去探究某事物的问题，是获得探究所需要的理解能力，以及把握某种未知所需要的理解能力的问题。在这种探究中，常常需要拒绝舒适，拒绝沉溺于日常的平庸。然而拒绝之后的选择却往往可能是令人厌倦无聊，没有价值，甚至是绝望的。因此我们可能会无意中成为偶然的旅游者，避免有意识地参与生活。在我看来，任何重要的课程体系或教学模式都必须考虑这种形象所引发的所有观念。

我要讨论的第三个形象来自米兰·昆德拉(Milan Kundera)的小说《不能承受的生命之轻》(*Unbearable Lightness of Being*，1984)。小说介绍了两种极端的生活：一种是不安宁的、不承担责任的、脱离情境抽象的、“轻”的生活方式(这种方式往往是流亡者的方式，以及街道上流浪者的方式)；另一种则是重压下的生活，这种重压可以来自官方教条，或来自昆德拉所谓教条主义者的“伟大进军”，或来自对情感的虔诚，对标语口号、陈腔滥调的唯命是从。这两种重压都与“粗劣媚俗”以及否定有关，也就是说，这种重压其实是人们“建立起来阻挡死亡恐惧的屏障”。昆德拉告诉我们，极权主义的“粗劣媚俗”体现在直截了当禁止人们讲话，而民主的“粗劣媚俗”则能够故弄玄虚使人们平静下来，只留下没有什么真实可以言说的个体。当我们听到年轻人之间用“真了
176 不起”这样的词来取代判断，当我们认识到成年人之间的对话是如何受到侵蚀，我们就正在经验民主的“粗劣媚俗”。在极权主义国家中，严肃讨论自由或人权的往往是那些持异议的观点与著作，人们意识到边界的限制，并表达出来，同时通过抵抗，努力突破限制的方式来肯定自己的人性，这种情况的产生并不是偶然的。在我们的国家，除了一些黑人女性作家以外，没有多少人能够在任何具体意义上，明确有力地为关注人权或自由而代言。人们总是在笼统的意义上感觉自己是自由的，我们讨论的主题也往往与某种流浪漂泊、边缘上的存在感有关。在电影、虚构小说以及普通生活中，在染头发、性交、尝试毒品、体验色情等方面，年轻人感到无拘无束。他们没有禁忌，轻松自在，他们觉得没什么真正重要的东西值得一提。像现场捐助音乐会，以及同情遥远饥荒灾民的这些现象，在我看来并不是克服“轻”的表现，更不能被看作严肃的承诺或者存在主义者所谓的“存在的勇气”。

既然阅读昆德拉能够使我们关注到社会的分裂，那么对我们而言，这种分裂就是指原教旨主义或道德多数派的理念与不受约束的、不承担义务的、脱离具体情境的存在模式之间的分裂，在后者中人们没有任何特定需要实现的目标，只是围绕边缘问题夸夸其谈。昆德拉还能

够促使读者去思考官方发言人关于成本效益谈话中的道德真空，在谈话中，关于预算与赤字的考虑取代了对于人类的匮乏、羞耻感以及需求的关注。在他的小说中，我不止一次地看到在经过幻觉用品商店梳着朋克头的年轻人(即使我那个时候看到的年轻人是善意好心、不吸毒的)与政府经济学家或预算平衡者(即使他们是以国家“利益”为优先的)之间存在的一种联系，即二者都不会关注价值，也都不会真正在意价值。由此我想到，无论如何，以家庭的价值观、家庭的美德与纯活的名义来推进反对堕胎，反对控制人口，以及积极建设社区美沙酮戒毒治疗中心或艾滋病人收容所的那些人，还是已经多少接受了我们今天价值观讨论的影响。有些人赞成，或者，说他们赞成“集体要对那些处于社会不利地位的人负责”(Norton，1985)，他们赞成肯定行动，赞成扩大 177
对教育与艺术的支持力度，但他们的论证往往过于令人厌烦，且过于概略。他们往往并不能真正唤醒年轻人挣脱自身局限，学会关心。

轻与重——价值无涉与教条重负——这些都是我们对话时会出现的极端立场。我们如何才能创造不同的课堂情境，在这些情境中鼓励再现具有重要意义的对话，在现场交流中我们如何才能够既看到相互依存意识的呈现，也能看到对各种不同观点的承认？我们知道，杜威哲学的传统强调情境的设计，同时情境设计的原则强调侧重培养学生的偏好。偏好与冲动或只是无反思的欲望不同。因此，我们就会形成这样的观念：如果我们能够使年轻人有能力识别其他的可能性，有能力选择成为他们更愿意成为的自己，他们就会有理由去自主学习，有理由去探究这个世界是否与我们预设的一样。杜威写道，“自我并不是预先做好的现成品，而是一直处于通过行动选择的、不断形成的过程之中”(1916，p. 408)。由此我们认识到行动(与行为不同)是主动性的反思性体现，它创造新的开端，实现那些不可精确预测的未知可能性。

当然，实践者关注的是如何使学生发展各自不同的潜能，去发现适合自己的恰当的行动方案，并通过这种方式来塑造自己的身份认同。要找到适合于自己的恰当行动就是要发现一个具有主体意识的自我，发现一个生活在他者之中的生命的创造者，他不只是一个被动的观察者，或偶然的旅游者，或喧闹人群中的一分子。当年轻人认识到自己在社会环境中处于一个特定的位置，并有机会发现与他人交往中所呈现出来的世界，他们就有可能既逃离那种“粗劣媚俗”的重压，也逃离那种不能承受之轻。他们会惊奇地发现自己能够驾驭那些使他们感到无能为力的(无力感，不负责任的与自由散漫的)，似乎是决定性条件的力量。自由是一个人生命之中的成就，也是与其他人在一起的一种
178 成就。人们越来越有意识、有目的地与周围环境影响发生交互作用，以此来获得他们能够获得的任何自由，而并不只是凭借突破当下情境束缚，以及基于冲动或欲望满足的行动而获得的自由。显然，大多数人只有在具备了行动与选择的力量，充分参与到一个确定的世界之中时，才会发现他们是谁。当不久前民权工作者发现他们是谁，当女性不断发现她们是谁，当少数族裔一次又一次发现他们是谁，各种情境就会变得明白易懂，但同时我们必须要不断地去为之命名，不断地去认识理解，在这样的情境中我们一定能够逐渐获得自由，培育自由。这种观点具有多重教育学意义，我们今天所生活的世界正面临越来越

严密的控制，越来越细致的监管，那么我们所思考的一系列教育目的就不能不包括对于人类自由的追求，以及对于主体意识培养的关注。

有毒雾团，难以捉摸的危险，消费主义，利己主义，自我的萎缩逃避，无归属的空虚与消极的自由，教条与虔诚的重压，对话的缺席，公共空间的消失——所有这些对于共同学习、学术严谨、等级体系，甚至追求卓越会有什么影响？凯瑟琳·斯蒂姆森(Catharine Stimpson)认为“人文学科中的追求卓越——作品自身，以及我们对这些作品的研究——应该展现生命意识与活力的脉动联盟”。(阅读至此，我意识到比起掌握技术与可量化的技能，我更关注“生命的意识与活力”。)她期望“对卓越的追求形成的——不是一个大一统的传统，我们能够把所有的一切都纳入一个卓越的、优异的、中等的与极差的这种等级体系之中——而是一个多样性传统，我们可以判断，欣赏，再判断”(1984, p. 8)，我希望她是对的。

从这种乐观主义观点转向成千上万新移民进入学校教育的实际情况是很有诱惑力的：这些移民来自无数不同的文化背景，拥有各自独特的符号体系、各自看待世界的方式以及在这个世界上存在的方式。从这种乐观主义观点转向我们所了解的“多元智能”(Gardner, 1983)也是很有诱惑力的，这种多元智能包括逻辑语言、数学的、文学的、身体运动的以及音乐的智能——包括学习所有专门知识的潜在发展模式与学习所有处理事物表象与经验世界的潜在发展模式。毫无疑问，忽
视那些普通课程没有关注到的潜能，忽视那些貌似没有为技术发展做 179
出贡献，或没有形成可度量成果的潜能，一定是错误的。我想到工艺，

还有比如说那种成为歌剧演唱家所需要的“艺术技巧”(Howard, 1982)，我想到在肌体和知觉活动与体现舞蹈演员“基本素养”的时空造型之间发生的交互作用，我还想到指挥细木工匠、摩托技术工人与机械师的手的思维方式，还有那些能够把他们自己与木头、与金属配件、与复杂机器的内部构造建立起有效关联的人们。

像许多其他教育哲学研究者一样，相比单维等级体系，我更赞成多元化与多样性。在我们的学校教育中，我努力探究卓越的多样性，思考不同领域中与培养心智品质有关的学术严谨性。我像杜威那样把心智作为一个动词来思考还是很有成效的。作为动词，心智指的是“我们如何有意识而明确地处理我们在其中发现自我的情境”(1934, p. 263)。当然，我们处理情境的方式受到两方面的影响，一是我们的文化身份与前理解，二是我们所共享的世界(无论这个世界被阐释得多么独特，它也是我们能够共享的)，即当我们努力理解世界，并帮助他人努力理解世界时，我们必须创造、再创造的共同的世界。然而，即使在关注特定心智品质的过程中，我们也还是要考虑甚至赞美视角的多样性。

英国哲学家理查德·彼得斯(Richard S. Peters)认为卓越“与我们进行各种不同活动的方式有关。我们批判性地讨论或思考……我们创造性地绘画或烹饪，无论在我们的道德生活还是在艺术作品中呈现的都是一种完整性”(1975, p. 121)。也就是说，所有可以列举出来的能力如果得到充分发展都可以成为卓越的，比如批判性地思考，创造性地工作，展现远见卓识、坚持不懈以及品格的力量。本章中我提出的可以发展为卓越的潜能品质是试验性的，尊重证据的，同时具有创造性与批判性思维的，开放对话的，具有主体意识，社会责任感与关心的品质。他们也都有可能成为“生命的意识与活力”。

“我们在进行各种不同活动的方式中”看到的自己，与在根本上把 180
每个人都看作是同样的可计量或可测量的独立存在实体中看到的自己有很大的不同。无论如何，与彼得斯等人一样，我相信我们所珍视的心智品质能够得到最好的发展，当然不是在真空里，而是常常通过利用不同的主题来获得各种特定类型的经验而得到最好发展。这样看来，我们可以说，把应该是什么逐渐具体化的意识，把可能获得的成就逐步实现的(在知识领域内，学科范围内，生活形式之中)意识，与主体意识，即成为这个世界上自觉的而且有责任感的存在意识之间有着多种形式的联系。

然而，我怀疑的是已然规范化了的，共同现实愿景的持续惯性——已然被每一个人通过相同的方式接受并掌握了的规范化了的共同现实——能否激发年轻人产生超越的渴望，产生努力实现(作为个体)他们所了解的最好状态的渴望。此外，我们大多数人也都已经认识到所谓遗产或传统的排外性。相当长时间以来，传统都很自然地被认为是北方的、西方的以及男性的传统。我们站在处于异文化中的年轻学生的立场，而不是自己的立场上来看待世界，哪怕只有短暂的一刻，他是承认了我们对人类历史、时间、死亡、权力，甚至爱的理解都具有暂时性。许多非西班牙裔老师仅仅在几年前才发现加布里埃尔·马尔克斯(Gabriel Marquez)、卡罗斯·福恩特斯(Carlos Fuentes)、若热·亚马多(Jorge Amado)、曼努埃尔·普伊格(Manuel Puig)，甚至豪尔赫·路易斯·博尔赫斯(Jorge Luis Borges)的作品。毋庸置疑，像马尔克斯在《百年孤独》(*One Hundred Years of Solitude*)中呈现的虚构现实，或博尔赫斯小说中呈现的多样化的虚构现实，都会使我们震惊地发现自己的意识是多么肤浅，多么单向度，如果不考虑我们所栖居的社会现实被建构的程度的话。无疑，当我们阅读远东、印度文化与文学作品时，情况亦是如此。当越南人、中国人、泰国人，以及非洲年轻人的面孔出现在白人教师面前，或任何与学生有着不同文化传统的教师面前的时候，我们必须要明白我们再也不能按照西方的框架与事件来界定所谓人文学科或历史。另外，我们还可以通过把女性生命故事与经验引入历史、文化与经济发展的叙述之中，来促使人们包括女性与男性改变看待世界的方式。这样不仅会改变我们所传递的这个世界的图像构成，包括轮廓、颜色，甚至包括传递媒介的改变，而且还
181 会带来看待世界的新角度，也必然会不断地督促人们在国家文化传统方面、恰当的基本文化素养方面，以及生成课程方面等，从根本上进行重新概念化。

毫无疑问，课程需要不断丰富拓展与深化，这样就可以为学习研究文本、形象与系统理论的阐述提供越来越多的选择。教师们越来越清楚地认识到，他们需要更深入地去思考如何使更多的学生在他们自己的学习过程中亲自在场，并对学习过程进行自我反思。寻找认知的、诠释途径就是开启了教与学的活动，这一点无论在今天的自然科学、社会科学还是人文科学领域都表现得十分明显。当然，诠释的重点在

于特定领域特定主题(或探究者，或学生)的意义揭示。这些意义也是主体间的意义，体现了人们作为共同体成员的愿景。这些意义在地方性、即时性与克利福德·格尔茨所谓“全球架构的全球性的最大彰显”之间不断游移，由此不断开拓越来越宽阔的社会背景。格尔茨与他人一样，强调多样性是“现代意识的标记”，呼唤“探讨思想如何发生的民族志研究……它将从根本上更加深化我们现在思考方式的多样化意识，因为它将拓展我们对多样性的知觉，使我们能够超越仅仅关注于主题性事务、方法、技术、学术传统等诸如此类的专业性领域，而进入道德存在的更大的框架中”(1983, p. 161)。格尔茨也专注于有意义的生活，专注于诠释。他还确信不同的关注、不同的问题构成不同的人们各自存在符号体系的开端。

确实，通过与其他人、与文本、与艺术作品、与游戏、与结构化学科的相遇，我们所有人都会拥有对外开放自己的世界的记忆。如果我们是幸运的，我们就能够形成各种开放的能力——就是指那些使我们自己能够从特定文本转向其他文本，接受其他表现模式的能力。类似情况也会发生在今天形形色色的年轻人身上，因此我们应该鼓励学生通过各种各样的相遇，来确认并命名他们自己生活的小世界，同时也要超越这些熟悉的小世界而进入他们尚未了解的地方。我们并不能绝对地要求每一个年轻人都必须阅读《哈姆雷特》(*Hamlet*)与《米德尔 182
马契》(*Middlemarch*)或刘易斯·托马斯(Lewis Thomas)的《细胞生命的礼赞》(*Lives of a Cell*)，虽然这些书去掉哪一本我都舍不得。重要的是无论我们选择阅读什么、注意什么，我们都要具备仔细认真的态度，都要关注其完整性，都要既运用批判性也运用创造性的思维方式，都要坚持不懈，都要考虑年轻人应该如何参与到文本世界之中，这样的相遇才能为学生掌握更广泛的如何做的知识提供原料，才能为学生最终能够进入自学的情境打下基础。

如果我们强调标准与精确，那么向学生指出在他们学习的科目和付出的努力与未来可能实现的愿景之间的联系就极为重要。杜威所讨论的努力与理解是需要真正地去理解巴黎圣母院大教堂或伦勃朗的油画，需要超越“仅仅看到”，超越仅仅对所看到的冠以正确名称的状况：“无论从感知者，还是从艺术家一面看，都有工作要做。做此工作时太懒、无所事事、拘泥于旧惯例的人，不会看到或听到。他的‘欣赏’将成为学识碎片与通常欣赏的惯例标准的混合体”(1934，p. 54)。其他的人(如批评家、教育家与哲学家)也用同样的方式来呼吁，督促我们摆脱漫不经心的状态，摆脱愚昧的束缚，承诺如果我们足够真诚地努力，就能够实现所有美丽愿景。

克服僵化刻板、麻木不仁无论是对于审美与诠释，还是对于认识方式都有着十分重要的意义。显然，我们必须引导学生掌握多种解释、判断、系统化、推论以及分析的方法。此外，任何探究模式的有效性都应该看它是否有助于提升生命的意义，是否有助于主体间世界的交流。当我们思考教育目的时，我们要把这样的可能性考虑在内，即教育的要点(在现实生活的情境中)在于使一个人能够对他或她的现实生活情境越来越经心留意——特别是留意那些尚未开发的可能性。我们所使用的语言及符号体系应该为以下情况提供可能：将如此多样的人

类经验主题化；及时为身处不同文化背景的人们提供多样化的方式开
启对话，这并非偶然。如果使用语言的人希望他们自身的经验是可以
理解的，那么这种语言就一定要符合某些标准。因此，我们应该使学 183
生能够负责任地、反思性地掌握所需要的语言，这样他们就能够命名
自己，进而命名他们的世界。当然，这样的命名永远都不会是完整的，
承认我们学习的只是部分而非整体，就是在承认我们总是还有不得不
去补救的缺陷与不足，正是这种缺陷与不足需要我们持续不断地努力。

正由于此，我一直呼吁的共同性也就一定永远是不完整的，是永远处于形成之中的。在某些时候，我们的确要利用有代表性的文本与艺术作品，在不同领域我们则要利用一些典型范例，甚至要利用流行艺术。这个世界中的事物与观念总是有一种变化性，同时我们也总是需要在意义的网络中来捕捉这种变化性。但不管是什么样的意义网络，关注的焦点都应该是如何消除一成不变的旧观念，抵制单向度思维，允许不同的人发出各自的声音，并在越来越重要的对话中清晰地表达自己。

阿伦特曾经指出我们的文化问题并不是现代世界缺乏对诗歌与哲学的公众热情，而是这种热情并“不足以构成一个让事物免予时间毁灭的空间”。我们已经认识到教育应该承担创造这样空间的责任。阿伦特接着讨论了这样空间的实在性依赖的是

> 公共世界自行呈现的无数视角和方面的同时在场，这是无法用任何共同尺度或标尺预先设计的。因为虽然公共世界

> 是一个所有人共同的聚会场所，但是每个出场的人在里面都有不同的位置……被他人看到或听到的意义来自这个事实：每个人都是从不同角度来看和听的。……只有事物被许多人从不同角度观看而不改变它们的同一性，以至于聚集在它周围的人知道他们从纯粹的多样性中看到的是同一个东西，只有在这样的地方，世界的实在性才能真实可靠地出现。(1958，p. 57)

这种“世界的实在性”的出现类似于共同学习，也就是把“无数的视角”与那些人所拥有的多样化生活经验等同起来，我们期待这些人能够学会学习——带着越来越强烈的渴望、越来越成熟的技艺、越来越清晰的规范与风格意识来学会学习。

184 总之，能够推动所有人都去追求实现可能性的空间才是理想的空间。因此，只有通过想象的训练，个体才能够获得这种重要的意识，这种使他们能够认识到“总是有更多的未知需要我们去经验，而在我们的经验中也总是有更多不能预测的未知”的意识(Warnock，1978，p. 202)。一旦年轻人认识到这一点，他们就会尽最大努力去突破，去超越。在关于教育目的的对话中，规范标准与共同学习的重要性逐渐从我们人类的选择中凸显出来。这是我们实现教育目的的基础，也终将是人类共同体中人类自由的成就。毋庸置疑，这与我们对未来世界的好奇与渴望有很大关系。

/14. 多种声音与多重现实/

虽然我们渴望明确，盼望有某种原则能够解释所有的一切，但只 185
有专业的理性主义者才能够提供抽象概括的确定性，距离阿尔贝特·加缪指出这一点已经过了半个世纪之久。然而当理性主义者这么做的时候，“这种普遍的理性，实践的或精神的理性，这种决定论，这些解释一切的范畴，都有令正直的人发笑的东西。它们与精神毫无关系”(1955，p. 21)。今天许多人都在讨论现代意识极为丰富的多样性，这些讨论帮助我们看到“总体性想象的趋势和愿景……从人文学研究中(或者，与之类同，从科学研究中)滋生出来的……其实是一个奇情幻想的怪物。这不仅仅是因为这类一元化‘人道主义’的阶层基础完全地缺席，它已经随着诸如大小合适的浴缸和舒服的出租车之类的玩意儿一道逝去；但更重要的是，关于学术性权威基础的共识，关于传统著作以及更为传统的治学风格的共识都已经消逝了”(Geertz，1983，p. 161)。当然，格尔茨希望我们能够创造条件使“那些不能完全通约的混乱拥挤的愿景”能够相互作用，最容易达成相互作用的那些愿景就是一般意识。我们能够创造这样条件的希望在于开发一套词汇体系的可能性，通过这种词汇体系，我们能够把彼此之间的差异用某种模式表达出来，通过这种词汇体系，我们也“能够获得彼此之间的认可”(p. 161)。我还希望这些思考都是基于人们现实生活经验的角度，基于每一个人所谓的“生活世界”(Husserl，1962，pp. 91-100)。

归根到底，正是从那些独特角度的思考，才使我们逐渐认识到那
186 些街道上，学校里前所未有的，蜂拥而至的新来者。也正是那些独特角度的思考让我们感到震惊，从而意识到之前我们很少注意到的那些声音：不仅包括女性、少数族裔、同性恋、残疾人的声音，而且还有孩子们的声音，医院里以及临终关怀医院里病人的声音，瘾君子，流浪者，以及那些寻求庇护，寻求治疗，寻求那一点点微不足道的快乐幸福的人的声音。虽然在一些领域中，学者的确已经突破了专门化的局限，但现实中到底如何建设一个多学科形式，来认识这个无穷尽变化莫测的世界，还依旧只是存在于想象之中。不论是受到了解释学的影响还是人文科学再概念化的影响，不论是否用对众声喧哗的承认来抵制独白式的话语，我们都已经开始谨慎对待单一的真理表述与固定不变的范畴分类。我们现在开始承认讲故事作为一种认知模式的价值(Bruner，1986，pp. 11ff)，承认叙事与身份认同形成之间关系的价值，承认塑造我们故事的重要性的价值，同时我们还要开放接纳他人的故事，无论这些故事是什么样的类型，无论他们表达的清晰程度如何。

正如我一直讨论的那样，这种对于故事重要性的认识，对于理解的认识而不仅仅是概念化的认识，似乎已经引领许多教育者以及其他人开始探究如何通过想象文学来深化、拓展人文科学的视角。比如我

想到，我们如何通过阅读这个国家的历史、人口统计学以及经济学，来了解奴隶制，但我们也可以通过阅读托妮·莫里森的《宠儿》来了解奴隶制。在理解小说意义的过程中，我们发现自己拥有了一个新的看待奴隶制的视角，可能还有一种震惊过后的愤怒，还有更多关于我们自己的生活与失去的经验的共鸣，也就是说一旦我们能够通过自己的现实情境来看待奴隶制世界，我们就会对它有更多的认识。我们并不是要用文学来取代历史描述，但是文学的介入的确可以使读者意识中的所有脑电流都兴奋起来，这样读者就有可能看到当代形式的奴隶制度，比如今天依旧存在的像虐待儿童这样的侵害。我们开始在即时性与一般性范畴之间游移，就像反思实践者在他们努力形成意义的时候势必要做的那样。我们看到，我们听到，我们建立联系。我们参与到只有唤醒想象才能发现的那些维度之中。“只有想象才能够使我们摆脱
永恒的现在的束缚，它创造、假设、模拟、发现一种在无穷选择中理 187
智发挥作用的方式，一条穿过选择迷宫的线索，一条金色彩带，还有那则故事，引导我们走向属于人类的自由，向那些头脑可以接受非现实的人开放的自由。”(Le Guin，1989，p. 45)只有接受了“非现实”，我们才能返回到变化莫测的社会现实之中，才能发现这些社会现实得到了提升、扩展与矫正。

然而，任何小说中的现实都不是完整的现实，也并不能与现实保持完全一致，它也不能解决所有的问题。因此，它提供给我们的是开放性问题——包括关于实践、学习、教育研究，以及共同体在内的开放性问题。正是这些问题引领我们不断地进行越来越丰富的、意义深

远的探究。

我也一直在描述人们对那些各种各样的无秩序混乱，以及充斥着完全刺耳不和谐音的噩梦形象的反应。当人们环顾四周，听到不同声音的辩论，相互冲突的诠释，他们感受到的是一种坠落的打击，一种基础的动摇。对于这些人而言，语言共同体的危险是最根本的。因此，他们建立起文化基本素养的壁垒，设计出“卓越制造体系”。他们发表关于“美国人精神的封闭”(Bloom，1987)的悲伤故事，并呼唤我们把心灵的眼睛再一次转向超感领域，在某种客观的永恒不朽之中发现我们可以依靠的固定不变的根基，从而超越那些刺耳不和谐音与众声喧哗，超越我们之中的陌生人。联邦政府的声音与公司的声音都争先恐后地发言，共同哀叹适用技术训练的缺乏。他们多次忽视学生之中关于被排斥、被抛弃、被疏离的感受，他们发表独白是为了呼唤更多的独白，呼唤对某些特殊种类的线性技术技能发展的关注。他们关注培养新时代需要的能力，关注对新技术的积极响应。

是的，作为教师我们认识到年轻人要满足新的“市场需要”，我们也认识到那么多的父母渴望成功，渴望受到尊敬——以及他们会如何引导孩子服从市场的安排，以免受到伤害。是的，我们必须面对如此骇人听闻的影响年轻人生活的毒品，家庭生活的解体与邻里关系的恶化，未成年怀孕，周期性的肺病，精神萎靡不振等问题。然而即使是在应对如此严峻的社会问题的过程之中，我们也渴望去与学生交流那
188 些我们认为值得交流的东西。我们渴望与年轻人分享我们的价值观念，就像我们要教授他们学习的基本原理，以及他们需要用来掌握生意诀

究的“实用的基本素养”一样。我们还希望他们能够掌握这个国家的地理状况，以及民主发展历程。我们往往会寄希望于通过某种艺术形式就可以做到这一点，比如罗西尼歌剧(Rossini opera)的节选，霍桑(Hawthorne)的短篇小说，凡·高(Van Gogh)的向日葵或在天上飞的乌鸦。

然而直到今天，我们大多数人才发现找到适合年轻人的恰当的教学方式是很有必要的，因为这些年轻人往往和我们记忆中的自己并不相像。如果我们倾听他们，就会发现自己会时常用前所未有的方式来处理我们的预判与偏好，来处理我们以往生活中视若珍宝的那些形式与形象。我们过去视为有价值的东西，以及我们的想当然都出人意料地受到挑战。我们发现自己被阻塞在惯性思维的轨道中——我们会困惑，有时也会抗议、愤怒攻击或蔑视，偶尔也会退后一步冷静反思我们的思维方式。有一次我与一群高中青少年聚会，他们刚刚完成了一项有关纽约市博物馆的研究，我的思维轨道就被一位来自布朗克斯区(Bronx)的非裔美国少年突如其来的提问阻塞了，他问道，“你去过修道院吗，女士?”“那是自然”，我用恰当的语调小声说(更像是有点自鸣得意的样子)。“我跟你讲，女士”，他说，“修道院真恶心。”我最初的反应是震惊，肯定还夹杂着愤怒。因为在我的观念里，修道院是中世纪人类的渴望与信仰发展的最高峰，是我一直以来都推崇的美的理念的化身。但随之而来的想法是，也许我们并没有理由假设这个孩子也一定要对修道院感兴趣。对他来说，那披着白袍的独角兽意味着什么?那个戴着铁盔甲的中世纪骑士意味着什么？那些一圈一圈种植的像宝石一样的花朵意味着什么？还有哥特式艺术本身意味着什么？我的第三个想法是他是否欣赏修道院是不是真的那么重要——为什么重要，以及对谁而言重要。我突然想到我可以做一些努力使他能够真正了解修道院，通过与他一起分享，让他了解主流知情社会成员资格的表征，来帮助他走进我的世界中那熠熠生辉的前厅，了解我所看重的东西。我必须得承认，后来我的努力遭受到的唯一阻碍是他身处的世间万象——包括意象、活动、声音以及故事——如果他选择倾听，如果他
189 在意，我会去了解他的世界。与此同时，他一直在抗拒，一直在拒绝，我并不确定他到底为什么会这样。我甚至不了解他的内心是否还有其他选择的可能性。

如果他的内心可以接受其他的可能性(这是我乐于看到的)，那么他本可以把修道院作为主流社会排斥力量的象征来与之相遇。如果他真的能够把修道院作为排斥力量的象征，那么理解一个感受到自己被排斥、被歧视、被羞辱的人面对这样的标志性形象是如何调解其内在意识的冲突，就是非常重要的。米歇尔·福柯(Michel Foucault)认为，我们既不能把权力作为占有的，也不能作为匮乏的来体验，除了面对某种来自个人的不服从以外(1982，p. 221)。一个人受到歧视的影响就不能看得完全，活得明白，因为歧视(或贫穷，或抛弃)会阻碍他或她的自我实现。福柯的权力关系在某种程度上就是自由的功能：一旦人们感到自己被压迫或被控制，他们就一定会在某种程度上意识到需要追求其他选择的可能性。福柯还指出我们正深陷于所谓“权力技术”(1980，p. 159)机制的复杂游戏的陷阱之中，相信到目前为止我们多数

人都会认可他的这种观点。“权力技术”的术语并不是指站在组织结构体系顶端的一个人或几个人，为争取自己利益最大化而实施的权力。更确切地说，它描述了特定时期的一种话语模式，一整套程序，用于做出从表面上来归纳出某种“真理”的陈述，或是一种审查体系，当个体受到“规训”时，用于决定什么是个体可以接受的，什么又是个体所需要的。福柯还强调权力关系一般都是随着时间的流逝，而逐步一点一点地形成。因此，所造成的结果并不是我们倾向于认为的，与学校教育密切相关的同质化，而是“各方支持力量相互介入彼此博弈的一种复杂游戏，在其中，不同的权力机制要保留各自全部的特有品质。那么，当我们现在以儿童为关注的核心，家庭、医学、精神病学、心理分析、学校教育与社会公正之间的相互影响所要起到的作用，就不是要同质化这些不同的个体，而是要在它们之间建立各种联系，相互参照，彼此补充，并划分界限，这样做的前提假设是每一个个体都要在某种程度上保留各自特殊的情态”(1980, p. 159)。

如果我们不认为权力是超结构的，如果在需要彼此相契合的制度与话语之间存在着不连续性，那么我们就不会看到任何单纯作为客体的、完全接受整体控制的个体。这样就产生了裂缝，也就有了开放空 190
间的潜在可能，而开放的空间也是思想产生的空间。在福柯看来，“并不是说有一种行为表现，就产生一种意义，而是允许一个人从行为或反应的这种方式中退后一步，让行为作为思想的对象呈现在自我面前，并且就其表现的意义、产生的条件以及目标进行质疑。思想是关于人的行为的自由，通过这种自由，人们将自己从行为中分离出来，将行为作为对象来建构，作为问题来反思”(1984b，p. 388)。这种观点就是在强调要以人类的意识与立场为出发点。能够“退后一步”就是有能力摆脱习惯的浸没。这与我们习惯上所说的批判性思维类似，但并不完全相同，也与保罗·弗莱雷(Paul Freire)“阅读世界”的观点有密切关系。弗莱雷说，“并不只是阅读世界优先于阅读文字，而且通过某种形式书写世界或改写世界，换言之，借助于有意识的、实际的工作来改变世界也优先于阅读文字”(Freire and Macedo，1987，p. 35)。弗莱雷给这种观点加上一个重要的附加条件，即学习者的“话语世界”(word universe)应该满载的是他们自己的存在经验，而不是教师的。作为教师与教师教育者，作为教育研究的评论者，我们必须在思想与改变行动之间关系的问题上为自己做出选择，就像我们必须要判定，在这个他人观点定义什么是主流的世界上，鼓励学生发出自己声音的价值。

无论如何，如果我们要认真考虑偶尔要把自我从行为中分离出来的观点，就要摆脱我们自己的想当然，也许还应该开放接纳不同视域的多样性。我们能否要求布朗克斯区的那位少年这样做？我们能否使他命名他的反抗，并且能够运用辩证的关系来看待他的反抗与压制(或看起来压制)他成长的结构体制之间的关系？我们能否充分协调自己去适应他的话语世界，或能否创造课堂条件让大家能够听到他的世界？或至少，我们能够使他为自己，为与他共享这个世界的那些人，描绘所有可能性的蓝图？正如我们所有人都知道的，他的话语世界充斥了媒体语言、商业广告、肥皂剧的对白、MTV 的歌词。他可能已经把那
191 些成功人士的形象(比如老板、独资经营者、地主、他的压迫者)内化

为他的自我理想了。那么我们还能否解放他，让他关注自己的“渴望、恐惧、需要与梦想”(Freire and Macedo，1987，p. 35)，关注自己是否能够真诚地、问心无愧地解读身边的现实生活？对于那些具有不同社会基础、抱有不同希望的人，同样的问题也是真实存在的，比如那些感觉有权对一切指手画脚的人，那些被认为是冷漠的，近乎病态无聊的人；那些犹豫着(由于窘迫，由于缺乏自信)要不要相信自己的认知方式的年轻女性；那些跟随父辈们曾经在工厂工作，但现在却不得不由于裁员而从事服务性工作，使他们觉得在这个世界上没有归属感的人；新移民的泰国人、韩国人、老挝人、俄罗斯人以及海地人，就阅读世界而言，他们每一个人都有自己的人生经历，都有独特的背景知识，以及渴望与恐惧。

可以理解的是，我们许多教师与教师教育者都接受了一种社会科学的取向，因此我们的注意力集中于大量的概念化，既有诠释性的，也有功能性合理的概念化。我们关注的核心是随时代变迁影响人类总体状况历史与社会的发展。我们许多人都被意识形态批判所吸引，花费大量时间反对与公立学校、机会平等、英才教育等传统神话有关的那些神秘化。多年来我们不断重新看待世界，这种重新看待常常鼓励我们去深入了解欧洲大陆哲学。我们研究各种各样的批判理论，并努力使自己，还有未来的教师，能够理解教育体制如何服务于占主导地位的社会经济力量的利益，以及这些经济力量又如何把学生当作“资源”，当作达成目的的手段来对待，并不考虑学生自身的发展。我们研究社会管理的官僚体制特征，我们看到流行文化与媒体对于我们自己的以及学生的意识的影响。我们必须得承认商业社会前景的吸引力，承认年轻人普遍顺应广告商需求的可悲事实。我们要有足够的了解才能发现决定论者，以及功能主义者对学校教育解释的根本性错误。我们要有足够的了解才能指出在生活的四面八方，而不仅仅是在广告里，
192 发生的对我们意识的强制。我们所制造的不平等也远甚于我们认识到的不平等，即便是今天所有人都有机会接受恰当的教育，这种不平等依旧普遍存在于社会之中。我们总是能看到太多的不公正与种族歧视，几乎都要失望到没有信心去考虑更美好的社会秩序，一不小心就会陷入(有时会反复陷入)玩世不恭与愤世嫉俗的泥潭，因为我们看不到民主，看不到公正的多元化社会实现的可能。

近年来像欧洲启蒙运动时期的思想家一样，我们能够起到的主要作用都是分析性和批判性的。我们所扮演的角色，也与洛克、休谟、伏尔泰、孟德斯鸠、卢梭与孔多塞两个多世纪前挑战诡辩术，揭穿种种假象时所扮演的角色相类似。他们所揭露的压迫源自那个时代教会、军队以及国王对社会的严密控制。威廉·布莱克(William Blake)的“伦敦”非常清晰地表达了这种暴力控制：

每个人的每一声呼喊，
每个婴儿恐惧的号叫，
每句话，每句禁令，
都是心灵镣铐碰撞的刺耳回音。

多少扫烟囱孩子的叫喊，
震惊了一座座熏黑的教堂；
不幸兵士的长叹
化成鲜血流下了宫墙。[(1793)1958，p. 52]

启蒙运动的哲学家们挥舞手中的笔，他们确信逻辑与理性的冰冷刀锋能够刺破那些诱惑人们的迷信与偶像崇拜的漂亮外衣。他们运用抽象范畴的术语来思考与言说，他们探究本质问题，追求理念世界。这就使得利用造物主赋予的“某些不可让与的权力”来论及所有人成为可能。这也使理性主义思想家能够在协调的、数学化的世界中——有时也会被看作是与人类心灵微观世界相关的宏观世界——适用自然与道德的“法则”。

然而，威廉·布莱克与追随他的浪漫主义者(包括谢林、黑格尔，还有其他系统哲学家们)却拒绝自然神论与理性主义的信条。当然，从克尔凯郭尔开始，存在主义思想家就已经断言并一再重申主观性与视角偏见的重要性。不管怎样，20 世纪学术领域出现的高潮之一就是认
识到有必要重新思考启蒙运动或所谓“启蒙工程”(MacIntyre，1981， 193
pp. 49-59)。对于法兰克福学派与批判理论的兴趣把我们的目光吸引到《启蒙辩证法》(*Dialectic of Enlightenment*，Horkheimer and Adorno，1972)之类的著作上，通过霍克海默与阿多诺的眼睛，我们看到“文化工业”的“大众欺骗”，也充分理解了启蒙运动如何使早期资本主义最大程度的合理化，同时启蒙运动也催生了使奥斯维辛集中营与广岛原子

弹爆炸在技术上(与道德上)可以实现的那些力量。马克思主义的著作打动我们的是他们关于异化与压迫的解释。也有人对新马克思主义的立场感兴趣，新马克思主义的立场在某种程度上是基于工具理性(Habermas，1971)的实现，这种源自理性主义的工具理性既是现代社会主义社会的典型特征，也是资本主义社会的典型特征。一切都是官僚机构化的，一切都是需要管理的，一切都要接受福柯所谓权力技术的痛苦折磨。今天环境保护运动提出的问题，以及那些涉及人类生态的问题，都在挑战我们启蒙思想中关于进步、发展与控制自然的基本观点。并不只有安德烈·高兹(Andre Gorz)与伊凡·伊里奇(Ivan Illich)关注讨论"富裕的贫穷"，关注理解"生活得越好与生产得越少"之间的关系(Gorz，1980，p. 28)，这种关系体现消费社会的核心，也体现了 18 世纪晚期人们关注的当务之急。

多年来，西奥多·阿多诺(Theodor Adorno)与瓦尔特·本雅明(Walter Benjamin)一直都对于后现代主义思想家的所谓"元叙事"(Lyotard，1987，p. 84)保持怀疑，对于那种渴望实现无所不包的解释模式的理论类型，以及(像启蒙运动叙事所做的那样)试图生成一种规范性检验模式的理论类型保持怀疑，所有个体叙事都必须通过这种规范性检验模式的检验。后者与元叙事或主流故事稍有不同，元叙事或主流故事意味着要给予人们所认为的"实在"以"真实的"描写。阿多诺指出"整体是虚假的"(1974，p. 50)。本雅明则认为历史一直都处于和谐与弥赛亚性(the Messianic)二者间无穷尽的张力之中，因此他指出"历史的东西不可能基于自身与弥赛亚的东西发生联系。因此天国并不是历

史动态发展的终极目标。它也不可能会被当作一个目标”[(1955)1979，
p. 312]。理查德·罗蒂(Richard Rorty)断言努力“去发现可资依赖的基 194
础，一个不能游离其外的框架”(1979，p. 316)是毫无意义的。他也反对元叙事，反对无所不包的隐喻，以及“天国”的观念。像今天许多其他社会哲学家一样，罗蒂质疑关于将所有人都联结在一起的共同理性的假设，也质疑那一系列旨在“当我们的表述出现冲突的时候，告诉我们如何在解决措施上获得理性共识”的规则。罗蒂还指出正是由于对共同理性的怀疑，所以他并不认为学校教育(虽然他是针对大学而言的)中课程的概念有多大意义。尽管如此，我们之中的许多思想家还是已经看到了，他们自己对于整体化观点的拒绝与罗蒂关于协同性与相对主义概念之间的关系。也许我们所需要的重新看待世界的焦点应该集中于实用主义者重申的务实观点，“对于宽容的辩护，自由的探究，以及对于没有扭曲的交流的追求”(1991，p. 29)，还应该集中于随之而来的信念，即那些经历过不同社会状况的人们(比如匈牙利人、东德人的经历)将永远不会选择，将威权主义的社会保障凌驾于以理智的务实习惯为特征的民主观念之上。罗蒂承认其观念的相对主义特征，并把这种相对主义归因于启蒙思想对于事物判断的倾向，这种倾向呼吁一种超越的、跨文化的理性，同时他还指出我们竭尽所能做到的是依据协同性，依据共同信仰来讲述我们的故事。他充分认识到他所讨论的价值与信仰形成于启蒙运动时期，但在今天也依旧能够指导我们的生活，无须回到启蒙的正当性框架之下。我们做不到，也没有必要去证明这样的价值观以及它们带来的希望一定在客观上优于其他的价值观。关

键问题是我们要如何在这些价值观指导下去努力生活，去努力包容越来越多与“我们”有关系的人。

哈贝马斯讨论哲学家在促进科学领域的自我反思的作用时(1984)，提到了另外一个观点。近来他一直强调生活世界的重要性，他还指出在生活世界中需要达成某种理解，这种理解涉及认知诠释与道德期待。然而，这种理解需要“一种覆盖所有领域的文化传统，而不仅仅只是依赖科技成果”。哈贝马斯把哲学看作生活世界的诠释者，这样可以促成
195 “工具性认知，道德践履与今天处于停滞状态的审美表达维度”(1987, p. 313)之间的相互影响。哈贝马斯坚持认为哲学是“理性的守护者”，并且指出实用主义与解释学已经联合起来，旨在调节日常世界与文化现代性二者之间的关系。调节之所以能够进行，是由于他们认为“知识的权威属于所有能够相互合作、彼此交流的人的共同体”(p. 314)。这种观点让我想到，能够让人们达成互惠理解的对话或多边谈话是多么的重要。不管怎样，哈贝马斯还是回到那些他称为“重要思想家”那里，讨论如何依据理性规范，为不同人们的无条件言说打下有效性基础。他认为我们不能把提供正当理由看作是生活方式或习惯性做法的功能。我们有必要返回到过程理性这样普遍的观念上来。

不过除了返回到普遍的观念之中，我们还可以有另外的选择，就是与共同规范相符合的共同决策，这些共同规范会由于视角变化而不断地得到重制与修正。我认为这样的规范与原则一定是平等的，虽然它们已经被那些掌握权力的人反复滥用，但我们还是能够，也正在依据当下的生活经验来重新解释它们。比如在《选择平等》(*Choosing*

Equality)一书中，就出现了针对传统观念“包容——允许加入竞争——提供充分的机会”的挑战。作者指出这正是产生英才教育的根本原因，也掩盖了包容在实践中的局限性。他们还提出可以建立不同的标准，通过结果来衡量我们关于平等的承诺：“因此，我们从完全的民主视角来看机会均等与公正的概念，就会得到完全不同的诠释。这些概念不仅应该指系统所包括的权力，而且还应该指在系统中存在的权力，以及为学习提供适当条件的权力。如果我们以结果的平等为目标，那么机会均等需要方法与可能性的连续统一，这种连续统一将不断延伸下去，不会被学习的障碍消磨殆尽。”(Bastian and others, 1986, p. 30)

约翰·罗尔斯(John Rawls)重新评价公正概念与英才教育概念。罗尔斯写道，在一个英才统治的社会，较贫困阶层的文化枯萎凋零，“作为统治者的一批技术精英的文化则牢固地建立在服务于国家的权力 196
和财富的基础上。机会的平等仅意味着一种使较不利者在个人对实力和社会地位的追求中落伍的平等机会”(1972, pp. 106-107)。由此罗尔斯推论，“最不利者应当寻求的是对自我价值的自信，因为这制约着等级制的形式和正义所允许的不平等的程度”。这样，对教育资源的分配就应该不仅仅主要根据它们将产生的在培养能力方面的效果来估价，“也应该根据它们在丰富公民(在此包括最不利者)的个人和社会生活方面的价值来估价”(p. 107)。当越来越多的人从消极自由转向积极自由的观念，同时像杜威那样，把自由与行动的权力、选择的权力，以及那种“能够使我们变得与众不同的能力”(1931, p. 293)联系起来，这样，我们会发现一种关于自由价值的相似的重新思考。杜威还补充道，“像所有其他的可能性一样，这种(自由的)可能性一定会实现；也像所有其他的可能性一样，这种(自由的)可能性只能通过客观条件之间的相互作用得以实现”(p. 297)。他的意思是说如果我们要实现这种(自由的)潜在可能性，我们就必须创造条件——合作的、相互依存的、彼此支持的条件。

我讨论共同承诺的可能性之类的问题，并不是说我们可以不顾多样性，也不是要重新发现一种“一般倾向”，或在一种“普遍理性”中重拾信仰。我讨论这样的问题是因为我相信，如果我们能够坚持这样的观点，即共同的世界可以在不断对话的过程中逐步形成，我们自己在改变的过程中就能够激发、培养这样的对话，那么我们的重新看待世界就应该使我们能够参与到社会体制持续不断的建设之中，参与到共同世界持续不断的更新之中。汉娜·阿伦特在拒绝盲目服从、拒绝所有形式的标准化的同时，指出人们也不能对共同世界丧失兴趣，因为那样的话就不可能保持共同体的团结。“教育的要义在于，我们要决定我们对世界的爱是否足以为它承担责任，是否足以为它努力而使它免予毁灭，因为若不是有新的、年轻成员不断加入并重建这个世界，这个世界的毁灭就是不可避免的。教育同时也是要我们决定，我们对孩子的爱是否足以让我们不把他们排斥在我们的世界之外，是否要让他们自行做出决定。”(1961, p. 196)正如我们所看到的，阿伦特自己不断地在表明，当人们通过“行动与言说”聚集到一起时，这个共同世界才能形成，才能生机勃勃，才能一直不断地“揭示主体的能力”(1958,

p. 182)，才能从人们生活世界的角度去言说。行动往往代表一个新的开端，一项新的创造，这样这个世界就再也不会被僵化不变的终极框 197
架所束缚。

下面这些核心问题将会一直困扰我们。我们如何才能使人类社会的多重现实与一再被灌输各种原则的共同体的共同承诺之间保持协调一致？我们如何进行协调才能避免倒退，避免神话化？我们如何才能像《鼠疫》中的塔鲁那样，促使我们自己与他人确信，“也许在这世界上存在着祸害和受害者，除此之外没有任何别的东西，但至少我们可以尽可能选择不去助纣为虐”(Camus，1948，p. 229)？我们如何在所有的困境中都“‘站在受害者的一边’，以便把伤害降到最低”(p. 230)？我们所了解的 20 世纪 60 年代讨论的共同体问题，个体如何被塑造成为共同体成员的问题，这些问题都在提醒我们，当我们聚集到一起时，我们需要再一次审慎思考在履行共同体的承诺时，如何避免对我们的与他人的独特观点的压制。在重新看待世界的过程中，我们需要找回在和平运动与民权运动中聚集在一起时曾经拥有的体验。我们需要明确地表达支持那些艾滋病人意味着什么，以某种有尊严的方式为无家可归者提供食宿意味着什么，为那些社区学校的年轻人提供一天的支持意味着什么，在我们的工作场所成立教师共同体意味着什么。我们许多人都已经了解，聚集在一起的行动如何使我们形成作为主体的认同，而不仅仅是作为情感与抱负的客体的认同。是的，这种观点让我们想到伟大实用主义者杜威与乔治·赫伯特·米德(George Herbert Mead)等人的著作，但今天我们看到以女性认知方式为研究主题的著作也体现了这样的观点(Belenky，Clinchy，Goldberger，Tarule，1986)，女性认知方式的研究在文学与哲学中曾经如此长时间地备受压抑。正是我们对于个体不能先于共同体而存在的认识，唤起关系的意象、关心网络的意象，在关心网络中我们这些教师依然在努力工作，同时也在创造与再创造我们的自我。在后现代的视域中，越来越多的人意识到，面对泛滥蔓延的漠不关心、不负责任、异化疏离与断裂破碎，在我们的眼前保持那样可能性的愿景是多么有必要。

正是基于这样的思考，我始终相信我们能够在教学与学校教育中为批判共同体打下基础。正是基于这样的思考，我们才能够重新开辟
198 公共空间。我们所遭遇的挑战如何才能使学生真实感知到，并看到这种基础，如何才能使多种声音的相互影响成为可能，使“并不完全可通约的视域”之间的相互影响成为可能。这需要我们关注意识的多样性——有反抗的与抵制的意识，同时也有肯定的意识、热爱的意识。是的，我们还需要努力回应公正原则、平等原则，以及自由原则，这些原则在关心与关注的情境下也依旧能够被命名。现实中的人们在自己的生活世界背景中，同时也根据与他人在一起的共同生活，必须对原则与情境进行选择；那些能够呼吁，能够言说，能够歌唱，能够利用想象，鼓足勇气去改变的人也必须对原则与情境进行选择。

参考文献

Adorno, T. *Minima Morlia: Reflections from a Damaged Life*. London: New Left Books, 1974.

Allende, I. *Eva Luna*. New York: Bantam Books, 1989.

Anzaldua, G. *Borderlands/La Frontera*: The New Mestiza. San Francisco: Spinsters/AuntLute, 1987.

Arendt, H. *The Human Condition*. Chicago: University of Chicago Press, 1958.

Arendt, H. *Between Past and Future*. New York: Viking Penguin, 1961.

Arendt, H. *Men in Dark Times*. Orlando, Fla.: I harcourt, 1968.

Arendt, H. *Crises of the Republic*. New York: Itarvest Books, 1972.

Arendt, H. *Thinking*, Vol. 1. Orlando, Fla.: Harcourt, 1978.

Bakhtin, M. M. *The Dialogic Imagination*. Austin: University of Texas Press, 1981.

Bakhtin, M. M. *Problems of Dostoevsky's Poetics*. Minneapolis: University of Minnesota Press, 1984.

Barthes, R. *The Pleasure of the Text*. (R. Miller, trans.) New York: Hill & Wang, 1975.

Bastian, A., and others. *Choosing Equality*. Philadelphia: Temple University Press, 1986.

Belenky, M., Clinchy, B., Goldherger, N., and Tarule, J. *Women's Ways of Knowing*. New York: Basic Books, 1986.

Benjamin, W. *Illuminations*. New York: Schocken Books, 1978. (Originally published 1955.)

Benjamin, W. "Theologico-Political Fragment." In *Reflections*. New York: Harvest Books, 1979. (Originally published 1955.)

Berger, J. *Ways of Seeing*. NewYork: Viking Penguin, 1984.

Berleant, A. *Art and Engagement*. Philadelphia: Tenple University Press, 1991.

Beyer, L. E., and Liston, D. P. "Discourse or Moral Action? A Critique of POStlnodernism."*Educational Theory*, Fall 1992, 42(4).

Bishop, E. "At the Fishhonses."In *The Complete Poems*, 1927—1979. New York: Farrar, Straus & Gironx, 1983. (Originally published 1955.)

Bishop, E. "In the Waiting Room." In *The Complete Poems*, 1927—1979. New York: Farrar, Straus & Giroux, 1983. (Originally published 1975.)

Bishop, E. "Night City." In *The Complete Poems*, 1927—1979. New York: Farral, Straus & Giroux, 1983. (Originally published 1976.)

Blake, W. "The Ecchoing Green." In J. Bronowski (ed.), *William Blake*. Harmondsworth, England: Penguin, 1958. (Originally published 1789.)

Blake, W. "London." In J. Bronowski (ed.), *William Blake*. Harmondsworth, England: Penguin 1958. (Originally published 1793.)

Bloom, A. *The Closing of the American Mind*. New York: Simon & Schuser, 1987.

Bloom, H. *The Western Canon*: *The Books and Schools of The Ages*. Orlando, Fla.: Harcourt Brace Jovanovich, 1994.

Bourdieu, P. *Outline of a Theory of Practice*. Cambridge: Cambridge University Press, 1977.

Bruner, J. *Actual Minds*, *Possible Worlds*. Calnbridge, Mass.: Harvard University Press, 1986.

Buber, M. *Between*, *Man and Man*. (R. G. Smits, trans.) Boston: Beacon: Press, 1957.

Camus, A. *The Plague*. (S. Gillbert, trans.) New York: Knopf, 1948.

Camus, A. "*The Myth of Sisyphus*. (J. O'Brien, trans.) New York: Knopt, 1955.

Cliff, M. "A Journey into Speech. "In A. Simonson and S. Walker(eds.), *The Greywolf Annual*, Vol. 5: *Multicultural Literacy*. St. Paul, Minn. : Greywolf Press, 1988.

Clifford, J. *The Predicament of Cultum. Cambridge*, Mass. : Halyard University Press, 1988.

Conrad, J. *Heart of Darkness*. In Great Works of Joseph Conrad. New York: HarperCollins, 1967. (Originally published 1902.)

Conrad, J. Preface to *The Nigger of the Narcissus*. In *Great Works of Joseph Conrad*. New York: Harper Collins, 1967. (Originally published 1898.)

Crane, H. Poetry, Oct. 1926.

Danto, A. C. *The Transfiguration of the Commonplace*. Cambridge, Mass. : Harvard University Press, 1981.

Danto, A. C. "Philosophy as/and/of Literature In J. Rajchman and C. Wesl (eds.), Post-Analytic Philosophy. New York: Columbia Universily Press, 1985.

Darling-Hammond, L. "Educational Indicators and Enlightened Policy. "*Educational Policy*, 1992, 6(3), 235—265.

Darling-Hammond, L. , and Ancess, J. "Aulhentic Assessment and School Development. " In J. B. Baron and D. E Wolf(eds.), *National Society for the Study of Education Ninety-Third Yearbook*. Chicago: University of Chicago Press, 1993.

DeLillo, D. *White Noise*. New York: Viking Penguin, 1985.

Dewey, J. *Democracy and Education*. New York: Macmillan, 1916.

Dewey, J. *The Quest for Certainty*. London: Allen & Unwin, 1929.

Dewey, J. *Philosophy and Civilization*. New York: Minton, Balch, 1931.

Dewey, J. *Art as Experience*. New York: Minton, Balch, 1934.

Dewey, J. *The Public and Its Problems*. Athens, Ohio: Swallow Press, 1954. (Originally published 1927.)

Dickinson, E. "The Gleam of an Heroic Act. "In T. H. Johnson (ed.), *The Complete Poems*. Boston: Little, Brown, 1960. (Written 1887; originally published 1914.)

Doctorow, E. L. *Ragtime*. NewYovk: Randoln House, 1975.

Donoghue, D. *The Arts Without Mystery*. Boston: Little, Brown, 1983.

Dostoyevsky, F. *The Brothers Karamazov*. (C. Garnett, trans.) New York: Modern Library, 1945. (Originally published 1880.)

D'Sousa, D. *Illiberal Education: The Politics of Race and Sex on Campus*. New York: Free Press, 1991.

Du Bois, W. E. B. *The Souls of Black Folh*. New York: New American Library, 1982. (Originally published 1903.)

Eco, U. *The Name of the Rose*. (W. Weavel, trans.) Orlando, Fla.: Harcourt, 1983.

Eco, U. *The Open Work*. (A. Cocogni, trans.) Cambridge, Mass.: Harvard University Press, 1984.

Eliot, G. *Middlemarch*. Harlnondsworth, England: Penguin, 1964. (Originally published 1871—1872.)

Eliot, T. S. *Four Quartets* ("East Coker"). In *The Complete Poems and Plays*. Orlando, Fla.: Harcourt, 1958. (Originally published 1943.)

Ellison, R. *Invisible Man*. New York: Signet Books, 1952.

Ellison, R. *Shadow and Act*. New York: Signet Books, 1964.

Ehnore, R. E, and Associates. *Restructuri, ig. Schools: The Next Genoation of Educational Reform*. San Francisco: Jossey-Bass, 1990.

Faulknel; W. *The Sound and the Fury*. New York: Modern Library, 1946.

Fine, M. "Silence in Public Schools."*Language Arts*, 1987, 64(2), 157—174.

Fischel; M. MJ. "Ethlficity and the Post-Modern Arts of Memory." In J. Clifford and G. E. Marcus (eds.), Writing Culture. Berkeley: University of California Press, 1986.

Fitzgerald, E S. *The Coeat Gatsby*. NewYork: Simon & Schustel; 1991. (Originally published 1925.)

Foncault, M. *The Archaeolo~ of Knowledge and the Discourse on Langaage*. (A. M. Sheridan Smith, trans.) New York: Pantheon Books, 1972.

Foucault, M. *The Order of Things*. New York: Vintage Books, 1973.

Foucauh, M. "Intellectuals and Power." In D. E Bouchard (ed.), *Language, Counter-Memory, Practice* (D. F. Bouchard and S. Simon, trans.). Ithaca, N. Y.: Cornell University Press, 1977.

Foucault, M. *Power/Knowledge.* (C. Gordon, L. Malshall, J. Mephanl, and K. Sop, trans.) New York: Pantheon Books, 1980.

Foucault, M. "Tile Subject and Power."(M. Foucault and L. Sawyer, trans.) Afterword to H. L. Dreylils and P. Rabinos, *Michel Foacault: Beyond Styond Stralism and Hermeneutics*. Chicago: University of Chicago Press, 1982.

Foucault, M. "The Means of Correct Training." (R. Howard, trans.) In P. Rabinow (ed.), The Foucault Reader: New York: Pantheon Books, 1984a.

Foucault, M. "Polemics, Politics, and Problemizations: An Interview." (L. Davis, trans.) In P. Rabinow (ed.), *The Foucault Reader*: New York: Pantheon Books, 1984b.

Fox-Genovese, E. "The Claims ot a Common Culture: Gender, Race, Class, and the Canon." Salmagundi, Fall 1986, 72.

Freeman, J. *Picasso and the Weepitzg Womeu*. Los Angeles: I, os Angeles Museum of Art, 1994.

Freire, P. *Pedagogy of the Oppressed*. (M. B. Ramos, trans.) NewYork: Herder & Herder, 1970.

Freire, P., "The hnportance of the Act of Reading." In P. Freire and D. Macedo, Literacy: *Reading the Word and th. e Wodd*. South IIadley, Mass.: Bergin & Garvey, 1987.

Freire, E, and Macedo, D. *Literacy: Reading the Wolff and the World*. South Hadley, Mass.: Bergin & Garvey, 1987.

Freud, S. *Civilization and Its Disconlents*. New York: Hogarth Press, 1953.

Frost, R. "The Road Not Taken." In E. C. Latham and L. Thoml) SOn (eds.), *Robert Frost: PoetU and Prose*. New York: Holt, 1972. (Originally published 1916.)

Gadamer, H. -G. "Hermeneutics and Social Science."*Cultural Hermeneutics*, 1975, 2.

Gadamer, H. -G. *Philosophical Hermeneutics*. Berkeley: University of California Press, 1976.

Gardner, H. *Frames of Mind: The Theory of Multiple Intelligences*.. New

York: Basic Books, 1983.

Gates, H. L., Jr. "Goodbye, Cohunl) us? Notes on the Cuhure of Criticism." *American LiteraU History*, Sumlner 1991, 3(4), 711. —727.

Gates, H. L., Jr. *Loose Canons: Notes on the Culture Wars*. New York: Oxford University Press, 1992.

Geertz, C. *Local Knowledge*. New York: Basic Books, 1983.

Gihnour, J. *Picturing" the World*. Albany: State Uniw~. rsity of New York Press, 1986.

Goodman, N. *Languages* of Art. Indianapolis: Hacker I, 1976.

Gorz, A. *Ecology as Politics*. Boston: South F. nd P, ′ess, 1980.

Habermas, J. *Knowledge and IIterests Interests*. Boston: Beacon Press, 1971.

Habermas, J. *Theory of Commun, icative Action*. Boston: Beacon Press, 1984.

Habermas, J. "Philosophy as Stand-In and Interpreter." In K. Baynes, J. Bohman, and T. McCarthy (eds.), *AfterPh. ilosophy: End or Transformation*? Cambridge, Mass.: MIT Press, 1987.

Hável, V. *Letters to Olga*. (E Wilson, trans.) New York: Holt, 1983.

Hawthorne, N. *The Scadet Letter*. New York: Viking Penguin, 1969. (Originally published 1850.)

Heidegger, M. *Being and Time*. (J. McQnarrie and E. Robinson, trans.) New York: HarperCollins, 1962.

Heidegger, M. *What Is Called Thinking*? (J. C. Gray, trans.) New York: I IarperCollins, 1968.

Heideggel, M. *Poetry, Language, and Thought*. New York: HarperCollins, 1971.

Hijuelos, O. *The Mambo Kings Sing Songs of Love*. New York: Farrar, Straus & Giroux, 1989.

IIirsch, E. D., Jr. Cultural Literacy. Boston: Houghton Mifflin, 1987.

Horkheimer, M., and Adorno, T. W. *Dialectic ofEn, ligh, tenment*. New York: Seabury Press, 1972.

Howard, V. R. *Artistry: The Work of Artists*. Indianapolis: Hackett, 1982.

Hughes, R. "Art, Morality, and Mapplethorpe." *New York Review of Books*,

Apr. 23, 1992, p. 21.

Hnsserl, E. *ldeas.* (R. B. Gibson, trans.) New York: Collier/Macmillan, 1962.

Huxley, A. *Brave New World*. New York: HarperCollins, 1950. (Originally published 1932.)

Iser, W. *The Act of Reading*. Baltimore: Johns Hopkins University Press, 1980.

James, H. *The Portrait of a Lady*. New York: Viking Penguin, 1984. (Originally published 1881.)

James, W. "The Dilemmas of Deternfinism." In The Will to Believe and Other Essays. NewYork: Holt, 1912. (Originally published 1897.)

James, W. *Principles of Psychology*. 2 vols. NewYork: Dover Books, 1950. (Originally published in 1890.)

Kearney, R. *The Wake of Imagination*. Minneapolis: University of Minnesota Press, 1988.

Kierkegaard, S. "Stages on Life's Way." In R. Bretall (ed. and trans.), *Kierkegaard*. Princelon, N. J.: Princeton University Press, 1940.

Kincaid, J. *Lucy*. New York: Farral, Straus & Giroux, 1990.

Kingston, M. H. *China Men*. New York: Vintage International Books, 1989.

Kozol, J. *Savage Inequalities*. New York: Crown, 1991.

Kundera, M. *The Unbearable Lightness of Being*. (M. H. Heim, trans.) New York: HarperCollins, 1984.

Kuspit, D. *The Aesthetic* Dimension. Boston: Beacon Press, 1990.

Lasch, C. *The Minimal Self*. New York: Norton, 1984.

Le Guin, U. K. *Dancing at the Edge of the World*. New York: Grove Press, 1989.

Leiris, M. "Faire-part." In E. C. Oppler (ed.), *Picasso's Guerlzica*. New York: Norton, 1988.

Levertov, D. *Oblique Pmyer*: New York: New Dilections Press, 1984.

Levi, P. *The Dmw,. ed and the Saved*. (R. Rosenthal, trans.) New York: Sum— mit Books, 1988.

Lyotard, J.-F. "The Post-Moderll Conditioll."In K. Baynes, J. Bohman, and

T. McCarthy (eds.), *After Philosophy: End or Transformation?* Cambridge, Mass.: MIT Press, 1987.

MacIntyle, A. *After Virtue*. Notre Dame, Ind.: Notre Dame Universily Press, 1981.

Madison, G. B. *The Hermeneutics of Postmodernity*. Indianapolis: Univevsi | y of Indiana Press, 1988.

Malraux, A. *Man's Fate*. (It. M. Chevalier, trans.) New York: Modern Library, 1936.

Mann, T. *Tonio Kröger*. In J. W. Angell (ed. and trans.) *The Thomas Mann Reader*. New York: Knopf, 1950. (Originally published 1903.)

Mann, T. *Confessions of Felix Krull, Confidence Man* (D. Lindley, trans.) New York: Signel Books, 1955.

Marcuse, H. *Negations*. Bostoll: Beacon Press, 196&.

Marcuse, H. *The Aesthetic Dimension*. Bostoll: Beacon Press, 1977.

Mfirquez, G. C. *One Hundred Years of Solitude*. TVallslated by Gregory Rabassa. New York: Havl)erC<)llins, 1970.

M~irquez, Go C. *Love in the Time of Cholera*. (E. Grossman, trans.) New York: Knopf, 1988.

M~wshall, P. *Brown Girl, B. mwllstones*. New Yolk: Feminist l'less, 1981. (Originally published 1959.)

Martin, J. R. *The Schoolhome*. Cambridge, Mass.: ttarvavd Universily Press, 1992.

Marx, K, *The Communist Manifesto*. In E. Burlls(ed. and trans.), *Handbook of Marxism*. New York: International Publishers, 1935. (Origilmlly published 1848.)

Melville, It. *Moby Dick*. Berkeley: University of California Press, 1081. (Originally Published 1851.)

Melville, H. "Bartleby the: Scrivener." In "*Billy Budd, Sailor*" and Other Stories by Herman Melville. New York: Baluam Books, 1986. (Originally imblished 1853.)

Mevleau-Ponty, M. *The Perception*. Evailsloxi, Ill.: Northwesteral UHiversity Press, 1964a.

Merleau-Ponty, M. *Sense and Non-Sense*. (H. L. Dreyflts and P. A. Dreyfus, trans.) Evanston, Ill.: Northwestern University Press, 1964b. (Originally pnblished 1948.)

Merlean-Ponty, M. *Phenomenology of Pereeption*. (C. Stairs, trans.) New York: Humanities Press, 1967. (Originally published 1962.)

Merleau-Ponty, M. *The Structure of* Behavior. Boston: Beacon Press, 1967.

Morrison, T. *The Bluest Eye*. NewYork: Bantam Books, 1970.

Morrison, T. *Sula*. New York: Bantam Books, 1975.

Morrison, T. *Beloved*. New York: Knopf, 1987.

Morrison, T. *Playing in the Dark: Whiteness and tlw Litem, y Imagination*. Cambridge, Mass.: Harvard University Press, 1992.

"The Moving Image."Daedalus, Fall 1985.

Mukheajee, B. *Jasmine*. New York: Grove WeidenfeLd, 1989.

Murray, C., and Herrnstein, R. J. The Bell C,. mve. New York: Free Press, 1994.

Nietzsche, F. *Thus Spake Zarathustra*. In W. Kaufinann (ed. and trans.), *The Portable Nietzsche*. New York: Viking Penguin, 1958. (Originally pub—lished 1883—1892).

Noddings, N. *The Challenge to Care in Schools*. New York: Teachers College Press, 1992.

Norton, E. H. *What the Democrats Should Do Next*. *New York Times*, Nov. 27, 1985, p. A23.

Oakeshott, M. *Rationalism in Politics and Other Essays*. London: Methuen, 1962.

Olsen, T. "I Stand Here Ironing." *In Tell Me a Riddle*. New York: Dell, 1961.

Olsen, T. *Silences*. New York: Dell/Delacorte, 1978.

Ozick, C. *Metaphor and Memory*. New York: IZmopf, 1989.

Paley, G. "Rnthie and Edie." In *Later the Same Day*. New York: Viking Pen — gnin, 1986.

Passmore, J. *The Philosophy of Teaching*. Cambridge, Mass.: Harvard Uni — versity Press, 1980.

Percy, W. *The Moviegoer*: New York: Knopf, 1979.

Peters, R. S. "Education and Hnlnan Development." In R. E Dearden, E H. Hirst, and R. S. Peters (eds.), *Education and Reason*. London: Routledge, 1975.

Polakow, V. *Lives on the Edge: Single Mothers and Th. eir Children in the Other A merica*. Chicago: U niversily of Chicago Press, 1993.

Praise, R. *The Civic lmperative*. New York: Teachers College Press, 1988.

PtLI ham, I I. "After Empiricism." In J. Rsl. jch man and C. West (eds.), *Post-Analytic Philosophy*. New York: Columbia U niversiLy Press, 1985.

Raw | s, J. *A Theory of Justice*. Cambridge, Mass.: Harvavd University Press, 1972.

Reich, R. *Tales of a New America*. New York: Randoln House, 1987.

Rilke, R. M. *Possibility of Being: A Slection of Poems*, (J. B. Leishman, trans.) New York: New Directions, 1977. (Originally lmblished 1905.)

Rorty, R. Philosophy and the Mirror of Nature. Princeton, N. J.: Princelon Universily Press, 1979.

Rorty, R. "Solidarity or Objectivity?" In *Objectivity, Relativism, and Truth*. Cambridge: Cambridge University Press, 1991.

Rukeysm, M. *The Book of the Dead*. New York: Covici—Friede, 1938.

Rukeyser, M. "Tenth Elegy: Elegy in Joy." In *Out of Silence: Seh; cted Poems*. Evanston, III.: ~DiQuarlerly Books, 19 {) 2. (Originally pul) lished 1949.)

Said, E. W. "Opponenls, Audiences, Constituencies, and Communily." In H. Foster (ed.), *The Anti-Aesthetic*. Port Townsend, Wash.: Bay Press, 1983.

Sarraute, N. *Childhood*. New York: Bl'azillex, 1984.

Sartre, J. —P. *Existentialism*. (B. Freclmnan, Irans.) New York: Philosophical I, il)rary, 1947.

Sartre, J. —P. *Literatme and Existentialism*. (B. Frechtman, trans.) Secaucus, N. J.: Citadel Press, 1949.

Sartre, J. —P. *Being and Nothingness*. (H. Barnes, trans.) New York: Philosophical Library, 1956.

Sartre, J. —P. *Nausea.* (L. Alexandex, trans.) New York: New Directions Press, 1959.

Sartre, J. —P. *Search. for a Method*. New York: Knol)i, 1963.

Schlesingel, A. M., Jr. *The Disuniting of America: Reflections on a Multicultural Society*. New York: Norton, 1992.

Scholes, R. *Protocols of Reading*. New Haven, Colin.: Yale Ulfiversily Press, 1989.

Sch6n, D. A. *The Reflective lb'actitionet*: New York: Basic Books, 1983.

Schrift, A. D. "The Becoming Post-Modern of Philosophy." In G. Shapiro (ed.), *After the Future Albany*: Stale Universily of New York Press, 1990.

Schutz, A. *Collected Papers*, Vol. 2: *Studies in Social Theory*. The I lague: Nijhoff, 1964a.

Schutz, A. "Making Music Together." In *Collected Papers*, Vol. 2: *Studies in Social Theory*. The Hague: Nijhoff, 1964b.

Schutz, A. *Collected Papers*, Vol. 1: The Problem *of Social Reality*. 2d ed. The Hague: Nijhoff, 1967.

Shange, N. *For Colored Who Have Considered Suicide*, *When the Rainbow Is Enuf*. New York: Macmillan, 1977.

Shaughnessy, M. R. Errors and *Expectations.* New York: Oxford University Press, 1977.

Silone, I. Bread and Wine. New York: HarperCollins, 1937.

Sizer, T. *Horace's School*: *Redesigning the American High School*. Boston: Houghton Mifflin, 1992.

Smith, B. H. *Contingencies of Value*. Cambridge, Mass.: Harvard University Press, 1988.

Snfithson, R. *The Writings of Robert Smithson*: *Essays with Illustrations*. (N. Holt, ed.) New York: New York University Press, 1979.

Spiegelman, A. *Maus II*. New York: Pantheon Books, 1991.

Steinbeck, J. *Gropes of Wroth*. New York: Viking Penguin, 1976. (Originally published 1939.)

Stevens, W. "The Man with the Blue Guital."In *The Collected Poems of Wal-*

lace Stevens. New York: galopf, 1964. (Originally published 1937.)
Stevens, W. "Six Significant Landscapes." In *The Collected Poems of Wallace Stevens*. New York: Knopf, 1964. (Originally published 1916.)
Stevens, W. *The Necessary Angel*. NewYork: Vintage Books, 1965.
Stimpson, C. R. *The Humanities and the Idea of Excellence*. New York: A-mer— ican Council of Learned Societies, 1984.
Stimpson, C. R. *Where the Meanings Are: Feminism and Cultural Spaces*. New York: Routledge, 1989.
"Talk of the Town." Now Yorker, Aug. 14, 1989, p. 23.
Tan, A. *The Joy Luck Club*. New York: Putnam, 1989.
Taylor, C. *Sources of tke Self*. Cmnbfidge, Mass.: Havvard University Press, 1989.
Tocqueville, A. de. *Democracy in America*, Vol. 1. New York: Vintage Books, 1945. (Originally published 1835.)
Tyler, A. *The Accidental Tourist*. New York: galopf, 1985.
Unger, R. M. *Passion: An Essay on Personality*. New York: Free Press, 1984.
Waldman, D. *Jane Holzer*. New York: Abrams, 1989.
Walkel; A. *The Color Purple*. New York: Washington Square Press, 1982.
Walkel; A. *In. Search ofOu. r Mothers ' Gardens*. Orlando, Fla.: Harcourt, 1983.
Walzer, M. *Interpretation and Social Criticism*. Cambridge, Mass.: Harvard University Press, 1987.
Warnock, M. *Imagination*. Berkeley: University of California Press, 1978.
Welty, E. *One Writer's Beginnings*. Cambridge, Mass.: Harvard University Press, 1984.
West, C. "Black Culture and Postmodernism." In B. Kruger and E Mariani (eds.), *Remaking History*. Port Townsend, Wash.: Bay Press, 1989.
Whitlnan, W. "Song of Myself." In *Leaves of Grass*. New York: Aventine Press, 1931. (Originally puhlished 1855.)
Wigginton, E. *The Foxfite Books*. New York: Doubleday, 1972.
Wolf, C. *Cassandra*. (J. V. Heurck, trans.) New York: Farrar, Straus &

Giroux, 1984.

Wolf, C. *Accident: A Day's News*. (H. Schwarzbaner and R. Fakrorian, trans.) New York: Farral; Straus & Giroux, 1989.

Woolf, V. *A Room of One's* Own. Orlando, Fla.: Harcourt, 1957. (Originally published 1929.)

Woolf, V. To the Lighthouse. London: Everyman's Library, 1962. (Originally published 1927.)

Woolf, V. *Three Guineas*. New York: Harvest Books, 1966. (Originally published 1938.)

Woolf, V. Moments of Being: Unpublished Autobiographical Writings. (J. Schulkind, ed.)Orlando, Fla.: Harcourt, 1976.

Wright, R. *Native Son*. New York: HarperCollins, 1940.

索　引*

* 本索引的每个条目后所附数码为原文页码，即中文版边码。

图书在版编目(CIP)数据

释放想象:教育、艺术与社会变革/(美)玛克辛·格林著;郭芳译.—北京:北京师范大学出版社,2017.6(2019.4重印)
(教育经典译丛/张华主编)
ISBN 978-7-303-22255-1

Ⅰ.①释… Ⅱ.①玛… ②郭… Ⅲ.①教育学—研究
Ⅳ.①G40

中国版本图书馆CIP数据核字(2017)第074399号

北京市版权局著作权合同登记 图字:01-2016-1811号

营销中心电话 010-58805072 58807651
北师大出版社学术著作与大众读物分社 http://xueda.bnup.com

SHI FANG XIANG XIANG
出版发行:北京师范大学出版社 www.bnup.com
北京市海淀区新街口外大街19号
邮政编码:100875
印　　刷:北京盛通印刷股份有限公司
经　　销:全国新华书店
开　　本:890 mm×1240 mm 1/32
印　　张:9.75
字　　数:206千字
版　　次:2017年6月第1版
印　　次:2019年4月第3次印刷
定　　价:68.00元

策划编辑:周益群　　责任编辑:戴　铁
美术编辑:宋　涛　　装帧设计:宋　涛
责任校对:陈　民　　责任印制:马　洁

Title: Releasing the Imagination: Essays on Education, the Arts, and Social Change

By Maxine Greene

ISBN:9780787952914